甘肃省一流学科建设项目资助成果

教育部人文社会科学重点研究基地西北师范大学西北少数民族教育发展研究中心资助成果

西师教育论丛

主编 万明钢

课堂教学对话系统的重建

——基于一所中学的个案研究

王力争 著

The Reconstruction of Classroom
Dialogue System for Teaching and Learning
——Based on the cases studies in a middle school

中国社会科学出版社

图书在版编目（CIP）数据

课堂教学对话系统的重建：基于一所中学的个案研究／王力争著．—北京：中国社会科学出版社，2019.8
ISBN 978-7-5203-4597-2

Ⅰ.①课…　Ⅱ.①王…　Ⅲ.①课堂教学—教学研究—中学　Ⅳ.①G632.421

中国版本图书馆 CIP 数据核字（2019）第 122358 号

出 版 人	赵剑英
责任编辑	周晓慧
责任校对	无　介
责任印制	戴　宽

出　　版	中国社会科学出版社
社　　址	北京鼓楼西大街甲 158 号
邮　　编	100720
网　　址	http://www.csspw.cn
发 行 部	010-84083685
门 市 部	010-84029450
经　　销	新华书店及其他书店
印　　刷	北京明恒达印务有限公司
装　　订	廊坊市广阳区广增装订厂
版　　次	2019 年 8 月第 1 版
印　　次	2019 年 8 月第 1 次印刷
开　　本	710×1000　1/16
印　　张	15.75
插　　页	2
字　　数	220 千字
定　　价	76.00 元

凡购买中国社会科学出版社图书，如有质量问题请与本社营销中心联系调换
电话：010-84083683
版权所有　侵权必究

总　序

正如学校的发展一样，办学历史越久，文化底蕴越厚重。同样，一门学科的发展水平，离不开对优良学术传统的坚守、继承与发展。西北师范大学教育学的发展，也正经历着这样的一条发展之路。回溯历史，西北师范大学前身为国立北平师范大学，发端于1902年建立的京师大学堂师范馆，1912年改为"国立北京高等师范学校"，1923年改为"国立北平师范大学"。1937年"七七"事变后，国立北平师范大学与同时西迁的国立北平大学、北洋工学院共同组成西北联合大学，国立北平师范大学整体改组为西北联合大学下设的教育学院，后改为师范学院。1939年西北联合大学师范学院独立设置，改称国立西北师范学院，1941年迁往兰州。从此，西北师范大学的教育学人扎根于陇原大地，躬耕默拓，薪火相传，为国家培育英才。

教育学科是西北师范大学教育学院的传统优势学科，具有悠久的历史和较强的实力。1960年就开始招收研究生，这为20年后的1981年获批国家第一批博士点打下了坚实的基础。当时，西北师范学院教育系的师资来自五湖四海，综合实力很强，有在全国师范教育界影响很大的著名八大教授：胡国钰、刘问岫、李秉德、南国农、萧树滋、王文新、王明昭、杨少松，他们中很多人曾留学海外，很多人迁居兰州，宁把他乡做故乡，扎根于西北这片贫瘠的黄土高原，甘于清贫、淡泊名利、默默奉献，把事业至上、自强不息、爱岗敬业的精神，熔铸在西北师范大学教育学科发展的文化传统之中，对西部教育事业的发展作出了重要贡献。"随风潜入夜，润物细无声。"先生之风，山高水长。为西北师范大学早期教育学科的卓越发展作出重大贡献的先生们，他们身体力行、典型示范，对后辈学者们潜心学术，继承学问产生了重要的、潜移默化的影响，体现了西北师范大学的教育学人扎根本土、潜心学术、面向全国、放眼世界，站在学科发展前沿，培养培训优秀师资，服务地方经济社会发展的教育胸怀与本色。

　　西北师范大学教育学科历经历史沧桑的洗礼发展走到今天，已形成了相对稳定而有特色的研究领域。尤其是在国家统筹推进世界一流大学和一流学科建设的大背景下，西北师范大学的教育学作为甘肃省《统筹推进高水平大学和一流学科建设实施方案》规划的一流学科建设项目，迎来了学科再繁荣与大发展的历史良机。为此，作为甘肃省一流学科建设项目成果、西北师范大学课程与教学论国家重点（培育）学科建设成果、教育部人文社会科学重点研究基地西北师范大学西北少数民族教育发展研究中心科研成果，我们编撰了"西师教育论丛"，汇聚近年来教育学院教师在课程与教学论、民族教育、农村教育、高等教育以及学前教育等方面的学术成果。这些成果大多数是在中青年学者的博士学位论文，科研项目以及扎根教学实践的基础上进一步凝练的结晶。他们深入民族地区和农村地区的村落、学校，深入大学与中小学的课堂实践，通过详查细看，对语文、数学、英语、物理、化学、研究性学习等学科课程教育教学的问题研究，对教育基本理论问题的思考，对教育发展前沿问题的探索……这些成果是不断构建和完善高水平的现代教育科学理论体系，大力提高教育科学理论研究水平和教育科学实践创新能力，进一步发挥教育理论研究高地、教育人才培养重镇、教育政策咨询智库作用的一定体现，更是教育学学科继承与发展的重要过程。

　　筚路蓝缕，以启山林。目前付梓出版的这些著作不仅是教师自

总　序

我专业成长的一个集中体现，也是西北师范大学教育学院教育学科发展与建设的新起点。当然，需要澄明的是，"西师教育论丛"仅仅是西北师范大学教育学研究者们在某一领域的阶段性成果，是研究者个人对教育问题的见解与思考，其必然存在一定的不足，还期待同行多提宝贵意见，以促进我们的学科建设和发展。

万明钢
2017 年 9 月

目 录

摘要 ………………………………………………………… (1)

Abstract …………………………………………………… (1)

第一章 课堂教学对话系统的提出 ……………………… (1)
  一 问题的提出 ………………………………………… (1)
    （一）课堂对话对学生发展的重要价值 ……………… (1)
    （二）当前课堂对话中亟待解决的问题 ……………… (7)
  二 研究目的与意义 …………………………………… (10)
    （一）研究目的 ………………………………………… (10)
    （二）研究意义 ………………………………………… (11)
  三 研究的问题与方法 ………………………………… (12)
    （一）研究的问题 ……………………………………… (12)
    （二）研究的方法与步骤 ……………………………… (12)
  四 文献综述与概念界定 ……………………………… (19)
    （一）研究综述 ………………………………………… (19)
    （二）概念界定 ………………………………………… (40)
  五 研究框架 …………………………………………… (45)

第二章 当前对话教学的理论与实践反思 ……………… (47)
  一 理论反思 …………………………………………… (47)

（一）关系本体思想才是布伯"对话"思想的核心基础 …… （47）
　　（二）师—生—文本之间的相互关系构成了教学过程
　　　　本身 ……………………………………………………… （51）
　　（三）技术主义倾向的反对话性质是需要尤为警惕的问题 … （54）
　二　实践反思 …………………………………………………… （57）
　　（一）对课堂对话现象的反思 ………………………………… （57）
　　（二）对教师对话习惯的反思 ………………………………… （61）
　　（三）对学校对话文化的反思 ………………………………… （65）
　　（四）对成功教改经验的反思 ………………………………… （68）

第三章　课堂教学对话系统的重建 ………………………………… （72）
　一　课堂教学对话系统的理论基础 …………………………… （72）
　　（一）对话理论 ………………………………………………… （72）
　　（二）对话教学理论 …………………………………………… （75）
　　（三）系统论 …………………………………………………… （79）
　二　课堂教学对话系统的构成 ………………………………… （83）
　　（一）教学对话系统的构成要素及相互关系 ………………… （83）
　　（二）教学对话系统各构成要素的特点分析 ………………… （94）
　　（三）教学对话系统的保障体系 ……………………………… （105）
　　（四）教学对话系统的运行机制 ……………………………… （113）

第四章　课堂教学对话系统的实践 ………………………………… （117）
　一　实践对象的选择及其特点 ………………………………… （117）
　二　课堂教学对话系统应用的条件 …………………………… （118）
　　（一）建设民主对话的学校文化 ……………………………… （118）
　　（二）构建立体对话的教研制度 ……………………………… （127）
　　（三）搭建多层对话的互动平台 ……………………………… （131）
　三　课堂教学对话系统应用的方法 …………………………… （142）

四　课堂教学对话系统应用的过程 …………………… (153)
　（一）创设学生自我对话及与文本对话展示的舞台 …… (153)
　（二）抓住思维线设计问题串使对话系统得以运转 …… (155)
　（三）教研对话系统围绕课堂成效教师进行深度对话 … (161)
　（四）研究者与执教教师就对话系统应用进行对话 …… (166)
　（五）从文科课堂到理科教学换角度应用对话系统 …… (179)
五　应用课堂教学对话系统的反思 …………………… (200)
　（一）从教师教学反思分析对话系统应用中的问题 …… (201)
　（二）从课堂观察数据分析对话系统应用中的问题 …… (211)
　（三）对课堂教学对话系统应用中存在问题的思考 …… (217)

参考文献 …………………………………………………… (219)

附录 ………………………………………………………… (230)
　（一）课堂对话观察表 ………………………………… (230)
　（二）课堂教学评价表 ………………………………… (231)
　（三）教师访谈提纲 …………………………………… (232)

致谢 ………………………………………………………… (233)

摘　　要

新课改以来，课堂教学告别教师独白式和满堂灌的授课模式，走向重视对话及研究，这已成为我国课堂教学改革的基本方向。对话因使课堂彰显出对学生存在的重视、对教学方式的变革、对能力发展的追求等先进教育理念的落实，而凸显出促进学生全面发展的重要价值。尽管在教学中对话具有难以撼动的地位与作用，但在理论与实践上都较多地关注"教师—学生"或"教师—文本"与"学生—文本"的对话，而未能从对话要素间相互作用、相互生成的"整体"角度审视教学中的对话。因此突破传统课堂对话"线性—单向、点状—预设、维度单一无生成"的局限，走向"交叉—多向、网状—预设加生成、多维互动且针对性强"的动态课堂对话是本研究关注的重点。

综合前人的研究成果，结合笔者多年的教学实践、反思，紧密结合初高中教育的实际情况，本书在纠正和弥补前人研究中的偏颇与缺漏的基础上，提出构建课堂教学对话系统的观点。所谓"教学对话系统"就是指不应把教学孤立地、割裂地看成是"师生双向交流""学生先学、教师矫正""一个教师面对一个学生"的过程，而是把教学看成是由教师、学生（群体）、文本等要素对话所组成的有机整体，每一次对话都影响着对话系统的运行，也都被系统中其他的对话影响着。

有效教学就是对话系统和谐、有序运行的教学。因此，有效教学策略就是如何让对话系统有序运行的策略。这里所强调的"系统"，是本研究与其他研究的不同之处，我们就是要改变"只见树木，不见森林"似的将教学视作单体对话的现象。因为现实中的课堂教学绝不是某一个或某几个要素单纯地发挥作用，而是要素间的相互作用。要素不是点状的，也不是我们通常所看到的仅有教师与学生之间单项的对话，而是相互作用的一个系统。在这个系统中，教师只有先与文本发生深度对话，课堂上才能与学生发生有效对话，使教师、学生与文本的对话暴露出相异构想，生成更深层次的对话。因此，课堂教学的有效或高效，其实质不是某个要素发挥主要作用，而是诸要素形成的系统的良好运转。这是"教学对话系统"与"教学对话"的本质差异。

课堂教学对话系统的根本目的是帮助学生学会交往，学会对话，即帮助学生学会跟自己对话，跟他人对话，跟周围的世界对话。课堂教学的过程是用对话的方式来展开的，因此对话就是方法，就是手段，从这个意义上说，教学即对话。因为对话既是教学的手段和方法，又是教学的目的，甚至我们可以推论出，教育即对话。

教师、学生与文本构成的三角形的三方六向的对话回路构成课堂教学对话系统稳定的基本对话结构。在班级授课制下，基本对话结构中的"学生"不是一个人，而是由几十个知识水平、能力特点、兴趣爱好、情绪状态不同的学生组成的集合。如果教师用统一的进度、统一的要求、统一的教法与之对话，不可能实现有针对性的教学。因此利用学生的"差异资源"，开展学生与学生之间的对话，将成为必然。每一个学生都可以围绕"文本"与"教师"和"同伴"构成对话关系，这些对话关系都以基本的三角形结构来呈现，该结构在课堂教学中交互叠加，生成立体的对话系统。

应用课堂教学对话系统，首先需要满足三个条件：一是构建民主对话的学校文化，促使教师养成对话的意识与能力，使课堂外的对话习惯流向课堂内，再由课堂内流向生活，使之成为动态的意识流，成为一种思维习惯，一种生命常态；二是构建立体对话的教研制度，即通过集体教研、全员听课、录课等多种形式，促使教师主动打开自己教室的门，因为课堂内的教学对话系统需要课堂外的教研对话系统给予支撑保障；三是搭建多层次的对话互动平台。其次在应用方法上，教师是设计、导引，再设计，再导引；学生是尝试、合作、结构化，再尝试、再合作、再结构化。最后在应用过程中，一是创设学生自我对话及与文本对话展示的舞台；二是抓住思维线设计问题串，使对话系统得以运转，从教学的对话性本质来说，只有对话双方相互了解，对话才能深入对话者的内部，才能让对话更加有效。所以，教学的针对性是教学对话性本质的必然要求。

关键词：课堂教学；对话；课堂教学对话系统；中学；个案研究

Abstract

During more than ten years of new curriculum reform, classroom teaching has changed the teacher monologue teaching mode and cramming teaching mode to pay more attention to dialogue and study which have become the basic direction of classroom reform in our country. Dialogue carries out the advanced education ideas of the importance of students' existence, the reform of teaching way, the pursue of capacity development and highlights the important value of promoting students' overall development. Although dialogue has important status and function in the teaching phenomenon, in the theory and practice, it exists focusing on "teacher-students", "teacher-text", or "students-text". Dialogue cannot from the eyes of the whole system of interaction and generation between dialogue elements to survey the teaching dialogue. Therefore, the study will focus on breaking limitations of "linear-one way, point-presupposition, single dimention-no generation" to the classroom dialogue state of "interaction-multi-dimention, web-presupposition and generation, multi-dimention and strong target".

Concluding form the previous research, combined with the actual situation of my reflections on the teaching practice in junior and senior schools for many years and based on remedying the prejudice and defect of previous research, this research puts forward to constructing a classroom dialogue system for learning and teaching. The classroom dialogue system for learning and teaching is to change the process of a two-way communication between teachers and students, the process of "students learn first and then the teacher corrects", the process of "one teacher is faced with one student", and recognize it as an organic whole composed of different dialogues between teachers, students (groups) and texts. And dialogues in the system will influence each other.

An effective teaching is the teaching with a harmonious and orderly dialogue system. Therefore, an effective teaching strategy is how to make the dialogue system orderly running. The system mentioned here is the difference between this research and others. We should change the phenomenon that people recognize the teaching way of the endless attention to trees at the expense of forests as a simplicial dialogue. Because in the realistic classroom instruction, it's not merely one or several elements but all the elements play an interactive role. Elements are impunctate, also they are not a one-way dialogue between teachers and students as we often see. In this system, only if teachers have a deep dialogue with the text, will they have an effective dialogue with students in the class. And it can also make a deeper dialogue according to the problems during the dialogues between teachers and students, students and students, and students and texts or the different thoughts exposed among students. Therefore, whether a classroom instruction is efficient or highly efficient doesn't depend on a typical effect from certain elements but depend on the systematic, effective and excellent interaction among the elements. This is the most fundamental difference between "dialogue systems for learning and teaching" and "teaching dialogue".

The most fundamental purpose of the Classroom Dialogue System for Teaching and Learning is to help students learn to communicate and dialogue. That is to say, the system is to help students dialogue with themselves, others and the world around them. Thus, the realistic class must be a type of class with combination of activities and exploration. Dialogue is the way of teaching in the classroom instruction. So dialogue is the means and method. So in this sense, teaching is dialogue. Because dialogue is both the means and method of teaching and the purpose of teaching, we can even conclude that education is dialogue.

The triangle with three aspects and six directions which inculdes teachers, students and texts forms the stable basic dialogue structure of classroom teaching dialogue system. However, under the class-based teaching system, the student in the basic dialogue structure is not one student but the set students with different knowledge levels, capacity traits, interests and emotions. If the teacher just uses the uniform plan, demand, teaching methods with students, it cannot realize the targeted teaching. Therefore, it is sure that the teacher should utilize "differential resources" between students to develop the dialogue between students. In the classroom teaching practice, we called "group coorporation". Every student can move round texts with teachers, classmates and texts to form dialogue relationships. These dialogue relationships use basic triangle structure to present and these triangle structures make multidemential dialogue system structure in the classroom teaching.

The teaching dialogue system in the classroom needs to be supported by the teaching and researching dialogue out of classroom. The application of the teaching dialogue system in the classroom must meet the following conditions. First in the conditions, it needs to meet the following three conditions. The first is to establish the school culture of democratic dialogue, which will urge the teachers have the awareness and ability of dialogue. In the meanwhile, the dialogue habit out of the classroom will get into the classroom and then get into life, which makes it become the dynamic stream of consciousness, a habit of thinking and a normal way of life. The second is to build three-dimensional dialogue teaching and researching system through the ways of collective teaching and researching, all members attending the classes and recording the classes, which makes the teachers open their classrooms actively. The third is to set up interactive platform with multi-level dialogues. Second in the methods, the teachers should design and guide again and again, the students should attempt, cooperate and make a structuration repeatedly. Third in the application, the first is to create the stage where students can dialogue with themselves and texts. The second is to design questions by grasping the thinking line to make the dialogue system operate fluently. From the teaching interactive nature, only if both the dialogue participants understand each other, will the dialogue gets deeply into the heart of the participants and be more effective. Therefore, the pertinence of teaching is an inevitable requirement of the nature of teaching dialogue.

Keywords: Classroom teaching; Dialogue; Dialogue system of classroom teaching; Middle school ; Cases studies

第一章　课堂教学对话系统的提出

一　问题的提出

（一）课堂对话对学生发展的重要价值

"对话"已经成为当今世界人们寻找到的一把解决矛盾冲突的钥匙[①]，因此"对话"成为全球政治、经济、教育等各个领域备受关注的话题，也成为哲学、社会学、心理学、教育学等诸多学术领域研究的课题。实施新课改十多年来，课堂教学告别教师独白式和满堂灌的授课模式，走向重视对话及研究，并已成为我国课堂教学改革的基本方向。[②] 对话，使课堂因彰显对学生存在的重视、对教学方式的变革、对能力发展的追求等先进教育理念的落实，而凸显出促进学生全面发展的重要价值。

1. 对话是人的存在方式，对话是学生在课堂上的存在方式

人是社会动物，若离群索居则会使其无以为继。群居生活要靠个体之间的对话来协调关系和行为，形成一定的社会组织和集体行动，以达成一定的集体的或个人的目标。就算是独居者，他也会自言自语，自己跟自己说话；就算他不张嘴，也会有内省活动。美国社会心理学家 G. H. 米德在《心灵、自我与社会》中提出，自我可以分解成相互联系、相互作用的两个方面：一方是作为意愿和行为主体的"主我"（I），它通过个人围绕对象事物的行为和反应具体

[①] 沈晓敏：《对话教学的意义和策略——公民教育的新视点》，华东师范大学出版社2015年版，第5页。

[②] 张华：《反思对话教学的技术主义倾向》，《教育发展研究》2011年第20期。

体现出来；另一方是作为他人的社会评价和社会期待之代表的"客我"（me），它是自我意识的社会关系性的体现。人的自我是在"主我"和"客我"的互动中形成的，又是这种互动关系的体现。①而"主我"和"客我"互动的表现形式就是对话。用通俗的话说，人的心里住着两个"小人儿"，一个是代表本我的"主我"，一个是代表社会的"客我"，当我们进行思维的时候，就是这两个小人儿在对话，我们所谓内心挣扎、矛盾、纠结，其实就是这两个小人儿谁也说服不了谁。如果一个人的内心只有"主我"或者"客我"，就无法在社会和本我之间协调立场和行为，言谈举止就会表现得不合时宜、丧失分寸。从人的存在上说，没有对话，也就没有人。恰如巴赫金所说，"人活着就是为了对话"。在此意义上，对话即存在。对课堂教学而言，没有对话，也就忽视了学生的存在。这也如同佐藤学所言，"学习就是与他人、与自己、与客观世界对话"。

2. 民主平等是对话实现的政治前提，也是实现课堂对话的基本前提

对话只发生在主体之间，只有主体在人格上是平等的，才能使互动顺畅、真实充分。主体与客体之间不存在对话，只存在单向灌输。当谈话者把他的谈话对象看作绝对的无知者（保罗·弗莱雷语）和服从者时，这个对象不具有主体地位，是毫无能动性的客体，不能对谈话做出能动的反应，那么谈话就变成了单向的灌输和宣讲。此时，即使谈话者愿意听到谈话对象的心声，谈话对象也会自动启动心理防御机制，不愿意或不敢就谈话内容表达自己的看法，甚至根本没有自己的看法。从谈话对象的角度看，除非他心甘情愿地做谈话者的客体，否则一个有主体意识的谈话对象会以打瞌睡、说小话、看"闲"书、做小动作等各种消极行为来对待灌输和宣讲，试图逃离这种被动状态，甚至暗示、明示谈话者改变他的态度。每一个有自我意识的人都是主体，不情愿处于完全被动的任人

---

① 郭庆光：《传播学教程》，中国人民大学出版社2011年版，第65页。

摆布、由人灌输的状态。当谈话者赋予或承认谈话对象的主体地位时，谈话对象同时满足了两种心理需要：被尊重和自我实现。谈话对象可以自信地直抒己见，在与谈话者的充分交流中，彼此启发，教学相长，共同进步。他学到的知识是他自己探究和实践的结果（当然是在谈话者的帮助下），而他的探究和实践也会使谈话者受益，这样，他既取得了成就，又体验到了成就感——谈话（也就是学习）成为一件快乐的事情。我们经常听到老师们抱怨："学生说他们听懂了，却不会做题，或者总是做错。"其原因正是在宣讲式教育中，学生不是学习活动的参与者，而是置身事外的旁观者，他们往往心不在焉，也不能真正理解所接收到的信息。

在只有标准答案或唯一答案的情境下，对话也不可能存在，因为它取消质疑和批判，甚至禁止质疑和批判，而质疑和批判正是主体的标志性特质。即使该答案在某种情境下的确是正确的，被告知的一方也不愿意认同这被强加的答案。如果谈话对象正值青春逆反期，那简直就是逼少年人造反。因此，对话的目标应该是开放的而非封闭的，它可以实现谈话者的初衷，也可能达成一个全新的结果。对话的结果不能是绝对预设的，而应该是生成的，是因人而异、因事而异、因境而异的。多样性是可贵的价值。对话可以消减认知差异，也会产生新的认知差异，从而使对话成为循环往复永无终结的过程，同时也是一个永续创新的过程。正如保罗·弗莱雷所说："对话是一种创造行为，不应该成为一个人控制另一个人的狡猾手段。"① 德国哲学家、教育学家雅斯贝尔斯反对教师以权威的方式强迫学生学习，强调"所有外在强迫都不具有教育作用，相反，对学生精神害处极大"，因而特别注重陶冶和交往在教育中的作用。②

从人的角度看，对话的对象不只是人，还有文本和事物。文本是人精神思想的物化形态，同样具有人格。人与文本的交流也必须

---

① 保罗·弗莱雷：《被压迫者教育学》，华东师范大学出版社2001年版，第73页。
② 成成：《雅斯贝尔斯与弗莱雷对话教学思想比较》，《当代教育论坛》2009年第2期（下）。

建立在主体之间平等关系的基础上,这样的交流才有思想,有情感,有温度,有重量。由于文本是对过去的记录,我们在阅读文本的时候,不只是解码摆在眼前的符号,还要把这些符号拉回到作者身上以及作者写作时的社会历史情景中,感受他的处境和心境,甚至他的欲言又止、言不由衷,体会他的言外之意、潜意识流露,这样才能准确把握作者的思想。这正是狄尔泰关于解释学以移情为中介的"复原说"。把文本当作客体,读者对文本就丧失了最起码的尊重,文本就会变成一堆冷冰冰轻飘飘无关痛痒的死符号,失落了其应有的价值,而读者也就陷入了自我经验主义的泥淖,即按照自己的想当然去解释文本,发生误解和曲解也就不可避免了。从德国哲学家弗里德里希·施莱尔马赫的"解释学应是避免误解和曲解的学问"的观点,笔者可以引申出一个结论,那就是准确理解文本的原意是阅读的基本原则。当然,如果过分尊重文本,当权威般视之,崇拜地对之,那么,读者就成了客体,不敢也不能对所谓的经典有所质疑和扬弃,生吞活剥,生搬硬套,教条主义,最终害了自己也害了文本。扬弃和创新是阅读的高级追求。人与文本的对话就是在扬弃和创新的阅读中实现的,每一次对话都会生成对文本新的理解,文本在与阅读者的对话中不断生成新的意义。

  学习离不开实践,实践就是人与客观世界的对话。没有长嘴巴的客观世界通常被视为任由我们改造乃至征服的客体。而事实上,它远比我们以为的要强大得多,更准确地说,它比我们人类强大得多。如果我们不把它们当作主体以表达出足够的尊重和敬畏,它最终会用毁灭来警示我们。生活经验告诉我们,一件用久了的东西是通灵性的,会在一些关键时刻帮我们渡过难关甚至救我们的命。而这件东西一定是我们平时爱惜的、珍视的,是跟我们的生命紧紧连在一起的。你怎么对待它,它就怎么对待你。实际上,我们所有的文本化的成果都是人们与客观世界对话的结果。在日常工作和学习中,我们对于劳动工具和劳动资料要加以爱惜,要认真研究发现它们的特质和规律,并按照它们的特质和规律去使用,那它们回报我们的,就是问题的解决。否则,我们轻则碰壁,重则自伤。

因此，对话不仅是教育的正确方式，而且它本身就是一种意识形态——自由、民主、平等：努力创造自由、民主、平等的氛围以进行对话，并通过对话塑造自由、民主、平等的观念和制度。对话的目的不是让谈话对象理解、接受自己的观点，而是经由对话使双方的心灵自由生长。心灵生长的课堂，才是焕发出生命活力的课堂。①

3. 对话的实现需要心理条件，课堂对话的实现需要接纳和包容

人需要对话，但对话并不必然能够实现。宇宙中事物之间的关系多种多样，其中一对相互矛盾而又此消彼长的关系是"对话"和"对抗"。事物之间如果不能对话，就难免走向对抗。对话意味着亲近、合作、团结、认同、和谐、和而不同、求同存异，对抗意味着疏离、争斗、分裂、否定、冲突、敌意、破坏、恐惧，甚至是你死我活、势不两立。处于对抗关系中的人，只会采取攻击性行为或自我保护性行为，关闭信息沟通或物质交换的大门。

以解放教育理论和实践著称的巴西教育家保罗·弗莱雷提出了对话能够实现的五个基础和条件，即对世界对人的挚爱、谦恭、信任、希望和批判性思维。②爱和信任可以消除双方或其中一方的紧张、恐惧、敌对的心理，使对话可以发生，并敞开心扉，知无不言，言无不尽；相信人们能够通过对话解决问题、发现真理，对问题的解决抱有希望和愿望，对话才变得有意义、有必要，不管其间有什么困难和障碍，都会坚持下去；既然人们的认知存在差异，彼此在对话中产生认同和启发，同时也会发生认知冲突，进行辩论，而且正因为如此，才会产生对话的需要，才能够去伪存真、去粗取精、由此及彼、由表及里，接近真理；谦虚意味着承认认知多样性，承认自己所持的观点或知识并非绝对真理，是可以探讨和改造的，甚至是可以被否定的，只有谦虚、开放的心态，才能包容质疑和批判，使对话进行下去。推及课堂中，教学对话的实现需要教师

---

① 叶澜：《让课堂焕发出生命活力——论中小学教学改革的深化》，《教育研究》1997年第9期。

② 保罗·弗莱雷：《被压迫者教育学》，华东师范大学出版社2001年版，第73页。

创造安全、包容、开放、无条件接纳的心理环境，这样的心理环境对不同阶段尤其是基础教育阶段的学生而言，其发展促进力在很大程度上甚至超越了智力因素。

4. 对话是教育的基本方式，对话是课堂教学的基本方式

多元智能说认为，每个人的认知状况都包括思维方式和水平、知识领域和水平、情感类型和水平，而它们都存在着差异。如同地势差导致水的流动，电势差导致电的流动一样，认知差异必然产生人与他人对话的需要。对话是主体之间的信息交流行为，对话的实质就是多个主体间对彼此意见（义）的共享。两个在各方面都相同的人之间无须对话，对话也没有意义。

"教，上所施，下所效也"；"育，养子使作善也"。这是《说文解字》对"教"和"育"的解释。教育的实质就是通过"上"（教师）的施养，使"下"（学生）获得社会化所需要的素质。在教育之前，学生处于"无知"状态，教师属于"有知者"，这种落差要靠对话来填平。在教育过程中，学生与教师又会出现思维方式、知识领域和情感类型的差别，彼此之间形成互补或矛盾，也要通过对话来互相融通和调适。因此，"对话"是我们看到的几乎所有描绘课堂现象的教学案例或实录的绝对主体。以《我有一盒彩笔》教学实录为例。在整篇教学实录中，教师的提问或评价42次，学生应答39次。[①] 可见，"对话"在课堂教学中，具有难以撼动的地位与作用，是教学的基本方式。

5. 对话是人全面发展的重要途径，对话是学生全面发展的重要途径

在对话式教学中，学生首先动起来，先学先做，通过思考尝试解决所遇到的问题，并产生疑问，然后与师生或同伴交流、讨论、辩论，从而解决问题，或产生新思维。学生获得的是鲜活的属于他自己的与他的经验完全融汇的知识能力，同时他的思维的严密性、系统性、创新性也得到了训练。对话可以弥补个人思维的褊狭和漏

---

① 王鉴：《课堂研究概论》，人民教育出版社2007年版，第255—260页。

洞，可以纠正个人思维的错误。从某种程度上说，对话的参与者越多，真理就越明白清楚。

对话促进参与者的反思和成长。克里提克斯指出："经验本身有价值吗？并非如此——真正有价值的是在对经验进行反思之后的智力发展。有效的学习来自于有效的反思而非积极的经验。"① 没有反思就没有进步。在没有遇到障碍的情况下，人的思维是单向的，只看到问题的某些方面并得出自以为正确的观念。只有在遇到障碍的时候，他才会被迫反过来站在其他角度和立场思考问题，从而思考得更全面更深入。思维障碍有两个来源：一是与客观世界对话即实践；二是与他人（包括文本）的对话，对话向我们提出问题、显示错误，让我们检视自己的思维存在什么问题，并做出调整。人是在反复的对话中逐步建立起反思习惯的，良好的反思习惯，可以帮助我们总结经验教训，学会正确的思维方法，在实践中少走弯路。

教育的目的是培养全面发展的人，因而教育必然需要智力和情感的共同参与。只有主体间的对话才能保证对话双方全身心地参与其中。在宣讲灌输式教育中，教师只关心作为客体的学生是否识记了知识，仿佛学生只是一个知识的容器，至于他丰富的情感世界并不重要，甚至其七情六欲也是学习的拖累。这种教育只教书不育人，是不完整的教育。而在对话的课堂上，教师不仅传授知识，而且关注学生的精神状况，引导学生的精神成长，使学生在师生关系中体验到平等、自由、民主、尊重、信任、同情、理解、宽宏，同时受到激励、鼓舞、指导、忠告和建议，形成积极的人生态度与情感体验，受到精神的教育。②

（二）当前课堂对话中亟待解决的问题

当前，课堂对话已然成为我国基础教育领域教学改革的热词，

---

① 转引自雪伦·B. 梅里安《成人学习的综合研究与实践指导》，黄健等译，中国人民大学出版社2011年版，第298页。
② 成成：《雅斯贝尔斯与弗莱雷对话教学思想比较》，《当代教育论坛》2009年第2期（下）。

研究成果频现。[①] 但是，课堂对话却因存在诸多问题而导致在实践中面临多重困境，亟待深度研究，寻求推进策略。

1. 在理论方面存在对哲学原点理解的褊狭和研究成果脱离课堂实际的尴尬

马丁·布伯的"对话"思想是我国课堂对话研究的主要思想来源与理论基础，但在研究和运用的过程中，却出现了一系列误解、误用和误区。此前，多数研究者认为，"在课堂对话中，师生是教学中的主体，他们之间是一种可以使对方的主体性得到彰显的'你—我'对话关系"[②]，布伯提出的"我—你（你—我）关系"是"原初的对话关系"[③]，并由此认为，"我—你关系"思想是布伯"对话"思想的核心。最近，有学者经过深入研究发现，布伯强调的思想是"泰初即有关系"[④]，是"人类从一开始就处在关系中"[⑤]，关系才是"真实人生唯一的摇篮"[⑥]，关系是原初的、本原的，关系是人的存在的根本，关系首先是本体层面的。"关系本体论"[⑦] 是构成布伯"对话"思想的核心与灵魂，而"我—你关系"和"我—它关系"，实质上只是布伯在论述关系的二重性时所引申出的两种具体的基本关系类型。[⑧]

对布伯对话思想所存在的理解上的褊狭，导致在课堂教学对话研究上，以往更多地关注课堂教学中"教师—学生"或"教师—文本"与"学生—文本"的点状研究，而未能从诸要素相互作用、

---

① 陈尚达：《对话教学关系的多维融合》，《中国教育学刊》2016 年第 2 期。
② 沈小碚、郑苗苗：《论对话教学的时代特征》，《西南大学学报》2008 年第 34 (3) 期。
③ 高伟：《对话：追求和谐的教育精神》，《山东师范大学学报》2006 年第 51 (4) 期。
④ 布伯：《我与你》，陈维纲译，生活·读书·新知三联书店 1986 年版，第 43 页。
⑤ J. G. Woo, "Buber form the Cartesian Perspective? A Critical Review of Reading Buber's Pedagogy," *Studies in Philosophy & Education*, 2012, 31 (6): 571.
⑥ 布伯：《我与你》，陈维纲译，生活·读书·新知三联书店 1986 年版，第 24 页。
⑦ 米靖：《马丁·布伯对话教学思想探析》，《外国教育研究》2003 年第 30 (2) 期。
⑧ 张琼、张广君：《走向"关系本体论"——对话教学的基础重构与应然取向》，《高等教育研究》2015 年第 36 (7) 期。

相互生成的"整体"的、"系统"的角度审视课堂教学中对话的核心要素,导致研究成果多停留在课堂对话诸要素个体的、静止的层面,在其进入课堂场域中面对群体的、动态的真实情境时,自然而然地就出现了理论与现实脱节、理论难以指导实践的尴尬。

2. 在实践方面存在教师群体的思维定势和班级教学对话缺乏针对性的顽症

习惯了课堂独白和灌输式的教师,在倡导课堂对话的当下,常常自觉或不自觉地就回到习惯的教学老路上。为了解课堂对话的真实情况,我们调取了某学校教学监控视频,通过观察分析发现,即便是在推崇教学改革的中学里,教师依然占据着课堂教学对话的时间和话语的突出优势,即便有小组合作,教师独白或教师与某一学生"问答式"的对话依旧是课堂上的常态。

其实,在当下更多的初高中课堂教学中,满堂灌似乎是师生早已习惯的课堂常态。因为课上满堂灌,所以课下只好实施题海战,以检测学习成效,巩固学习成果,提高考试分数。至于课上针对谁、为了谁恐怕是不得不忽略或者难以顾及的问题。因为担心学生有所遗漏,因为担心学生学不会,所以教师就忽略掉学生的实际需求,更不要提某个学生的实际需要了,按照考纲,按照经验,把该掌握的一股脑儿都灌输给学生,学生就像一个容器,装得越多、越快,表明学得越好、表现越乖。在针对课堂对话,询问是否倾听学生的心声或想法时,很多教师的第一反应总是"一节课时间那么短,哪有时间听学生到底是怎么想的"。实际上,没有针对性的对话导致低效甚至无效的教学。陶行知曾告诫教师们:"教的法子要根据学的法子。"要想上好一节课,不认真研究教学对象,特别是教学对象与文本之间的关系,显然是不可思议的。只有全面了解学生的真实情况,真切地关注学生的真实需求,根据学生的学习动态及其发展变化,灵活地选用教学方法,进而调整教学的宏观思路和具体策略,课堂教学对话才会具有针对性和实效性,教学目标才有可能得到落实。

但是,在实行班级授课制的今天,课堂对话如何超越孔子和苏格拉底式的"一对一"的模式，解决"一师一生"对话在当下实际的课堂教学中难以确立的矛盾①，成为课堂教学对话研究在理论与实践层面亟待解决的突出问题。

本书力求从"课堂教学对话系统"这样一个视角，剖析教学要素间动态的、内在的有机联系，形成新的教学本质观，一方面试图回应多位专家在教学对话理论反思上所提出的现实问题，另一方面希望通过实践，检验课堂教学对话系统的应用效果，以促使教学对话系统在提升教学质量的同时，实现理论的实践指导价值。

二 研究目的与意义

（一）研究目的

伴随着我国基础教育课程改革的持续深入，对话教学已成为近些年来教学论研究与学科教学论研究的热点问题②，但是对话教学在研究文献与实践领域却存在着巨大的反差。③ 对话教学研究作为课堂教学改革研究的局部也已进入重建的新阶段，既要对已有认识做出反思，又要在实践与理论结合的意义上加以深入研究④，切实解决对话教学在理论与实践上所存在的认识有待深化、视角有待系统化、成果有待实践化等一系列问题。本书研究的主要目的包括以下几个方面。

第一，通过对对话教学理论与实践的反思，分析课堂对话亟待解决的认识偏误、视角窄化、理论指导力匮乏等问题，为对话教学理论的发展寻求出路。

---

① 周兴国：《对话教学：有待进一步澄清的几个问题——对当前对话教学理论研究的审视与反思》，《课程·教材·教法》2010年第30（7）期。
② 陈尚达：《对话教学与课堂重构》，《全球教育展望》2007年第36（3）期。
③ 陈尚达：《对话教学关系的多维融合》，《中国教育学刊》2016年第2期。
④ 叶澜：《课堂教学过程再认识：功夫重在论外》，《课程·教材·教法》2013年第33（5）期。

第二，通过课堂教学对话系统的构建，阐释教学基本的三个要素（教师、学生、文本）相互作用所构成的三方六向的对话单元及在班级授课模式下一位教师面对多名学生动态生成的四面体乃至多面体的教学对话系统，切实解决对话教学在真实课堂上的有效展开及提高对话针对性等问题。

第三，通过分析教学对话系统的保障体系，明确课堂上教学对话系统的健康可持续发展是建立在课堂外的教研对话系统之上的。

第四，通过对课堂教学对话系统的实践与反思，检验理论建构的成功之处和不足之处，完善教学对话系统的理论，进一步提高实践指导力。

（二）研究意义

第一，回应与发展对话教学理论。首先从理论角度回应课堂教学改革重建中专家学者所指出的对话教学存在的问题；其次在理论上使对话教学在现有研究基础上向前发展。

第二，建构课堂教学对话系统。笔者从多年的教学经验与反思并结合对话教学理论与实践中所存在的问题入手，对当前对话教学研究进行批判性反思，在此基础上建构课堂教学对话系统。课堂教学对话系统是在突破以往对话教学研究所存在的仅是点状地分析参与对话的某两个要素的局限上，聚焦教学最基本的三个要素（教师、学生、文本）所组成的对话单元及在班级群体（教师、多名学生、文本）对话教学中动态生成的对话系统。并在一所完全中学内同步进行个案研究，以课堂教学对话系统作为该学校课堂教学改革的理论依据和操作策略，进行全面的实践研究。即在建构理论的同时进行实践检验，将理论发展与实践运用有机结合，采取理论从实践中来又到实践中去的螺旋上升的发展路径，以期完善课堂教学对话系统的理论体系并追求实现对实践的指导价值。

第三，课堂教学对话系统的建设有赖于教师教研对话系统的创设。这一发现对于建设教师队伍，促进教师专业发展，促使课堂教学对话系统的健康可持续运转和整体提升课堂教学质量及学校整体品质具有推进作用。

三 研究的问题与方法

基于研究目的，本书关注的问题主要涵盖以下几个方面。

（一）研究的问题

第一，对话教学的理论与实践反思。

第二，课堂教学对话系统的构成要素及相互关系。

第三，课堂教学对话系统的构成要素的特点分析。

第四，课堂教学对话系统的保障体系。

第五，课堂教学对话系统的运行机制。

第六，课堂教学对话系统应用的条件。

第七，课堂教学对话系统应用的方法。

第八，课堂教学对话系统应用的效果。

（二）研究的方法与步骤

1. 研究方法

实际上，在研究中是难以将理论和方法截然分开的。黑格尔对此曾深刻地指出："要想执行考察认识的工作，只有在认识和活动中才可以进行。而考察所谓的认识的工具，与对认识加以认识，其实是一回事。"① 依据研究的实际需要，本书采用了混合研究方式，即理论分析与实证研究有机结合，质性研究与量化研究有机统一的研究方法。"在同一研究中采用两种不同的研究方法，可以同时在不同层面和角度对同一研究问题进行探讨，可以结合宏观与微观，行为和意义，自上而下验证理论和自下而上建构理论。可以同时收集不同类型的原始资料，为研究设计和解决实际问题提供更多的灵

---

① 黑格尔：《小逻辑》，商务印书馆1980年版，第60页。

活性，不同方法之间可以相互补充，共同揭示研究对象的不同侧面。"① 本书质的研究部分，主要采用课堂志的研究方法，通过观察、深描、访谈、解释，分析课堂教学对话系统的应用情况；量的研究部分，则是在质的研究中统计课堂观察的数据，分析在课堂教学中师—生、生—生、师—文本、生—文本在一节 45 分钟的课中，不同层面对话的时间占比，发起次数等微观层面的数据，以直观地分析课堂教学对话系统应用的经验与问题。

整体而言，关于对话教学的理论与实践反思及课堂教学对话系统的建构部分主要采用的是文献研究和理论分析的方法。而对课堂教学对话系统的实践及反思部分则主要通过个案研究的方式，即在一所完全中学采用课堂实录、半结构式访谈等质性研究方法开展研究活动。在对课堂对话的观察等方面，重点采用了统计分析的研究方法。下面对本书运用的研究方法及其操作办法做简要说明。

（1）课堂志的研究方法

作为认识和改造世界的根本方法和基本态度，方法论对获取经验、构建相应的理论框架具有指导作用，在层次上高于具体方法。在课堂教学对话系统研究中，课堂志作为方法论和具体的研究方法，其意义表现在以下三个方面：一是以人为本，以人为尺度思考教学问题，并依此确定方法和手段；二是课堂教学对话研究要充分关注人的发展这个教育哲学命题，使其成为能够促进人的发展的最强有力的支持力量；三是课堂教学对话研究要充分关注课堂教学的情境性、流变性和实践性。②

教学研究是科学研究，科学研究是实证性研究，实证性研究的基础是掌握第一手资料（所谓第一手资料就是看见或亲身经历所记录下来的材料），透过第一手资料探究事物现象背后的规律。教学研究还是人文研究。人文研究与科学研究最大的区别就在于它不寻求事物现象背后的规律而是力图对事物现象做出合理的解释。因

---

① 陈向明：《质的研究与社会科学研究》，教育科学出版社 2000 年版，第 472—473 页。

② 刘旭东：《课程的价值取向研究》，甘肃教育出版社 2002 年版，第 7 页。

此，人文研究要直面研究对象，进行观察、访谈、记录、描述、解释。两种研究的目的和侧重点不同，但出发点完全相同，即都要建立在获取第一手资料的基础上。由于学科研究对象与学科性质不同，各门学科获得第一手资料的方式也不同。教学研究的第一手资料主要在课堂上获得，即在课堂上进行科学的、人文的教学研究。如同人类学的"田野研究"不是研究"田野"一样，课堂研究并不是研究课堂本身，而是在课堂上做研究，是将课堂作为教学研究第一手资料获得的"田野"或"场域"。

"课堂志就是教学研究者对特定的研究场域中的教育制度、教育过程和教育现象的科学描述过程。课堂志要全面深入地描述所研究对象的课堂实施与教学活动，就必须深入研究对象之中，直面研究的现象，或探究其发展规律，或进行合理解释与说明，进而将自己的发现和体验用一种较微观的整体描述方法进行描述、归纳和分析，就是课堂志的撰写。"[1] 课堂志研究具有质性的、直观的、描述的、微观的特点，它的这些特点非常符合课堂教学对话系统的研究需要，因此课堂志是本书研究的主要方法。

（2）具体的研究方法

①文献法

"文献法就是对于文献进行查阅、分析、整理从而找出事物本质属性的一种研究方法。"[2] 对教学问题的研究，不可能全部通过观察与调查，它还需要对与之相关的种种文献做出分析。没有继承与借鉴，科学就不能得到迅速发展，这决定了人们在研究先前的历史事实时需要借助于文献的记载，在发展科学领域时需要继承文献中的优秀成果。一般来说，科学研究需要充分地占有资料，进行文献调研，以便掌握有关的科研动态、前沿进展，了解以往已取得的成果、研究现状等。这是科学、有效、少走弯路地进行任何科学工作的必经阶段，也是站在巨人的肩膀上，由高起点前行的必要方法。

---

[1] 王鉴：《课堂研究概论》，人民教育出版社2007年版，第190—191页。

[2] 李秉德、檀仁梅：《教育科学研究方法（第2版）》，人民教育出版社2001年版，第129—130页。

从教育科学研究的全过程来看，文献法在科学研究的准备阶段和进行过程中经常被使用。没有一项教育科学研究是不需要查阅文献的。

本书研究通过搜集、整理、查阅、分析已有的对话、对话教学研究、基础教育课程与教学改革等方面的相关文献，分析已有研究的成果与问题，确定本书研究的切入点、创新点，并为界定本书研究的核心概念及建构课堂教学对话系统奠定理论基础。

②观察法

观察是人类认识世界的最基本和最直接的方法，也是进行教育科学研究的重要手段之一。[①] 观察法也叫实地观察法，是观察者有目的、有计划地运用自己的感觉器官和辅助工具，能动地了解处于自然状态下的社会客观现象的方法。它的主要作用就在于收集真实可靠的资料，并通过对资料的科学分析得出正确的结论。课堂观察法根据观察者是否直接参与被观察者所进行的活动，可分为参与观察法和非参与观察法。[②] 课堂志强调研究者的参与观察。

本书采用观察者参与的方法，对被研究的个案学校的初中和高中的数学、英语、历史、音乐四位教师的课堂教学进行分析，也就是要进行课堂实录研究，做课堂对话观察［详见附录（一）］，为撰写课堂志积累第一手资料。本书设计的课堂对话观察表是以教学时间为纵轴，以不同类型的课堂对话现象为横轴，观察从上课到下课整堂课中师—生、生—生、师—文本、生—文本的对话情况，如所用时间、课时占比等课堂对话的具体现象与客观数据，以此分析课堂教学对话系统应用的效果。

③课例法

教学课例就是对课堂教学的记录，即记录课堂教学现象。通过"深描"呈现真实、具体、细致的教学情景、教学故事，促使教师对问题进行相当深入的分析和讨论，并考虑最后应采取什么样的行

[①] 安富海：《地方性知识与民族地区地方课程开发研究——以甘南藏族为例》，中国社会科学出版社2016年版，第11页。

[②] 王鉴：《课堂研究概论》，人民教育出版社2007年版，第201—202页。

动。教学研究中的课例就是对一个有趣论题的生动再现，它具有时间、地点、人物等，并按一定的结构展现出来。课例记录和描述的是教师和学生典型的行为、思想、感情等，并以故事或事件的方式呈现出来，同时还反映研究者的方法与理论，描述的重点和最终的落脚点取自真实的课堂教学过程。但真实绝不是对教学中某一事件或案例的照搬照抄，案例来源于生活但同时要高于教学生活，这样的案例才更具有代表性和典型性。

在本书研究中，教学课例将重点围绕初高中文科、理科、艺术科多位教师应用课堂教学对话系统的具体情况，通过课堂观察、教学实录、课后教研等，深入分析课堂上师生对话的行为表现，以此促进教师对课堂教学对话系统的进一步理解，提高应用的自觉性、积极性和创造性。同时，采用针对课堂教学对话系统的应用创设的"课堂教学评价表"对所选定的个案学校的全体教师的全员公开课进行评价，并选取2—3节公开课作为检验课堂教学对话系统应用效果的课例，反思实践成效，完善与改进课堂教学对话系统。需要说明的是，本书研究采用的"课堂教学评价表"完全不同于以往的乃至各级各类优质课评比的评价表。以往的评价表在其三级指标中有80%是教师的行为，其基本假设是以教师的行为推断教学的效果。其背后潜含的是"以教为中心""教决定学"的思想。我们的评价表删掉了十几条乃至几十条具体的评价指标，是从"学生的学"和"教师的教"两个维度，对学生课堂学习中的"投入度与参与度"以及"学习效果"通过课堂观察，重点关注七个方面的课堂表现，即"投入度与参与度"重点观察"学生在自学、小组合作及全班共学中倾听、交流中的四个表现：其一是尝试过程是否独立完成；其二是是否有游离于教学之外的学生；其三是参与积极性是否保持持久"；其四是是否专注倾听，大胆质疑。"学习效果"重点观察三个方面的表现："一是学习目标是否达成；二是是否能将知识与方法结构化；三是是否对所学知识产生兴趣。"而对于"教师的教"则从"设计"（第一，教学目标是否符合课标、学情；第二，教学组织、内容、环节等设计是否体现了以学定教，是否有意识地暴露出学生的相异构想,具有针对性;第三,是否能凸显知识和方法的结构化,促进学生思维的发展)与"导引"(第一,教师的讲解或任务指令是否清晰,要求是否明确;第二,教学过程是否有序,过渡衔接是否合理自然、循序渐进;第三,对暴露出的相异构想能否通过再设计及时合理、有针对性地处理;第四,教学是否偏离了教学目标;第五,师生关系是否融洽,能否平等地对待和激励每个学生)两个方面八个关注点进行评价。设计、采用这样的观察评价表,主要是引导教师从关注学生的学设计自己的教,使教师在课前从分析学情、分析文本入手进行教学设计,使教师群体在课上观察与评价时,通过关注学生的课堂表现评价执教教师授课的优劣,使教师个体与群体在课后研讨中,从教师的教(设计与导引)等方面反思、追问教学效果的成败,以此帮助教师个体与群体在课外的自我对话、伙伴对话、自我反思中,研究课内教学对话系统的良性运转。

④访谈法

访谈法是指调查者依据调查提纲与调查对象直接交谈,收集语言资料的方法,是一种口头交流式的调查方法。研究内容主要通过对课堂现象的追问,了解教师对自己的课堂教学成功与失败行为背后的个人思考,了解影响教师教学行为背后的心灵故事等,深挖教师对课堂教学对话系统的个人理解。

本书研究选定三位访谈对象,即对其进行课堂观察的初高中教师,访谈将分别在课堂观察后及其他时间段进行。访谈的具体时间,尊重被访谈教师的选择;访谈的次数,视访谈情况与教师协商确定。访谈题目[详见附录(三)]采用预设与生成的方式,预设的问题主要是被访谈教师对课堂教学对话系统的思想认识,落实应用的具体情况,课堂上的具体操作及方法,以及对课堂教学对话系统有效应用的意见或建议等;访谈中将根据实际情况,随机追问与之相关的其他问题。

2. 研究步骤

本书将依据以下步骤进行研究。

（1）确定研究主题与范围

笔者基于自己在基础教育领域30多年的实践与思考，根据初高中课堂教学对话所存在的满堂灌或点对点乒乓式"师—生"对话或"主体性神话"似的虚假对话等实际问题确立了研究主题和范围，进而初步设计了研究计划、框架和进度。

（2）搜集和整理研究资料

笔者通过对学术著作、期刊与网络等有关对话、对话教学、基础教育课程与教学改革及教学论重建等方面文献的搜集、整理、分析和归纳，完成第一、二部分内容的撰写工作。当然，在关于对话教学的理论与实践反思过程中，笔者采取的是一边进行理论的分析与梳理，一边在笔者所工作的学校进行实践探索，以此加深关于对话教学理论的理解、反思与批判，并在此基础上建构课堂教学对话系统。

（3）深入学校进行实证研究

在笔者工作尤其是创办的一所完全中学进行全面、系统改革，即全校初高中教师整体应用课堂教学对话系统进行教学，对系统进行尝试和检验。即通过建设学校对话文化，加强集体教研，聚焦不同学科的课例分析、教师访谈、教学评价等多重方式，将理论发展与实践探索有机结合，对课堂教学对话系统进行重建。一方面在理论上剖析课堂教学对话系统的构成要素及相互关系，分析各构成要素的特点，创建教学对话系统的支持体系，保障课堂教学对话系统的有效推进，促使该系统能有效运行；另一方面梳理课堂教学对话系统在应用过程中所需要的内外部条件、应用的具体方法，并对实践中好与不好的方面进行反思，以此完善课堂教学对话系统理论，不断提升实践效果。

（4）全面系统地整理研究成果

鉴于笔者理论转化的局限性，在进行实证研究之后，从学术研究的科学性、严谨性、规范性等要求出发，全面系统深入地整理、分析关于课堂教学对话系统的研究成果，一方面完成研究报告的撰写工作，另一方面查找研究中所存在的问题，为研究的进一步精进提供支撑。

四　文献综述与概念界定

（一）研究综述

对话教学一直以来受到教育学界的重视，目前已经积累了大量的理论和实践研究成果。随着课程改革的不断深入，如何有效提高对话教学的效率、突破对话教学在课堂实践中所遇到的瓶颈，探寻适合我国中小学课堂教学实际的策略，从一个较为宏观的角度研究对话与对话教学，为后续的研究提供理论基础和相关路径，我们就对话与对话教学的相关研究文献进行了较为系统的梳理与分析。

1. 关于对话教学理论基础的研究

（1）关于中国古代对话教育思想的研究

对话教学尽管在中国古代并没有作为一个概念被先贤们独立地提出来，但是以孔子为代表的先贤们的教育思想与教育实践却都蕴含着"对话教学"的基本理念和操作范式。身为儒家学说的开创者，孔子尽管"述而不作"，但他的言论集——《论语》却全面地体现了他的教育理念和教学策略，堪称对话教学之典范。孔子开创了"兴、观、群、怨"的对话教学范式。《论语》就记载了很多对话教学的经典案例。如《论语·八佾》篇记载："子夏问曰：'"巧笑倩兮，美目盼兮，素以为绚兮"。何谓也？'子曰：'绘事后素。'曰：'礼后乎？'子曰：'起予者商也，始可与言《诗》已矣。'"以上是孔子与子夏的一段对话。从这段对话中，我们能看出教师与学生间互相尊重、互相交流和互相启发的对话教学原则。孔子强调："不愤不启，不悱不发，举一隅不以三隅反，则不复也。"在对话中，孔子非常重视且尤其善于启发学生的自主意识，重视调动学生的学习兴趣与积极性。

又如《学而》篇记载："子贡曰：'贫而无谄，富而无骄，何如？'子曰：'可也，未若贫而乐，富而好礼者也。'子贡曰：'《诗》云"如切如磋，如琢如磨"，其斯之谓与？'子曰：'赐也，始可与言《诗》已矣，告诸往而知来者。'"这是孔子与子贡的一次对话。子贡问孔子"贫穷而不谄媚，富有而不骄傲，怎么样？"孔子说："这算可以的。但是不如贫而乐道、富裕而好礼的人。"子贡又说："《诗经》上说的'如切如磋，如琢如磨'，应是讲的这个意思吧？"孔子说："子贡呀，你能从我已经讲过的话中领会出我还没有说到的意思，能举一反三，我可以同你谈论《诗》了。"这都是典型的对话教学的范例。在师生对话的过程中，孔子启发学生子贡发表对所谈论问题的见解，子贡由二人当下的对话联想到《诗经》中所讲的对美玉要不断进行切磋和琢磨的说法，使对一个问题的分析在"可也"的基础上生成精益求精的探索与追求。孔子对子贡举一反三的学习能力给予高度肯定和由衷赞美，由此提出学习者应树立"告诸往而知来者"的学习精神和习惯。孔子因善于因材施教，重视师生平等且富于启发式的对话，常常使学生跃跃欲试、忘我地投入求知过程中。

从以上经典对话教学案例中，我们可以得到如下启示：教学价值和意义在对话中生成，对话促使学习深入。师生之间通过对话，学习者既获得了真实丰富的知识与人生智慧且有利于自我认识与自我塑造。

孟子作为儒家学说的承继者，在继承中发展了孔子的理论。他的"知言养气"的理论可谓对孔子言意观的直接传承。当然，孟子也发展了孔子的"借诗言说""借诗言礼""借诗立人"的教育原则，创造性地建构了更具实践价值的"以意逆志""知人论世"与"知言养气"的诗教释义学理论。[①] 孟子将孔子以"文本"释义为核心的教育观发展成为以"人的发展"为核心的教育观。无论是"以意逆志"还是"知人论世"等皆是在对文本理解与阐释的基础上展开的，这是一种以"读者"的理解来忖度作者意愿的方式。从读者的视角分析作者所处的自然与社会环境，力求最终使二者达到

---

① 靳健：《孔子、孟子对语文教育的理论建构与实践创新》，《甘肃联合大学学报》（社会科学版）2009年第5期。

交融的境界,以此促进人的发展。基于对文本的理解,孟子提出了"知言养气"的观点,这也是孟子教育的理想与目标。"我知言,我善养吾浩然之气。"(《公孙丑上》)此后,曹丕关于"文以气为主"的说法(《典论·论文》),唐代的韩愈、清代的桐城派等也传承了孟子的气论。这里的"气",即通过对文学作品的涵泳而后形成来自君子对大道的深切体认。由此可以看出,对话教学在孟子这里,乃是通过对文本的涵泳,凭借追溯作者的情志实现提升学习者精神境界之目的的。因此,孟子的对话教学涵盖了学习者—文本、学习者—作者、学习者—社会及学习者—自身多重对话的过程。在这里,对话的目标和旨归都指向了主体本身。以伽达默尔的诠释学加以分析,乃是在历史的相对性与文化的差距性中实现不同主体间的"视界""融合",即在诠释对方的同时理解与升华自身。赵晓霞(2012)从孔孟对话教学思想的内涵入手,以"对话理论"为背景,具体考察了孔子"兴、观、群、怨"的思想和孟子"知言养气"思想中所蕴含的对话教学的内涵和范式,并列举了孔孟的对话教学思想和范式为当代语文教育所提供的有益且可资借鉴的方面。①

施颖、田良臣(2013)在重温孔子、苏格拉底经典教学图景,对苏格拉底的诘问式对话进行分析,比较了二者间的异同后,在揭示对话教学基本特性的基础上,进一步得出了有助于回到对话本身、重构新的教学图景的启示与思考。②

(2)关于西方哲学中对话教学思想的研究

米靖(2003)从对话教学理论的哲学基础、对话教学的作用和目的、对话教学中教师的地位与作用、师生关系等方面入手,对马丁·布伯对话教学思想进行了深入探析。布伯的对话哲学是其教学理论的思想基础,"关系"是马丁·布伯哲学的本体。布

---

① 赵晓霞:《孔孟对话教学思想的内涵及其当代启示》,《教育探索》2012年第5期。
② 施颖、田良臣:《孔子和苏格拉底的对话教学图景及其启示》,《上海教育科研》2013年第4期。

伯认为，关系先于实体而实体由关系所出。布伯指出，恰是在关系领域中，人才存在为人，人才未被概念所僵化，因而关系的领域是人类现实的原初的范畴。他认为，个体同世界上其他各存在物之间通过两种方式发生关系，概言之，表达方式分别由两个原初词"我—它"和"我—你"来体现。在"我—它"关系中，"它"（客体）仅是"我"（主体）认识与利用的对象而已。此关系是对立而非交融的，"我"难以发现自身的意义；而"我—你"关系才是人类应该有的、真正基本的关系。当"我"和"你"相遇之际，我以我的整个存在和我的全部生命及我的本真性去接近"你"，而"你"也不再是我的经验物或利用物。当然，"我也不是为了满足我自己的任何需要，哪怕是最高尚的爱的需要而与你建立'关系'"，布伯将"我—你"关系称为真正的"对话"关系，这种我与你之间活生生的精神上的相遇关系，揭示了人生意义的深度。布伯的人学理论中渗透着"关系哲学"，他认为，人的完整生命的达成需要多种潜能，如爱、信任、认识、交流、创造的潜能等。而这些潜能既有它发展的自主特性，又存在于其内部的相互关系中。人的发展则体现在上述潜能完美协调的发展中。因此任何潜能都位居人类所具有的本能的实在中，处在关系与关系的交互中，并非靠自我就能完成的存在。因此教师在对话教学中既是使世界达到学生的选择者，也是学生灵魂再生的向导，还以其自身的整体存在作为学生的模范；至于对话教学中的师生关系，布伯认为，信任是师生对话关系得以存在的基础，"肯定他者"是教师对学生的态度，而"包含"则是师生关系的本质。布伯批判新教育思潮所认为的儿童的创造力能原始、自由、创造性的"自我"释放的观点是错误的，任何潜能唯有在和其他潜能的关系中，在人与人的关系中，在人与周围的环境、文化、宗教和艺术的关系中才能发展，因而教学的作用甚为重要。关系本体论与"对话哲学"使布伯确信，教学是一个整体，任何单独的特殊潜能的培养都不会提升教育成效。发展处于"关系"中主体个人的"对话"能力是教学的根本目的，即使学生能在对世界整体的认识中，在关系中找寻到个人的意义。①

（3）关于哲学家与教育学家在对话教学思想上的比较研究

成成（2009）对雅斯贝尔斯与弗莱雷对话教学思想进行了多维比较研究。其研究认为，二人都反对灌输，倡导提问，反对控制，倡导交往。雅斯贝尔斯批判经院式教育仅仅是传授知识，教师仅仅是照本宣科，而个体毫无创新精神。他认为，在灌输式、传授式的教育中，教师只是传授知识与解释知识的中介，仅是知识的代理人而已，是可以随意替换的。而学生死记硬背现成的知识，学习现成的答案或结论，只需将书本上的知识即明确无误的东西带回家即可。他倡导苏格拉底式的教育方式，提出对话才是真理的敞亮与思想本身的实现。他认为，理智的知识和思想的认识上的堆积是次要的，单纯地灌输知识、填鸭式的教学、死记硬背知识等都是毫无价值的，它背离了教育之本真意义。而教育重在以问答的方式激励学生自己积极地探索道德和认识真理，使学生既积累知识又得到精神的发展。雅斯贝尔斯还认为："控制乃是针对自然与人而言的，其方法则是在主客体全然疏离的状况下，将主体的意志强加在客体身上。控制不是爱，它固守着人和人在心灵上是没有交流的隔绝状态，让人感受到控制者并非出于公心，而是使用狡计，并以被控制者的个性的泯灭为其代价。"在教育方法上，雅斯贝尔斯反对教师以其"权威"强迫学生接受，他尤其注重陶冶与交往在教育中的作用。他坚持，教育的原则乃是凭借现实世界的所有文化启迪人的灵魂觉醒的本原与根基，而绝非导向由原初派生而来的东西及平庸的知识。雅斯贝尔斯特别反对用强迫的方法逼迫学生学习，他强调"所有外在的强迫都不具备教育的作用，恰恰相反，强迫对学生的精神损害极大"。

同样，弗莱雷也认为，灌输式教育是抵制对话的，而提问式的教育方式则把对话看成是揭示现实的认知行为，是其他方法无法替代的；灌输式的教育方式把学生当作需要被帮助的客体，而提问式

---

① 米靖：《马丁·布伯对话教学思想探析》，《外国教育研究》2003年第2期。

的教育则把学生塑造成为批判的思想者；因而灌输式教育抑制了人的创造力发展，其追求的目的是驯化人的意识，从而也便否认了人能发展成为更具完美人性的人的本体与历史使命，提问式的教育则以创造力为依托，鼓励人对现实做出真正的行动和反思，因此它与人作为存在的使命是一致的，因为人唯有投身于探索和创造性地改造中才是真实的。弗莱雷提倡对话式教学，反对单向的讲授与纯粹的知识贮存，他倡导教师与学生之间平等交流，教师与学生共同学习。他认为，唯有对话式教学才能发展学生的创新与探索未知世界的精神。弗莱雷也认为："压迫——强有力的控制——具有恋死癖的特征，这种特征滋生于对死亡而决非对生命的热爱。控制展现的是病态的爱——控制者身上体现出的是虐待狂，而体现在被控制者的身上则是受虐狂。"因此，对话绝不是强制和专制、操纵与控制，而应该是彼此的合作与交流。

该研究还认为，雅斯贝尔斯与弗莱雷的对话教学思想尽管具有大量的共性，但是二人在对话教学的诸多方面还存在相当的差异。如在对话的目的上有所不同，雅斯贝尔斯认为，对话是自我认识和探索真理的途径。唯有通过人和人的交往，唯有了解了事物的本性才能获得真理；对话就是真理的敞亮与思想本身的实现。对话以人和环境为载体，在对话中发现所思考之物的逻辑和存在的意义；因而对话间接地传达着真理，对话唯一的目标即是对真理的本然的思考，人经由教育而具有反思与辩驳的能力。而弗莱雷则认为，对话教育使人获得了对存在方式的批判性思考的能力。对话教育使人逐步明白，世界并非静态的现实而是动态发展着的被改造中的现实。因此教育的终极目的乃是培养学生的批判精神、创造性能力，培养学生的生活、学习能力，最终获得解放。再如，在对话教学的基础方面有所不同。雅斯贝尔斯认为，教育者不能忽视学生的现实境况与精神状况，认为教师比学生优越，对学生耳提面命，应该和学生平等相待并敞开心扉。师生间的地位是平等的，师生间价值升华的因素是爱的理解。弗莱雷则认为，对话不应被简化为人与人之间思想"灌输"的行为，更不应成为"消费"思想的简单行为。他认为:"缺乏对世界和对人的热爱,对话就不应存在。爱既是对话的基础也是对话的本身。若是你我不爱这个世界,若是我不爱生活,若是我不爱人民,你我就无法进入对话。"由此可以看出,"平等与爱"是被雅斯贝尔斯和弗莱雷都认可的对话之基础。他们都认同教师和学生在追问真理的过程中存在着精神上的交往,对真理的理解使得双方的精神世界得以交融。但是,弗莱雷还认为,除了平等和爱之外,对话教学还应建立在谦虚和信任的基础之上,因为"缺乏谦虚的态度也是无法进行对话的"。他坚持认为对话的双方要谦逊,没有谦逊,就没有对话。假如对话的某一方自以为是,那么对话就会中断。因为对话是人和人之间彼此了解的共同行动。此外,信任是对话的先决条件,而信任又是通过对话产生的。当然,虚假的谦逊、扭曲的爱以及对他人缺乏信赖也是无法建立信任关系的。所以在对话中要信任别人的能力、别人的创造力,唯如此,对话方可顺利展开。[1]

(4)关于对话教学精神实质和本真意义的理论研究

金业文、刘济良(2009)从理论上就对话教学的精神实质和本真意义进行了诠释。他们认为,师生关系在传统教学中主要是教师说、学生听的训诫—驯化式的关系,而对话教学实质上是对传统师生关系的反叛,它将师生关系重建为对话的关系,即师生关系是平等、民主、互相尊重、互相理解的关系;若说传统教学旨在树立教师及文本(指教材内容或教学资源)的"话语权威"的话,那么对话教学实质上是对唯师唯书的教学观的批判,对话教学将学生看作学习的主人而非被动接受知识的"容器",对话教学鼓励学生从自己的生活与学习经验出发,主动地获取对文本(或资源)的创造性理解与诠释,它尊重学生对生活、对学习内容的独特体验。

教学对话是在多个对话者(教师、学生、文本与资源等)多维度、多层面的动态互动、相互促进的对话中进行的,如师—生、

---

[1] 成成:《雅斯贝尔斯与弗莱雷对话教学思想比较》,《当代教育论坛》(下半月刊)2009年第2期。

生—生、教师—文本、学生—文本。当然，在对话的多重关系之中，主要是师生与文本间、师—生的对话，其真正的境界就是教师、学生和文本这三个教学的核心要素之间的倾听与言说，这种对话是人格平等的心灵交融，是情感激荡的情感共鸣，是思想碰触的思维碰撞。

概言之，对话教学的实质是认同对话参与各方的平等地位，倡导教学应该在教师、学生和文本等多个主体之间平等对话中进行；它是对主客二元对立的解构，它将教师、学生与文本等均视为平等对话的主体。但是，在对话教学的各主体中，我们又不得不承认，学生还是一个相对稚嫩、正在发展中的主体，这是教学对话与一般对话的区别之所在。因而在此意义上，教学对话是在教师组织与引导下的对话——教师是课堂教学对话活动的组织者、引导者和参与者。因而在实际的教学工作中，教师决定着课堂教学活动能否顺利开展，决定着教学对话的实际效果。[1]

2. 关于对话和对话教学理解与诠释的研究

（1）多维角度理解对话与对话教学

刘庆昌（2001）从广义和狭义的角度就对话教学的概念和内涵以及对话教学的意义做了阐述，认为对话既可以作为一种方法，也可以认为是一种教学原则，使传统意义上对话教学的教学目的、教学伦理、教学方式、教学思维发生了革命性转变，是一种新的教学形态。[2] 康建琴（2004）从理性思考的角度，阐释了关于"对话教学"的广义和狭义理解，认为对话教学是在教师与学生平等基础上，以学生自主研究为特征，以对话为方式，在教师引导之下，通过师—生、生—生的相互启发或讨论，帮助学生更好地完成学习任务。[3] 李宝庆、李翠梅（2004）对什么是对话教学，对话教学的精

---

[1] 金业文、刘济良：《论对话教学的精神实质与本真意义的回归》，《广西师范大学学报》（哲学社会科学版）2009 年第 2 期。

[2] 刘庆昌：《对话教学初论》，《教育研究》2001 年第 11 期。

[3] 康建琴：《对话教学：内涵、特征与原则》，《山西财经大学学报》（高等教育版）2004 年第 3 期。

神实质表现在哪些方面进行了探讨。[①] 张华（2008）就对话教学的内涵和价值基础进行了深入研究，认为对话教学是师生基于关系价值和关系认知的整合反思与互动。对话教学的提出旨在创造一种消除教学中一切主导与从属、控制与被控制、压迫与被压迫的新的教学哲学。[②] 沈小碚、郑苗苗（2008）就对话教学的基本内涵进行了论述，他们认为，对话教学是教师与学生精神的相遇与经验的共享过程，师生在精神相遇中生成教学之意义，生成的教学意义又促进、影响和陶冶双方的精神，提升彼此的境界、价值和品位，师生在经验共享的过程中彼此造就、共同发展。因而，对话教学更多地关注人本身，它是学生生命的发展，它凭借对话引导学生踏上一个追求生命价值与意义的人生。在对话过程中，师生充分彰显自己的个性，提升各自的生命价值，成为一个真正的人。[③] 刘翠花（2015）从对话教学的含义入手，提出对话教学是民主平等的教学，是交往互动的教学，是一种批判反思的教学。[④]

（2）从多元化视角阐释对话与对话教学

张秀红（2010）从现象学的视角入手，对有效对话教学应该具备的特点进行了阐述：交流中相互平等、沟通中相互理解、合作中共享、存异中创造。对话教学是师生基于关系价值和关系认知、整合反思与互动、在尊重差异的前提下合作创造知识和生活的话语实践。[⑤] 张光陆、张华（2011）从解释学的视角入手，就对话教学的特征、价值进行了分析，并且指出"反常话语"或"异向交往话语"具有可对话性，解释学视域下的对话教学的目的不在于追求共同的可通约的"基础"，而在于理解。[⑥] 刘兰英（2012）从教育哲

[①] 李宝庆、李翠梅：《对话教学探析》，《当代教育科学》2004年第16期。
[②] 张华：《对话教学：涵义与价值》，《全球教育展望》2008年第6期。
[③] 沈小碚、郑苗苗：《论对话教学的时代特征》，《西南大学学报》（社会科学版）2008年第3期。
[④] 刘翠花：《对话教学及其课堂实现的条件》，《基础教育研究》2015年第7期。
[⑤] 张秀红：《基于现象学视阈下的对话教学研究》，《教育科学》2010年第1期。
[⑥] 张光陆、张华：《解释学视域下的对话教学：特征与价值》，《教育发展研究》2011年第12期。

学、语言学、心理学和教育学等理论视角，诠释了"为增进学生思维而对话"的必要性和重要性。① 宗彪（2014）将深度对话作为对话教学的新视角，分析了深度对话教学的特点，并阐述了深度对话的实施方法，如确定高级思维能力发展目标、选择劣构性的教学内容、设计具有张力的教学过程、制定具体可行的评价标准等，并提出深度的课堂教学对话，在发展学生沟通、交往等综合能力的基础上，对于发展学生的高级思维能力具有积极的促进作用。② 申燕（2015）从语言学现象、社会学、文化性的角度，研究了对话、教学对话与对话教学，对话教学是着意于作为教学精神的对话，而不仅仅是教学技术。对话教学的实质是颠覆传统教育的一种新的教育精神或原则，作为教学一线的教师更应结合自身的情境与特点去理解和实践自己的对话教学，探索适合自身对话教学的策略。③ 魏敏、张伟平（2015）从系统科学的视野审视有效对话教学的特征，探究其发展价值包括有利于学生知识掌握的有机化，促进学生知识处理的结构化，推动学生有关能力的生成以及促进学生更好地融入"社会"④。

3. 关于对话教学基本理论问题的研究

肖正德（2006）梳理了1995—2005年10年我国关于对话教学的研究成果。10年里，我国对话教学研究成果基本集中在1部学术专著、27篇博士和硕士学位论文、105篇期刊论文中。基于对我国对话教学10年研究的回顾与反思，肖正德认为，从研究内容方面看，我国关于对话教学研究涉及了对话教学的概念、内涵、理论基础、本质、意义、形式、应用与建构等诸多方面，研究成果较为丰

---

① 刘兰英：《为增进学生思维而对话：课堂教学的终极追求》，《外国中小学教育》2012年第7期。

② 宗彪：《基于高级思维能力发展的深度对话教学》，《教学与管理》2014年第12期。

③ 申燕：《对话教学：价值意义与实践观照》，《教育理论与实践》2015年第16期。

④ 魏敏、张伟平：《有效对话教学问题再审视：以系统科学的视野》，《现代教育科学》2015年第4期。

硕。尽管如此，我国对话教学研究依然存在诸多问题，如概念含糊、引进多原创少、理论探讨多实践验证少、研究视野狭窄等。①时代发展需要教育培养有对话精神、对话意识和对话能力的人，这是对话的时代对教育提出的历史要求。因为对话教学在整体上超越了传统教学"灌输、被动接受"的种种弊端，凸显出崭新的教学特征与风格。康建琴（2004）从理性思考的角度，探讨了对话教学的内涵、特征及原则，阐释了关于"对话教学"的广义和狭义理解，论述了"对话教学"的民主平等性、合作互动性、探究创新性及开放生成性特征，提出了"对话教学"的知情相融原则、知能统一原则、回归生活原则、课内外结合原则及分层共进原则。②

对话教学作为一种新的教学形态，要求变革传统教学中的师生关系、教学组织、教学过程、教学方法与教学评价。从这个角度来说，对话教学超越了传统教学。对话教学作为新的教育理念与原则，在理论及实践方面都颇具重要的意义和价值。首先，在理论上，它丰富并充实着我国的教育教学理论，更新着我们的教育教学观念，促使人们转变教学的思维方式。其次，对话教学对实践有多重促进作用，一是有利于促进教师专业发展；二是有利于调动师生的积极性；三是有利于发展学生的交往、沟通、合作、批判、创新等综合的意识与能力，有助于发展学生的个性，促使每个学生都成长为独特的个体。同时，对话教学倡导尊重人，尊重人文价值，强调重视学生的情感体验和个性发展，具有人文教育价值。沈小碚、郑苗苗（2008）就对话教学的基本内涵、传统教学与现代教学中对话的异同和对话教学的时代特征进行了论述，包括互动交往，合作发展，创造生成，倾听关爱与追求自由，发展生命等。③

---

① 肖正德：《我国对话教学研究十年：回顾与反思》，《高等教育研究》2006 年第 4 期。
② 康建琴：《对话教学：内涵、特征与原则》，《山西财经大学学报》（高等教育版）2004 年第 3 期。
③ 沈小碚、郑苗苗：《论对话教学的时代特征》，《西南大学学报》（社会科学版）2008 年第 3 期。

对话教学在过程中重视多元主体的特殊性与个别性,教学过程不再是灌输、说教、规劝,而是平等的沟通与交流,学习过程由对文本(或教学资源)的简单理解转变为对知识的重新建构与生成视界的融合。因此,课堂教学中教师与学生的交往也由"独白"或"沉默"转变为共同参与、共同建设、共同建构,师生以自己的倾听、理解、言说彼此互动,共同投入对所学内容的探究之中,借此彼此促进,共同成长。朱金富、樊荣(2012)认为,对话教学倡导的正是师生平等的对话关系,让师生在真诚、平等、交流、合作的对话中激发智慧的火花,从而达成知识、能力和生命意义的建构和发展。在教学过程中,把知识的生成权交给学生,教师只充当智慧的点燃者,充分体现师生是教学中的共同体。[1]

自2001年基础教育课程改革实施以来,一线教师也逐渐认识到传统的"独白式"的课堂教学模式存在着等级取向、控制取向、效率取向与科层取向等种种弊端,教师们渐渐对课堂上的权力分配等问题进行批判反思,努力创设使学生敢于表达自己真实心声的话语环境,从而使教学建立在民主精神和个性自由的氛围里。但仅仅改变外在的教学环境是难以保证对话教学扎实落地的,只有真正把握对话教学的本质和落实条件,改变师生习惯了的态度与思维方式,才有可能让对话教学真正扎根在课堂当中。因此,对话教学的实现对教师和学生提出了不同以往的新要求。首先,对于教师而言需要坚持学习。对话教学的展开与推进都需要教师具有更广博的知识积淀与更宽厚的人文情怀,可以说,教师自身的学识涵养与教学智慧是对话教学能否实施的决定性因素。对话教学要求创设探索的氛围,要求课堂创设更有利于学习的情境,要求教学方式更具多样性,要求教学时空与教学内容更具开放性,以便师生生成多重观点,更好地解决问题,获得对学习内容更具个性化的理解。质言之,对话教学对每一位教师而言都是崭新的挑战,因为教师平等民

---

[1] 朱金富、樊荣:《对话教学:点燃教学生命的智慧》,《中国高等医学教育》2012年第4期。

主的精神决定着对话教学的开放与平等,教师包容接纳的态度决定着对每个学生的情感态度和对话态度,而教师的学术素养、学科知识积淀以及把握知识的能力决定着对话教学的品质和水平。因此教师唯有持之以恒地学习,全面细致地研究教材,巧妙合理地运用并挖掘教学资源,主动地钻研教学策略,才能适时且有效地关注、引导学生的不同观点,从而促进学生更好地学习。由此可见,对话教学的有效实施是建立在教师持续的、长期的学习之上的,教师唯有积极、主动地提升自己的专业素质、综合素养,才能不断提高自身关于对话教学的驾驭能力。当然,对于学生来说,面对对话教学的开展,也是需要调整和转变的。尤其是对于那些长期以来习惯了被动接受教师所呈现的、现成的、无须动脑、只须记忆、所有问题都有确定及唯一答案的学生来说,对话教学中常常出现的不确定性因素将带给学生疑虑乃至不安,这也将影响他们学习的积极性。其实,学生的思维惰性是教师培养的,因而转变学生思维定势的工作需要教师有耐心、有智慧地帮助学生,帮助学生意识到对话教学中所出现的不确定性与开放性恰是发展他们沟通、交流、表达、创造能力的必要条件。因而对话教学内在价值真正实现的基础是教师和学生在思维方式和态度上的转变,这也是刘翠花(2015)从对话教学的含义、价值基础以及课堂实现的条件等方面就对话教学进行研究后所得出的结论。[①]

4. 关于对话教学实践模式的研究

吴婷婷(2011)提出,对话教学是在教师、学生、文本三者的交流过程中进行的,因而对话教学类型的探讨也就是关于对话教学的参与者——教师、学生、文本三者之间如何发生联系与发生何种联系进行的探讨,即它们怎样发生联系才能够达成对话教学。教师、学生、文本三者间的对话是对话教学的基本类型,它们的对话有三种基本形式:师生对话、生生对话和生本对话。首先,"师生对话"是教学中最基本、最常见的对话形式。其次,"生生对话"

---

① 刘翠花:《对话教学及其课堂实现的条件》,《基础教育研究》2015年第7期。

则是指学生与学生之间就某一话题展开讨论与交流,它是学生之间沟通彼此对文本理解并互相启发的过程。当然,生生对话既离不开教师的引导,又离不开学生各自作为主体参与对话的互相指导,还离不开学生的自我指导。最后,"生本对话"是指学生基于原有的认知与理解结构之上,经过师生、生生、自我对话,而对文本生成新的理解或批判。可以说,对话发生在彼此都以主体参与到对话的过程中,发生在主体间相互理解、开放交往和精神共振的融合之中。因此,对话教学是在以促进学生与文本的视界融合为目的的对话交流过程中进行的。①

管文洁(2003)从如何在课堂上关注学生的生命态,如何在课堂教学中培养学生的创造性、主动性、灵活性等问题入手,对"生命对话"课堂教学模式进行了探究。② 张辉(2010)以高校教师对话教学模式课堂心理环境的构建作为研究内容,对影响对话教学模式课堂心理构建环境的干扰因素做了相关分析,认为教师优良的心理和教学理念是基础;教师贴切的人文关怀和情感疏导是必要条件;教师精湛的教学艺术和教学手段是有效方法。③ 刘瑞敏(2014)以巴赫金对话体系为基础,就对话教学的理论进行了探究,认为要真正实现对话教学,还需要进一步建构理论,以及在实践中逐步摸索出多种有效对话模式。④ 吴志华、周喜欢(2015)采用IRF话语分析理论就对话结构要素、对话单元、对话模式等进行了分析,并提出了课堂对话教学有效性提升策略,如最佳匹配策略、生成协调策略、信息归位策略等。⑤ 安世遨(2016)对基于问

---

① 吴婷婷:《对话教学基本理论二十年回顾及现实期待》,《陕西教育》(高等教育版)2011年第22期。
② 管文洁:《"生命对话"课堂教学模式探究》,《上海教育科研》2003年第11期。
③ 张辉、张伟:《高校对话教学模式课堂心理环境的构建》,《教育理论与实践》2010年第3期。
④ 刘瑞敏:《对话教学理论探究——以巴赫金对话体系为基础》,《沈阳工程学院学报》(社会科学版)2014年第2期。
⑤ 吴志华、周喜欢:《基于IRF话语分析理论的课堂对话教学有效性分析》,《中国教育学刊》2015年第3期。

题的对话教学模式进行了研究,将对话的六种类型与问题教学的三个阶段有机结合,形成了一个基于问题的对话教学模式,并对基于问题的对话教学模式框架和实践操作做了进一步的分析与思考。①

5. 关于对话教学途径策略的研究

林佩燕(2003)认为,"对话教学"的核心是对话。主张先学后教,先思后问,先问后讲。在整个教学过程中,把学习的主动权交给学生,充分激发学生的潜力。②朱德全等(2003)通过就对话教学心理机制的剖析,表征方式的阐述和关联要素的分析,认为可以建构对话教学的理性模式,设计对话教学的教学策略;并描述了对话教学的四个阶段,即内在动机激活阶段、问题表征理解阶段、对话表征阶段、评价反馈阶段等。③张晓丽、李如密(2009)也对中小学教师实施对话教学所面临的问题及对策进行了研究。④刘娜(2010)就对话教学实施的阻碍因素及对策进行了分析,认为对话教学中要促进师生形成正确的对话意识和态度,摆脱传统教学的禁锢,真正体现师生平等,创造充足的对话资源和恰当的对话方式,实现师生共同学习、共同成长。⑤苏春景、孙晓莎(2011)对"病态对话"的产生机制及其表现形式进行了分析、归纳,并提出相应的消解策略。⑥张华(2011)从主题探究、问答、会话、辩论、对话性讲授、交往性沉默、个人方法等方面深度剖析了对话教学方法论的重建;⑦并引出美国哈佛大学著名教育学者达克沃斯的"教学即倾听"的观点,认为对话教学中的教师倾听是一种实践智慧,教

---

① 安世遨:《基于问题的对话教学模式研究》,《教育理论与实践》2016年第2期。
② 林佩燕:《对话教学:21世纪学校教育的新理念》,《教育评论》2003年第3期。
③ 朱德全、王梅:《对话教学的模式与策略探析》,《高等教育研究》2003年第2期。
④ 张晓丽、李如密:《中小学教师实施对话教学面临的问题及对策》,《教育理论与实践》2009年第32期。
⑤ 刘娜:《对话教学实施的阻碍因素及对策分析》,《当代教育科学》2010年第10期。
⑥ 苏春景、孙晓莎:《小学课堂教学中的师生"病态对话"现象及其消解策略》,《中国特殊教育》2011年第11期。
⑦ 张华:《重建对话教学的方法论》,《教育发展研究》2011年第22期。

学就是倾听学习者。① 当然，教师的实践智慧也体现在教师的提问智慧中，这里的提问不是"检测知识"，而是提出能够促进学生不断反思的具有开放性和方向性特征的真问题。② 王天平（2012）对有效对话教学的内涵、对话教学有效性偏低的病理、对话教学低效性的纠偏路径等进行了分析，认为构建有效的对话教学需要平等的主体、共鸣的话题、开放的情境、顺畅的沟通及深度的理解。③ 张光陆（2012）通过对课堂话语环境的研究，认为只有在一种共同体之内，每个成员才能共享自由、平等的话语权利。而且对话性教学共同体是一种异质化共同体，并且是消解了话语环境霸权性的共同体。④

6. 关于对话教学改革实践的研究

卢广华、何放予（2003）对课堂教学对话的改革与实践做了相关的研究。⑤ 张增田、靳玉乐（2004）对什么是对话教学，对话教学的目的观、过程观、师生观、评价观以及对话教学的课堂实践形式做了相关的研究，言语型对话、理解型对话、反思型对话是课堂实践形式，它们密切联系，相互影响，共同构成错综复杂的对话教学实践形态。⑥ 刘耀明（2009）通过从教学对话到对话教学的辨析，分析了对话教学在实践中的实现途径。⑦

余宏亮等（2012）就对话教学的致思方式及实践转向进行了研究与思辨，认为"我—你"关系在课堂上遭遇实践阻抗时，教师可暂时"悬置"起"我"这个角色，融入"学习共同体"之中，提

---

① 张光陆：《对话教学中的教师倾听》，《全球教育展望》2011年第10期。
② 张光陆：《对话教学中教师的问题意识》，《教育理论与实践》2011年第35期。
③ 王天平：《论对话教学低效性的病理与纠偏》，《课程·教材·教法》2012年第11期。
④ 张光陆：《对话教学的课堂话语环境：特征与构建》，《全球教育展望》2012年第2期。
⑤ 卢广华、何放予：《课堂教学对话的改革与实践》，《上海教育科研》2003年第5期。
⑥ 张增田、靳玉乐：《论新课程背景下的对话教学》，《西南师范大学学报》（人文社会科学版）2004年第5期。
⑦ 刘耀明：《从教学对话到对话教学》，《上海教育科研》2009年第2期。

取"共识性疑问"之后再回归"我"的角色,带领学生群体生成新的理解和意义。老师应当通过小组合作的互动形式,互相启发,质疑问难。①

对话教学在实践中扎根,需要重视教学复杂性,因为教学是一个复杂系统。张丽、郑家福(2012)提出,教学系统是为了实现教学目的,由教学的多个要素有机组合而成,该系统的复杂性体现为多样性、非线性、层次性、自适应性、涌现性与开放性等。第一,按照李秉德的观点,教学系统诸要素包括教师、学生、教学目的、课程、方法、环境和反馈。② 教学系统内的诸要素之间是相互影响的,即各组成要素之间相互作用。教学系统因要素间相互作用的多样性而使其功能也具备多样性。第二,教学系统又可分为机构层次、管理层次、学习层次和教学层次四个层次。每一层次都有助于实现系统的某一功能,经过逐层整合,最终形成完整的系统整体。其中,整体具有部分不具有的特征即涌现性。第三,教学系统具有进化特征,它的规模、结构或功能等都可随时间的推移而朝着有利于自身存在的方向进行自我调整、自主适应内外环境的变化。第四,教学系统是开放的系统,与外部环境有着物质、能量和信息的交换。教学系统的结构与行为等都在某种程度上与环境有关,并受它的影响。开放性使得教学系统内各要素之间及系统本身和环境之间互相作用,并不断向更好地适应环境的方向发展转化。③

李红恩等(2012)就对话教学的生命意蕴及其建构进行了研究,在对话教学的实践中,要以生命意蕴为指引,制定对话教学目标;以生命意蕴为准则,优化对话教学内容;以生命意蕴为指导,创设对话教学场景;以生命意蕴为标准,完善对话教学评价。④

---

① 余宏亮、秦淼:《对话教学的致思方式及实践转向》,《课程·教材·教法》2012 年第 8 期。
② 李秉德:《教学论》,人民教育出版社 2001 年版,第 10—16 页。
③ 张丽、郑家福:《事实对话教学的两个前提性问题》,《教育理论与实践》2012 年第 14 期。
④ 李红恩、徐宇、余宏亮:《对话教学的生命意蕴及其建构》,《教学研究》2012 年第 1 期。

7. 关于对话教学存在问题的研究

周兴国（2010）认为，对话教学有着自身的局限性，因而在实践中陷入困境。他认为，当前对话教学理论研究将各种不同理论假设的"对话"概念直接引入教学中，导致不仅没有促进课堂教学范式改革，没有解决独白式课堂教学的问题，促使其走向对话，反而使得对话教学陷入了庸俗化的理解中，坠入了形式化的窠臼。究其根本是不同理论体系下所倡导的对话教学，仅是出于各自的主体概念所派生出来的教学观点。如"存在"的概念与"交互主体性"的概念，显然不同于与客体相对应的主体概念。不同的理论具有不同的主体概念，而在日常的教育教学生活中，学生居于客体地位乃是当前课堂生活中的真实状况。在这种状况下，虚假的对话教学随之出现乃至流行就是自然的了。同时，囿于班级群体教学的现实，教师无法真正展开课堂教学对话，因为课堂上呈现的并非布伯所言的"我—你"而是"我—你们"的现实。教师所面对的是一个学生集体，并非存在主义哲学意义上所说的个体，也并非孔子或苏格拉底所面对的某个独特的群体。因而，在现实的课堂教学中，"我—你"关系是难以确立的，对话教学也是难以实施的。①

张华（2011）就对话教学中出现的技术主义倾向进行了反思。他认为，对话教学因契合了我国2001年实施的基础教育课程改革所倡导的"自主、合作、探究"的学与教的方法论的基本要求，得以在我国基础教育领域进行广泛的研究与实验。10年的新课改实验表明，我国课堂教学逐渐呈现出新气象、新面貌，如学生和老师的思想渐渐受到关注，课堂探究氛围日益浓厚，学生的自主探究空间拓展，师生之间有了更多的对话与合作……总之，我国基础教育领域的课堂正在发生着"静悄悄的革命"。但同时也应清醒地看到，伴随着新课改的推广与普及，无论是在理论上还是在实践中，对话教学的技术主义倾向逐渐滋生，其突出表现是课堂上的"虚假

---

① 周兴国：《对话教学：有待进一步澄清的几个问题——对当前对话教学理论研究的审视与反思》，《课程·教材·教法》2010年第7期。

对话""空洞对话"与"僵化对话",并因此导致教学低效化。这又使我国教育中传统的保守力量借此为由,反对对话教学乃至整个课程改革,原有的保守教学思潮与相应的独白教学实践在某些地区出现反弹,变得比此前更为保守乃至更为牢固。其原因是把对话教学自身与对话教学的技术主义倾向混为一谈了。由此我们便可得出更具普遍意义的启示:任何课程与教学改革,倘不深谙其精神实质并创造相应的实施条件,既会使改革的效果大打折扣,又会刺激保守力量的强势反弹。因此,反思对话教学的技术主义倾向是重建对话教学方法论,促进我国基础教育课程改革健康发展迫在眉睫的课题。① 由此,就对话教学进行理论与实践反思的大幕渐渐拉开,张华的研究为我们重建课堂教学对话开辟了道路。

8. 关于对话教学文献研究的述评

通过对文献的研究与梳理,我们发现,关于对话与对话教学的研究文献呈逐年增长的趋势,尤其是自2001年以来,研究文献的增加速度开始明显加大,到2013年达到顶峰;从资源类型分布来看多为期刊,学科分布主要是社会科学类(95.5%),其次为哲学与人文学科(2.3%);来源分布主要是教育学类期刊,其中《教育理论与实践》5篇(11.9%),《上海教育科研》4篇(9.5%),《教育发展研究》3篇(7.1%),《高等教育研究》3篇(7.1%),《全球教育展望》3篇(7.1%);对话与对话教学研究的作者主要有张华6篇(12.9%),张光陆4篇(8.5%),等等;作者所在的研究机构多为大学,如西南师范大学6篇(12.2%),西南大学5篇(10.2%),宁波大学4篇(8.2%),华东师范大学3篇(6.1%),杭州师范大学3篇(6.1),等等。

从研究内容来看,首先,前人已经就"对话"和"对话教学"做了深入的研究,比如说师生之间的对话,人与人之间的对话以及人与文本之间的对话,这种对话打破了原来的主客体二元对立的关系,但笔者认为,他们研究的对话和对话教学是不全面的。伽达默

---

① 张华:《反思对话教学的技术主义倾向》,《教育发展研究》2011年第20期。

尔也研究了人与文本之间对话的问题，并阐述了对话，既有人与人之间的对话，又有人与文本之间对话，这些已经为"对话"和"对话教学"研究奠定了基础，但笔者认为，仅仅这些对话还是不够的，因为在实际的课堂教学中，我们面对的是一群学生，在教学活动中除了师生之间的对话之外，还有学生与学生之间的对话，除了老师和文本的对话外，还有学生跟文本的对话。学生之间的对话形成了我们所谓的合作学习。而这些对话并不能涵盖课堂教学的全部，在群体教学模式下，教师、学生、文本三者之间的相互对话只是一个对话单元，学生与学生之间的对话又扩展了该对话单元，形成了一个完整的对话系统。而关于对话系统的研究，到目前为止，在教学论领域基本上处于空白阶段。在此意义上，笔者以为，这恰是在前人的研究基础上进行深入思考、深入研究的价值所在，意义所在。

进一步来看，研究课堂教学的对话系统是否有效，以及如何使这个对话系统更有效地运转，主要看对整个系统的把握情况。在这里要抓住关键词"系统"，过去的很多研究仅仅用对话教学的方式或某一个观点去审视课堂教学，略显片面，有诸多矛盾之处，也难以解释课堂上的所有教学现象。实际上，在群体课堂教学模式下，主客体之间是相互交融的，因此从对话单元发展到对话系统，运用系统的观点聚焦、审视课堂教学，既是本书研究的一大亮点，又是本书研究的创新之处。

前人的研究基本上认为对话中的师生是平等的关系，师生在人格上平等是无可非议的，但在教学过程中，从笔者在初高中阶段多年的教学经验检视，课堂教学中的对话是在教师主导下的对话，离开了这一点，教学效益或教学目标的达成必然会出现问题。换句话说，在课堂教学中，教师与学生的关系是主导与主体的关系，其外在形态是学生在教师的引导下，以一个问题为线索，当老师抛出问题之后，通过一种相互之间的对话，促使该问题得以解决，或者在解决一部分之后，又由此生成第二个话题。这个话题可能是老师提前预设的，也可能是现场生成的。因此，伴随着一个问题的解决，又产生了新的问题，然后围绕这个新的问题再产生新的对话，直至达成了我们想要达成的教学目标。也就是说，问题解决了，我们的目标也就达成了。所以，我们的教学模式是由对话串、话题串，或者问题串组成的。质言之，老师在课堂教学中，始终扮演着组织、引导的作用，教师始终调控着课堂教学的进程，引导着学生尝试、合作和结构化。所以，我们看到的教学现象是，教师引领学生聚焦着每一个话题，当一个话题解决之后，教师或教师引导学生进行概括、提炼、总结，继而又抛出下一个新的话题，直到达成最终的教学目标。这就是老师在课堂上扮演的角色。因此教师在课堂教学中的主导作用是不能忽视、偏废的，否则就会陷入"放任不管"似的主体性神话的怪圈。笔者以为，教师在课堂教学中既扮演着主导作用，也扮演着主体作用。即在导引和调控教学的进程时，发挥主导作用（结合学情而变）；在与学生、文本对话的过程中，作为对话者发挥着主体作用。

最后，对话系统有效运转的参考要素是什么？笔者认为是根据学情不同而采用有针对性的教学方法，即教师的聚焦点应在学情的反馈上。也就是说，教师要通过对话调控教学，所以我们的对话系统有效运转的润滑油就是教学的针对性，我们所谓的对话并不是漫无目的的，正如洋思的教学模式、杜郎口的教学模式，都是教师通过不断的对话，通过一系列的问题串，把学生的问题暴露出来，又针对暴露出来的问题跟进解决。若是学情反馈不上来，所谓的有效或高效教学就会大打折扣。有针对性的教学，是能及时反馈问题，有效解决问题的教学。因此，教学针对性是使教学对话系统有效、有序运行的保障。在课堂教学中，师生之间、生生之间、教师与文本之间、学生与文本之间、教师自己、学生自己能否产生有效的对话，决定了对话系统是否能够顺畅运转，而系统运转得越顺畅，其所呈现出的力量就越强大，教学的效果就越好。

综合前人的研究，结合对教学多年的实践、反思，笔者认为，不管是就"对话"的研究还是对"课堂对话"的研究，前人的观点或失之偏颇或失之缺漏，如前者缺少对话的氛围，所以孩子的思维难以得到全面训练,因为它没有自己主动尝试和跟别人分享交流碰撞的机会,而在后者的研究中,课堂成为一个无序的场所,教学效益难以得到保证。文献研究还发现,很多专家已经洞悉了对话教学中所存在的实践问题,但尚未提出明确的尤其是可操作的对话教学策略。所以,本书研究在构建对话系统的过程中,期望紧密结合初高中阶段的实际情况,在弥补前人研究中的偏颇与缺漏的基础上,既有理论创新,又有实践价值。

(二)概念界定

1. 对话

苏联文化学家巴赫金在 20 世纪 20 年代以文化学的眼光界定了对话的内涵。他认为,生活的本质是对话,思想的本质是对话,艺术的本质是对话,语言的本质也是对话,通过对话可以探讨人的本质和人的存在方式。他认为,对话有三个特点:一是双重指向,既针对言语内容,又针对非言语内容;二是对话者全身心地参与和投入,包括眼睛、嘴巴、双手、心灵、躯体和行为;三是对话的形式,有提问、聆听、应答、赞同等。"人作为一个完整的声音进入对话。他不仅以自己的思想,而且以自己的命运、自己的全部个性参与对话。"[①] 也就是说,对话并非仅仅是一种交流的方式,它是人类生命与存在的本质,活着就是参与对话。

对话这一现象尽管贯穿古今中外,但关于"对话"概念的界定,至今仍处在各有各的理解、各有各的诠释的状态,为了能够在尽量吸纳前人思想智慧与研究成果的基础上形成本书研究的观点,笔者搜集整理了关于"对话"比较有代表性的概念界定和内涵阐释(见表 1-1),通过系统整理,为本研究界定"对话"的概念乃至界定"对话教学""教学对话系统""课堂教学对话系统"的概念做好理论铺垫。

[①] 巴赫金:《陀思妥耶夫斯基·诗学问题》,白春仁、顾亚玲译,河北教育出版社 1998 年版,第 387 页。

表1-1　　**不同学者关于对话的概念界定及内涵阐释**

学者	对话的概念界定与内涵阐释
伽达默尔	对话是通过不同思维观点的碰撞和吸纳，生成一种新的理解，达到一种不同视域的融合。对话是双方一起参与以获得真理。①
巴赫金	对话是在各种价值平等、意义平等、意识之间相互作用的特殊形式。② 对话是同意或反对关系，肯定或补充关系，问和答的关系。③
戴维·伯姆	对话仿佛是一种流淌于人们之间的意义的溪流，它使得所有对话者都能参与和分享这一意义之溪，并因此能够在群体中萌发出新的理解和共识。④
李宝庆 李翠梅	对话是言说者和倾听者在互相尊重、平等、信任的前提下，以言语或非言语为中介进行的话语、情感及思想等方面的一种双向交流的行为。⑤
刘耀明	对话是主体间的一种互动，所有的参与者都是对话的平等的主体；对话的目的是实现对话各方面之间相互理解，消除误解，达成共识，最终养成对话的精神。⑥
陈顺洁 华卜泉	狭义的对话是与单个的独白相对应的一种语言形态，属于纯粹的语言学现象；广义的对话则是指通过开放、接纳、回应、沟通、碰撞、交流、合作和互动等，达成视界融合及共生共荣的理想。对话作为关系思维的基础，既可以发生在人与人之间，还可以发生在人与文本之间。⑦

---

① 伽达默尔：《赞美理论》，夏镇平译，生活·读书·新知三联书店1988年版，第69页。

② 转引自董小英《再登巴比伦塔——巴赫金与对话理论》，生活·读书·新知三联书店1992年版，第18页。

③ 巴赫金：《陀思妥耶夫斯基诗学问题》，生活·读书·新知三联书店1992年版，第55页。

④ 戴维·伯姆：《论对话》，王松涛译，教育科学出版社2004年版，第6页。

⑤ 李宝庆、李翠梅：《对话教学探析》，《当代教育科学》2004年第6期。

⑥ 刘耀明：《从教学对话到对话教学》，《上海教育研究》2009年第2期。

⑦ 陈顺洁、华卜泉：《对话教学：概念与要素》，《现代中小学教育》2003年第2期。

从中外学者关于对话的概念界定和内涵阐释中我们可以看出，融合、交流是对话的基质。因此本书将"对话"的概念界定为：对话是人与自我、人与人、人与文本之间的交融与互动。它不但指言语上的对话，也指运用表情与肢体语言、文字与图表等符号语言等与自我、与他人、与文本（教学资源）之间的双向或多向的交流。

2. 对话教学

尽管有学者在 10 多年前就认为，学术界关于对话教学还没有一个确切的定义，现在下定义多少会有些唐突，因为对话教学并未作为"客观的事实"存在着。[①] 但近十多年来，随着对话教学备受关注，中外学者纷纷就"对话教学"予以概念界定和内涵阐释（见表1－2），为本书研究界定对话教学奠定了理论基础。

表1－2　　不同学者关于对话教学的概念界定及内涵阐释

学者	对话教学的概念或内涵界定
纪树立	对话教学是指师生在真正民主、平等、宽容和爱的氛围中，以言语、理解、体验和反思等互动方式，在经验共享中创生知识和教学意义，提升人生品位、境界和价值的教学形态。[②]
托马斯·科恩	对话教学是一种民主尊重、沟通合作、互动交往的教学。[③]
尼古拉斯·C. 伯布勒斯与伯特伦·C. 布鲁斯	对话是一种教学关系，它以参与者持续的话语投入为特征，并由反思和互动的整合所构成。[④]
黄忠敬	对话教学指的是师生基于互相尊重、平等和信任的立场，通过言谈和倾听所进行的双向沟通、共同学习的方式。[⑤]

---

① 刘庆昌：《对话教学初论》，《教育研究》2001 年第 11 期。
② 纪树立：《论库恩的"范式"概念》，《自然辩证法通讯》1982 年第 3 期。
③ ［美］托马斯·科恩：《科学革命的结构》，金吾伦、胡新和译，上海译文出版社1991 年版，第 3 页。
④ N. C. Burbles & B. C. Bruce (2001), Theory and Research on Teaching as Dialogue, In V. Richardson (ed.) (2001), *Handbook of Research on Teaching* (Fourth Edition), Washington, DC: American Educational Research Association, pp. 1112－1113.
⑤ 黄忠敬：《教学理论：走向交往与对话的时代》，《高等教育研究》2001 年第 7 期。

第一章 课堂教学对话系统的提出

续表

学者	对话教学的概念或内涵界定
朱德全　王梅	对话教学是将师生、生生交互对话作为教学的表征与载体的一种教学活动。①
张增田　靳玉乐	对话教学是相对于传统教学的"独白式"而言的，它以"沟通性"的"对话"为其本质的教学。② 它是一种尊重主体性、体现创造性、追求人性化的教学。③
康建琴	对话教学从狭义上来说，是以师生平等为基础，以学生自主研究为特征，以对话为手段，在教师的引导下，通过师—生、生—生的相互启发和讨论，领会学习内容，激发求知欲望，开发学生创造潜能的教学活动。 从广义上分析，对话教学是以师生的生命发展为目标，以对话精神为原则，合理协调教师、学生和文本三者之间的关系，以开放性、生成性、创造性为特征，开发师生创造潜能，追求人性化的教学活动过程。④
李宝庆　李翠梅	对话教学至少有两个层面的含义：一是技术操作层面，把对话教学看作一种教学方法，以孔子和苏格拉底为代表；二是理念层面，把对话教学看作一种理念，其喻示一种教学理想或精神，具有导向性、前瞻性等特点，其实质是将对话作为一种教学意识或教学精神。⑤
张华	对话教学是师生基于关系价值和关系认知，整合反思与互动，在尊重差异的前提下合作创造知识和生活的话语实践。该实践旨在发展批判意识、自由思想、独立人格、关心伦理和民主的社区。⑥

---

① 朱德全、王梅：《对话教学的模式与策略探析》，《高等教育研究》2003 年第 2 期。

② 张增田、靳玉乐：《论对话教学的课堂实践形式》，《中国教育学刊》2004 年第 8 期。

③ 张增田、靳玉乐：《论新课程背景下的对话教学》，《西南师范大学学报》（人文社会科学版）2004 年第 5 期。

④ 康建琴：《对话教学：内涵、特征与原则》，《山西财经大学学报》（高等教育版）2004 年第 9 期。

⑤ 李宝庆、李翠梅：《对话教学探析》，《当代教育科学》2004 年第 6 期。

⑥ 张华：《对话教学：涵义与价值》，《全球教育展望》2008 年第 6 期。

续表

学者	对话教学的概念或内涵界定
吴婷婷	对话教学的内涵，是以对话为基本的教育精神、为教育哲学、为存在方式，并在其指引下通过某一教育主题借助于语言和非语言的形式，通过指导、倾听、言说、理解和交往等达到对话主体间即教师、学生、文本各自作为平等的主体参与对话之间的知识、精神等各方面的视界之大融合，从而形成新的关系，建构新的意义，促进自我生成，并最终实现教学育人的目的。对话教学的外延是，指那些在对话教学内涵观照下既包括操作层面的或狭义上的一切教学方式、方法、艺术、活动等，也包括精神层面或广义上的理念、原则和价值追求，它们都属于对话教学的范围。[①]

本书研究将关于"对话教学"的概念界定为：对话教学是将对话的方法、对话的精神应用于教学的过程，它既要达成一般教学的目的，还要培养学生的对话意识与能力。

3. 教学对话系统

所谓"教学对话系统"就是改变孤立地、割裂地将教学看成是"师生双向交流""学生先学、教师矫正""一个教师面对一个学生"等的过程，而是把教学看成是由教师、学生（群体）、文本等要素之间各种对话所组成的有机整体，每一次对话都影响着对话系统的运行，也都被系统中其他的对话所影响。

有效教学就是对话系统和谐、有序运行的教学。因此，有效教学策略就是如何让对话系统有序运行的策略。这里所强调的"系统"，是本书研究与其他研究的不同，我们就是要改变"只见树木，不见森林"似的将教学视作单体对话的现象。需要说明的是，课堂教学对话系统运转的优劣，既取决于教师课前是否能够依据学情、依据教学内容巧妙地设计教学活动，又取决于教师在课堂上能否针对学生所暴露出的相异构想，机智地再设计并导引教学活动向纵深推进，还取决于课后教师是否能够养成及时反思教学成败、追

---

① 吴婷婷：《对话教学基本理论的二十年回顾及现实期待》，《陕西教育·高教》2011年第7—8期。

问教学改进策略的习惯。当然，课前与课后的所有劳动都是为了在课堂上更好地组织、实施教学活动。因此，课堂上教师想方设法地调动学生学习的积极性，提高学生的参与热情，激发与维持学生的学习兴趣，使学生身心投入学习中，并能关注每一个学生的学习动态，倾听每一个学生的学习感悟，追问每一个学生的奇思妙想，决定着对话的质量。而在班级授课制下，在一位教师面对几十名学生的情况下这是难以做到的，所以就需要充分挖掘学生的学习资源，通过独立思考，小组讨论与探究、组内分享、组间分享等组织方式，创设学生自我对话、组内、组间多维度、多层面的生生对话。在学生对话过程中，深入学生中去，重点关注学习待提高或学习具有超能力的学生，在帮扶后进生的同时，利用学优生的资源，缩小学生之间的差异。促使师—生、生—生、师—本（教学内容或资源）、生—本之间的对话相互促进、相得益彰；促使教学因对话系统的有效运转、和谐运转而使课堂富有生机、充满活力，从而整体上提升课堂教学质量，提升师生课堂生活品质。

五　研究框架

课堂和教学对话系统是本书研究的两个关键词，围绕这两个关键词，本书主要从以下几个方面进行研究。

第一，运用文献研究的方式，考察对话与对话教学的研究现状，通过对文献分析的归纳和整理，汲取学者们在对话与对话教学研究中所取得的成绩，同时廓清专家们在对话教学研究中所存在的不足。

第二，从理论和实践两个维度上就对话教学研究与现实问题进行反思，为课堂教学对话系统的重建理清思路，找准切入点。

第三，在重建课堂教学对话系统的过程中，基于研究者的理论认识与实践经验，在理论层面从理论基础的分析入手，初步完成教学对话系统的建构工作。一是分析教学对话系统的构成要素及相互关系；二是对教学对话系统各构成要素的特点进行分析；三是建立教学对话系统的保障体系；四是分析教学对话系统的运行机制。

　　第四，在重建课堂教学对话系统的同时，以笔者创办的一所完全中学为个案，在以下三个方面进行研究：一是运用对话的理念，在学校进行系统改革，即从管理到课程尤其是课堂，实施全方位、全员化改革。首先，创建民主对话的学校文化，为课堂教学对话系统的落地创造大环境。其次，在教师专业发展上，通过制度建设，创建促进教师专业成长的校内教学研究氛围。二是在课堂教学对话系统的理论指导下，运用课堂志的研究方法，深入课堂，一方面帮助指导教师基于对话系统的理论，探索并掌握对话系统运行的操作策略和具体方法，引导教师创造性地开展课堂教学活动；另一方面在实践中思考、完善理论，总结提炼课堂教学对话系统的有效策略和应用模式。三是在初高中全面应用课堂教学对话系统理论，对初高中文科、理科、艺术科多个学科的多位教师进行课堂观察、教学实录分析，其中重点是运用课堂对话观察表分析课堂对话的成效及运用课堂教学评价表评估教学的效果，全面检验课堂教学对话系统的实践应用状况。最后对课堂教学对话系统进行实践反思，剖析理论与实践问题，完善理论体系。

第二章 当前对话教学的理论与实践反思

课堂教学改革是学校教育改革中的一场攻坚战①,其攻坚任务之艰巨一方面来自在理论上我们对课堂教学缺乏深度的综合研究,另一方面源于在实践中要变革教师习以为常的课堂教学生活方式。新课改实施十多年来,这场攻坚战依然在教育教学理论与教师个人头脑中保守与变革力量的拉锯中持续着,并由此将课堂教学改革引入理论与实践反思及重建的新阶段。对话教学作为契合我国基础教育课程改革理念与方法论的教学思想与操作范式,伴随着新课改的深入,其研究热度与推行力度都是有目共睹的,但无论是专家学者还是基层教师都就对话教学提出了诸多异议或产生了很多困惑,需要我们就对话教学的哲学基础、教学过程及方法论等不同层面所存在的问题进行深入反思,以促使我们为更好地理解及创造性地应用对话教学做出努力,以此促进对话教学理论与实践的健康持续发展。

一 理论反思

(一) 关系本体思想才是布伯"对话"思想的核心基础

应用与检验理论的基本前提是正确理解和全面把握理论,这也

---

① 叶澜:《让课堂焕发出生命活力——论中小学教学改革的深化》,《教育研究》1997年第9期。

是有效提升理论实践价值的客观基础。一直以来，我国对话教学是以马丁·布伯的"对话"思想为主要的思想来源与理论基础的，然而，在最近的研究中我们却遗憾地发现，关于布伯"对话"思想的研究和运用，在过去较长一段时间内，我们存在着误解、误用等问题。

"我—你关系"思想在过去较长一段时间里被我们看作布伯"对话"思想的核心，并因此认为，"在对话教学中，师生是教学中的两个主体，他们之间是一种可使对方的主体性得以彰显的'你—我'对话关系"[1]，布伯提出的"我—你（你—我）"关系是"原初的对话关系"[2]，并基于此认为，布伯的"我—你"关系即"我与你"主体间平等的对话关系，因而这种"我—你对话"可区别于主、客体的对话、非平等的对话。然而深入研究文献后发现，布伯"对话"思想的核心并非"我—你关系"，"关系本体论"才是其"对话"思想的核心与灵魂。布伯强调的思想是"泰初即有关系"[3]，是"人类从一开始就处在关系中"[4]，因此关系才是"真实人生唯一的摇篮"[5]，关系才是原初的、本原的、人的存在的根本。而"我—你关系"和"我—它关系"，实质上只是布伯在论述关系的二重性时所引申出来的两种具体的基本关系类型。[6] 只是在课堂教学中，教学是一个复杂的系统，我们既要关注师生对话中的"我—你关系"，又要注意教学是有目的的过程，它不可能完全自由地随性而为，教师事前的设计、课中的调整都说明教学的进程在暗中被某种力量所控制。另外，在课堂教学中，学生不只一人，"我—

---

[1] 沈小碚、郑苗苗：《论对话教学的时代特征》，《西南大学学报》（社会科学版）2008年第3期。

[2] 高伟：《对话：追求和谐的教育精神》，《山东师范大学学报》（人文社会科学版）2006年第4期。

[3] 布伯：《我与你》，陈维纲译，生活·读书·新知三联书店1986年版，第43页。

[4] J. G. Woo, "Buber form the Cartesian Perspective? A Critical Review of Reading Buber's Pedagogy," *Studies in Philosophy & Education*, 2012, 31 (6): 571.

[5] 布伯：《我与你》，陈维纲译，生活·读书·新知三联书店1986年版，第24页。

[6] 张琼、张广君：《走向"关系本体论"——对话教学的基础重构与应然取向》，《高等教育研究》2015年第36（7）期。

你"变成"我—你们",需要用辩证的、联系的观点去看待"我—你"关系。

其实,就"我—你关系"而言,其中的我与你也并非如某些专家所分析的那样是主体间的关系。实际上,布伯所强调"我—你关系"中的"我"是不能"孑然独存"的,"我"仅在关系中方能显现。①"我—你"这个表达式结构的落脚点,依然是关系。这里的"我""你"是泛指,并非特指人,它表达的是我与你的"相互转向"②、相互创生,其实质是要表达我与你之间的"关系"。作为"对话"思想的一个具体层面,"我—你关系"的重点,并非单数的或特指的"我""你",而在于其间的关系,因此"我—你"这一表达式的最后旨归实质上是关系。

从布伯整体思想体系的表征形式和研究取向上分析,也能发现"关系"是他的"对话"思想的核心。布伯思想体现的基本表征是"之间",而"之间本体"就诠释着"关系本体"。因为"关系"总是意味着至少在二者之间,所以"之间"总是表征着"关系"。从研究取向上分析,布伯是坚持"整体—生成"取向的。他曾把整个人类世界喻为复调音乐,因为在复调音乐中,"没有哪一种声音可以归结为另一种声音",但是这个复调形式的"统一体"不能被"分离地把握","只能在当下的和谐中倾听"③。布伯认为,一方面只有一方对另一方而言是独特的,两个方面才能彼此作用而又彼此生成;另一方面我们又需要抱持"整体"的视角,避免人为地割裂或肢解世界,唯有在整体的关系中才能把握一切。

当哲学基础出现理解上的偏误后,难免导致对话教学研究的褊狭与误区。这些褊狭与误区在课堂教学对话中又突出表现在以下三个方面:

第一,在对话教学内涵的理解上,重点关注了教师与学生精神层面的交流,忽视师生与文本的交流,忽视教师、学生、文本作为

---

① 布伯:《我与你》,陈维纲译,生活·读书·新知三联书店1986年版,第18页。
② 布伯:《人与人》,张健等译,作家出版社1992年版,第16页。
③ 同上书,第125页。

课堂教学的有机整体，在教学过程中呈现出系统的、动态的、交互的、生成的对话关系。其实，从布伯的整个思想体系上分析，他并不认为互为主体性的精神交流必定是对话，也不认为人与物的交流就必定不是对话，而是认为"原初词之精神实在产生于自然实在"①，当精神源于自然，与自然物、与整体世界的本真关系就可以是对话，反之，若是过度沉溺于精神之交流也未必就是对话，反倒可能滋生出"精神之心灵幻相"②。

第二，抱持"我—你关系"的对话教学研究认为，依据布伯的"我—你关系"思想难以在课堂上实施对话教学，因为在班级授课制度下的课堂是一位教师和多名学生的对话关系。课堂教学中并非布伯对话思想中的"我—你（单个人）"的对话关系，而是"'我—你们'关系"③。但实质上，布伯认为"对话可能性之范围即是觉察之界限"④，若是对话中觉知到的是多个人或物，那么对话范围中的"你"即是多个人或物。由此可见，布伯所表达的"对话"并不仅仅是单个人和人的对话，而是人和世界的整个对话关系。当研究发现，我们误解了布伯的"对话"思想，误读了布伯"我—你关系"中"你"的内涵时，关于对话教学产生"实施恐惧症"也就在所难免了。其实，当我们将课堂教学中"教师、学生、文本"看作一个整体时，对话关系就是在系统中进行的三方多向的互动活动，"我—你们"的关系也就随即呈现出来。因此，我们需要从系统的角度重新审视对话教学，在课堂时空内，围绕教学内容展开对话，唯有在关系中，才能解释教师与学生及文本之间的多元互动现象，才能矫治"实施恐惧症"等问题。

第三，我与你平等对话、互相对话是基于布伯"我—你关系"研究的发现，因而课堂教学对话就意味着"师与生平等对话、对等

---

① 布伯：《我与你》，陈维纲译，生活·读书·新知三联书店1986年版，第41页。
② 同上书，第117页。
③ 余宏亮、秦森：《对话教学的致思方式及实践转向》，《课程·教材·教法》2012年第8期。
④ 布伯：《人与人》，张健等译，作家出版社1992年版，第18页。

对话",并由此推导出,师生平等就是教师和学生身份无差,所以,"教师的学生及学生的教师"这样显示师生身份差异的术语就会被"教师学生及学生教师"这样显示师生平等的术语所代替①,课堂教学对话应坚持师生平等对话的价值取向。而实质上,布伯是赞赏差异而排斥"无差别"的,他认为,"每个人的首要任务就是实现他自身的独特性"②。同时,布伯并非要"寻求一个理想与公平的""平等性的(或匀称性的)(对话)关系"③,而是要在本体层面考察对话关系,他的基本思想是"关系本体论"④。由此可见,认为课堂上师生关系无差别的认识与布伯的基本思想并不相符,且师生平等取向作为单纯的价值口号,也容易导致课堂教学中教师身份与学生身份趋同的误区,从而无视在教学过程中师生之间的本质性差异。质言之,"我—你关系"仅是布伯思想的局部,若仅限于此,极易导致关于对话教学研究的片面性认识,将课堂教学对话引入虚无状态,导致课堂教学无序、低效乃至无效,对此我们应始终保持警醒。

(二)师—生—文本之间的相互关系构成了教学过程本身

教师、学生和教学内容在教学论中被称为课堂教学的"铁三角",因为从静态的角度分析课堂教学所构成的基本要素,"教师、学生和教学内容"是不可或缺的三个关键因素(教学内容也有人谓之"文本"),它与课程所规定的学科相关,因而三者不可缺一。教学过程在"教师、学生和教学内容"相互作用下展开并构成过程本身。而从动态的角度审视,三者的关系更为复杂,也更为重要。教学作为人的实践活动,首先受制于人对活动目的的确认和理解,

---

① 张增田、靳玉乐:《论对话教学的课堂实践形式》,《中国教育学刊》2004年第8期。

② M. Buber, *The Way of Man*, London: Taylor & Francis Group, 1965, p. 9.

③ J. G. Woo, "Buber form the Cartesian Perspective? A Critical Review of Reading Buber's Pedagogy," *Studies in Philosophy & Education*, 2012, 31 (6): 573.

④ 孙向晨:《马丁·布伯的"关系本体论"》,《复旦大学学报》(社会科学版) 1998年第4期。

课堂教学对话系统的重建

其次又因为实践的人为构建性，还要受其对实践内在机理认识的限制。因此对三要素之间关系的探究与揭示，恰是服务于对教学内在机理的把握。①

当我们以"教师、学生和文本"的相互关系作为一个整体去审视课堂教学时，教和学就是一个分析单位而非两个独立的分析因素，因为在教学过程中师生、生生、教师与文本和学生与文本的对话活动是不可分割、相互作用、交互生成的一个系统。实际上，论证教师—学生—文本相互关系的过程，将孤立地对某一个因素或某两个因素进行研究的方式转向对整体的、互动的多因素关系进行分析的时候，教学论的理论和实践研究就开始实现真正的转向。当我们明确地提出课堂教学活动过程是三因素相互作用、交互生成的系统活动过程时，将会以生成论的思想方法分析动态的教学过程，而其他认识如构成论等则无法揭示课堂教学过程的多变性与复杂性。由此可见，课堂教学对话系统是对教学过程的重建，其基本形态超越了静态的、线性的、点状的、封闭的、预设的教学过程形态，指向系统化、开放性、交互反馈和集聚生成。因为在系统运动的过程中，"教师、学生和文本"这三个因素的对话活动既有基本规定性，又具有灵活组合的多重可能性。②

课堂教学过程中由师生、生生、教师与文本和学生与文本所呈现出多元、多向、多层、多维方式的互动活动贯穿并组成整个过程，它们是推进教学过程的动力源。当然，师生依据教学目标，围绕教学内容在课堂上所展开的各种交往活动，是有目标指向的，是富有精神成长意义的对话、交往活动。在课堂教学互动生成的过程中，教师和学生承担的任务虽各有区别，但角色规定并非单一的和固定的，在课堂上会随着教学的推进和生成状态而相互转变。这种转化又与学生的年龄特点、认知方式、学习经验、学习兴趣及师生

---

① 叶澜：《课堂教学过程再认识：功夫重在论外》，《课程·教材·教法》2013年第5期。

② 叶澜：《"新基础教育"论——关于当代中国学校变革的探究与认识》，教育科学出版社2006年版，第262—275页。

关系的优劣等一系列因素密切相关。

实际上，在一个和谐的课堂教学对话关系中，师生、生生的对话以各自与文本的对话为纽带，师生各自的角色处于"讲话者"和"倾听者"的动态转化中，即各自的角色并非单一的而是双重的——教师既是讲授者也是倾听者，学生既是倾听者也是讲授者。教师分化出的两个对话角色不是彼此分离而是相互依存的，并且根据教学情境彼此随时转化、此消彼长、相互对话；学生分化出的对话行为角色亦如此；师生分化出的四个对话角色彼此合作，互相渗透，我中有你，你中有我，转化自如，对话无碍，师生双方既没有中心的划分也没有边缘的分野，既没有主导的纠结也没有主体的困惑，师生双方共同创造、共同建设着"教—学"的过程，共同享受着"教—学"的快乐，并且在这种快乐的对话氛围中共同成长。一言以蔽之，师生共同享受着教学的过程和成果。当然，教师的"讲话者"（或讲授者）角色与学生的"倾听者"（或接受者）角色在课堂上是常规的体现，但在课堂对话系统中，这种体现与学生的认知水平、年龄大小、自我管理水平呈负相关。换句话说，学生所处的年级越低、年龄越小，教师的"讲话者"（或讲授者）角色与学生的"倾听者"（或接受者）角色越接近于传统教学意义上的状态；而伴随着学生年龄的增长、年级的提高，师生教学对话中"讲话"与"倾听"角色的转化日趋明显，交互关系越来越强。当然，低年级师生对话关系中角色的转化并非没有交互与分化，实际上学生年纪越小，教师关于对话转化的引导和渗透的效益就越好。这就如同在平等尊重的氛围中长大的孩子更容易形成对自我和他人尊重的习惯一样。换言之，在一个学生学习的原初阶段，教师的对话角色以讲授者为主，学生的对话角色以接受者为主；而后，随着年龄、智能、经验的持续发展，学生的讲授者角色逐渐加强，而教师的倾听者角色因而也逐渐加强——学生参与教学活动的意识和能力越来越强，教师从学生那里学到的东西越来越多；当一个学生的讲授者角色越来越明显，完全能够通过自学掌握基本知识、基本技能且能够有所创新时，他就可以独立完成学习任务或从事各种工作，其优秀者可以从事教学、科研等高级工作，就达到了传统意义上所说的"出师"的境界了。① 由此，教学过程也因"师生、生生、师生与文本"的教学对话系统的良好运转而达成"教是为了不教"的目的。

（三）技术主义倾向的反对话性质是需要尤为警惕的问题

基础教育课程改革十多年来，对话教学随着新课改的普及与深化，无论是理论研究还是实践探索都处于推广和深入的进程中，而关于对话教学的技术主义倾向也随之滋生，其尤为突出的表现形式是课堂上的"虚假对话""空洞对话"及"僵化对话"，导致课堂教学低效乃至无效，因此反思对话教学的技术主义倾向是重建对话教学方法论，促进我国基础教育课程改革健康发展亟待解决的问题。②

追求脱离时空和情境、期望获得"普世有效"的价值观念，是普遍主义。过于依赖某种工具、技术或手段，把某种操作过程程序化、机械化，是技术主义。技术主义是普遍主义的派生物，它们的共同特点是控制取向。任何教学方法，无论是陷入普遍主义还是技术主义，必然导致对教学的扭曲与遮蔽。被技术化或普世化的"对话法"，并不比同样技术化或普世化的"讲授法"更好。无论理论研究还是实践操作，"讲授法"的缺陷常常是一目了然的，而"对话法"因其形式上的"进步性"，往往遮蔽了其压迫性、控制性与肤浅性。因此在价值取向上我们鲜明地倡导"对话教学论"，而在方法论上则坚持反对"对话法"的技术化。

回顾对话教学被技术化的历程，我们可以发现，截至当前，对话教学在过去的近百年间，已经经历了两次技术化的过程。第一次技术化（或工具化）始于20世纪初到60年代，突出体现在对杜威思维过程的理解、应用方面以及对布鲁纳发现教学思想的

---

① 刘历红：《论师生"角色分化与共享教学"》，《课程·教材·教法》2015年第5期。
② 张华：《反思对话教学的技术主义倾向》，《教育发展研究》2011年第20期。

第二章 当前对话教学的理论与实践反思

误解上。

杜威的教育思想标志着一个时代,是教育史上一位具有里程碑意义的人物。① 他不仅强于教育理论,而且富于教育经验,把理论与实践结合起来。在教育史上既能提出新颖教育哲学,又能亲见其实施之获得成功者,杜威是第一人。② 尽管杜威并未明确提出"对话教学"的概念,但他却是现代对话教学思想的重要奠基者。③ 对杜威的误解突出表现在把他的"反省思维"(reflective thinking)中的"五阶段说"——"问题的感觉""问题的界定""问题解决的假设""问题解决假设的逻辑推理""通过行动检验假设"——固化为程序化的教学步骤与方法。其实,杜威在提出把教学与问题解决、思维发展融为一体的五个阶段后,就立刻强调:"五个阶段的顺序不是固定的""反省思维五个阶段的每一阶段均可展开"④。杜威认为,这五个阶段不只彼此交叉、融合,而且每个阶段都包含着若干"小阶段"。但是令人遗憾的是,在随后对杜威思想的阐释尤其是在学校的实践中,"五阶段说"被"僵化为杜威所要极力避免的一套固定的方法和步骤"⑤。颇具讽刺意味的是,被杜威所推崇的促进思维发展和解放功能的教学方法被误读并被误用为控制和束缚教师和学生思想自由的工具。布鲁纳的"发现学习论"是继杜威之后被误解的又一理论。20 世纪 50 年代末,由于苏联卫星发射事件的影响,美国举国上下兴起了"课程改革运动"。该运动持续时间达 10 年之久,影响波及全球,它以培养学生的"卓越智力"为目标,以"学科结构"为课程内容,以"发现学习"为学与教的

---

① [美] 约翰·杜威:《我们怎样思维·经验与教育》,姜文闵译,人民教育出版社 2010 年版。
② [美] 约翰·杜威:《民主主义与教育》,王承绪译,人民教育出版社 2012 年版。
③ 张华:《试论教学方法的理智传统》,《全球教育展望》2009 年第 6 期。
④ [美] 约翰·杜威:《我们怎样思维·经验与教育》,姜文闵译,人民教育出版社 1991 年版,第 94—95 页。
⑤ W. E. Doll, Jr., "The Culture of Method," In W. E. Doll, Jr., M. J. Fleener, D. Trueit, & J. St. Julien (eds.), *Chaos, Complexity, Curriculum, and Culture. A Conversation*, New York: Peter Lang, 2005.

方法。① 但是，在理论与实践上发生了许多对"发现学习"的误解，其中最主要的是混淆了"有意义学习"与"发现学习"的区别，以致在实践中出现了把"发现学习"变为固定的、机械的、按部就班的"发现行为"的操作程序。对此，奥苏伯尔等曾批评说，"发现学习"不一定是有意义的，"接受性学习"也并非都是机械的。②

对杜威和布鲁纳教育思想产生误解与技术化倾向的原因是相当复杂的。第一，从社会历史上分析，杜威身处工业化运动上升期，追求"技术理性"是当时的"时代精神"；布鲁纳身处"冷战时期"，军事、科技、空间竞争是当时国际上的"主旋律"，原子弹在"二战"期间成功爆炸使爱因斯坦变成"文化英雄"，"科学主义"（"科学至上论"）甚嚣尘上。第二，杜威和布鲁纳的理论本身难以避免地被烙上了时代印记。杜威的教学观中弥漫着"技术理性"，他本人也曾一度将其理论谓之"工具主义"。布鲁纳把学生的智力从学生完整的个性中分离出来，将学科知识和日常生活割裂，强调分科课程和教学等做法，也凸显了技术主义或工具主义倾向。

第二次技术化（或工具化）始于20世纪70年代后期，一直持续到现在。1968年，保罗·弗莱雷出版了被誉为20世纪下半叶世界上最重要的教育学著作——《被压迫者教育学》。"对话教学"（dialogic teaching）思想在该书中被第一次明确地提出来并进行了系统论证。在过去40余年中，随着"对话教学"思想在全世界影响的日益扩大，关于对话教学思想的误读、误解与误用也日益增多。晚年的弗莱雷及其在美国的主要合作者之一、美国马萨诸塞大学应用语言系现任主任马西多（Donaldo Macedo）教授，在一些论著中深刻批判了将对话教学技术化的思想与实践，而这些批判本身

---

① 张华、石伟平、马庆发：《课程流派研究》，山东教育出版社2000年版，第109—147页。
② ［美］奥苏伯尔等：《教育心理学——认知观点》，佘星南、宋钧译，人民教育出版社1994年版，第24—31页。

也构成了弗莱雷对话教学思想的重要部分。①

以上分析表明，追求超越控制取向的对话教学将始终面临着自身被控制、被工具化或技术化的危险。这极富讽刺意义又颇耐人寻味。对话教学被技术化的历程同时表明：倡导批判精神的对话教学每前进一步都将伴随着对自身的批判与反思。

二　实践反思

（一）对课堂对话现象的反思

我们看到的几乎所有描绘课堂教学现象的案例或实录，"对话"无疑都是绝对的主体。由此，可显见地推导出——"对话"在课堂教学中具有难以撼动的地位与作用。那么，课堂上的对话是怎样进行的？有无问题？若有问题，该如何改进？怎样才能实现增进教学效益提高教学质量之功效？

《我有一盒彩笔》教学实录②

师：同学们，丁丁是一位小画家，他有盒神奇的彩笔，他用这盒彩笔画出了美丽的今天。老师带来了这幅画，大家想看吗？

生：想。

师：（出示课件，看图说话）看！丁丁心目中美丽的今天是什么样儿的？谁能用自己的话说一说？

生甲：（一位大眼睛的女生，没有举手，第一个站起来回答）丁丁画了一条蓝色的小河。

师：（老师面带微笑地表扬说）你看得真准。

生乙：（中间座位上的一名男生）他还画了连绵起伏的远山。

---

① 张华：《反思对话教学的技术主义倾向》，《教育发展研究》2011年第20期。
② 王鉴：《课堂研究概论》，人民教育出版社2007年版，第255—260页。

（老师并没有做出反应，继续问其他同学。生乙低下了头。）

……

师：丁丁不但是位小画家，用这么简单的线条画出了美丽的今天，他还是位小诗人，把自己的画写成了优美的诗，同学们想读吗？

生甲：（又是第一个回答）想。

师（看了一眼生甲）："请打开课本，自己读第一节诗，想怎么读就怎么读。

（教室里一片读书声。第一组最后一排的生丙与同桌在说着什么，没有读书，但教师并没有注意到他们。）……

语言是思想的载体，对话承载着教学的进程，凸显着教学的效果。克林伯格（L. Klingberg）认为，最广义的对话始终呈现在所有的教学过程中，无论何种教学方式占主导地位，互相作用的对话必然是教学优秀与否的本质性标识所在。在他看来，教学本就是由形形色色的对话所构成的，因此教学具有对话的特点。这就是"教学对话原理"[①]。分析上文——课堂研究者在一所小学做的二年级语文课的教学实录——发现：在整篇教学实录中，教师的提问或评价有42次，学生应答39次，且所有的对话都是由教师发起的，所有的对话都是单向的，其走向都是"教师→学生"的。

佐藤学认为，课堂上最一般的对话单位是"教师主导的提问与指示""学生的应答""教师的评价"，这种连续的循环是课堂对话极其显著的特征。[②] 从某种意义上说，当下的课堂教学已经超越了"灌输式""讲授式"的"教师讲""学生听"的被动吸收的课堂无对话或少对话的课堂形态。"教学实录"中既有"教师主导的提问与指示"，也有"学生的应答"，还有"教师的评价"。但很显然，我们难以认同"教学实录"中的对话形态。对比佐藤学在

---

① 钟启泉：《对话与文本：教学规范的转型》，《教育研究》2001年第3期。
② 佐藤学：《课程与教师》，钟启权译，教育科学出版社2003年版，第339页。

《静悄悄的革命》一书中的课堂对话，或许能引发我们更深入地思考。

广岛县小学三年级语文课的教学片段①

教材内容是"冬青树"——深夜里，突然想起了熊叫一般的声音，"大叔"叫肚子疼，"豆太"顿时被惊醒了。尽管他是个夜晚连撒尿都不敢去的胆小的人，却一下子冲出小屋去给大叔请医生了。教科书上画了一幅豆太闭着眼睛跑下山的插图，教师就此提问以展开教学："豆太是怀着什么样的心情在跑啊？"

坐在教室边上的一个男孩——手不停地在淘气……大声地发言了："豆太他在叫头疼啊！"这个突如其来的没头没脑的回答引起了周围学生的反驳："叫头疼的不是豆太，是大叔！""而且大叔也不是叫头疼，是叫肚子疼！"可这个男孩却坚持不让步："豆太就是在叫头疼！"

教师被这个"异常"的回答弄得不知所措，于是问："你这想法是从哪儿来的呢？"……那个男孩回答："因为书上写着'豆太整个身体蹦起来跑出去了'。"那一瞬间教室里安静了一下，接着就爆发出"真不简单啊"的叫好声和一片欢笑声。其他学生把那个男孩描绘的情景再"真实"地扩展——夜漆黑漆黑的，豆太和大叔又很穷，住的屋子很小很小。一听到大叔叫肚子疼，豆太一下子从床上跳起来，要不快点叫医生的话就不行了，所以，他肯定是迷迷糊糊地朝门边猛跑。豆太是"整个身体蹦起来跑出去"的，所以头就碰到门上了。这就是那个男孩描绘的结果。

一阵阵的欢笑声之后，教师让那个男孩再次注意书上"豆太整个身体蹦起来跑出去了"这句话的意思，相互交谈书上描绘的情景，使教学极有魅力地进行下去。

---

① 佐藤学：《静悄悄的革命》，李季湄译，长春出版社2003年版，第47—49页。

课堂教学对话系统的重建

很显然,"教学片段"中的课堂对话对于推进教学、增进理解,超出了"教学实录"中的对话效果。其一,对比交往维度,"教学实录"中的对话是教师与一位学生的单一的"双向交往",而且教师屏蔽了生乙的发言,出现了被阻挡的"反向交往",由此也阻止了有可能出现的不同思路的"异向交往"。而"教学片段"中,师生对话、生生对话、师生与文本对话,因"异向交往"而生成、深入、鲜活。

其二,比较对话结构,"教学片段"中的结构则超越了"教学实录"中线性的、点状的结构,而这种结构导致课堂缺乏立体感,鲜见生命活力。其典型表现为:首先,对话均由教师发起,都是在"师→生(某位学生)"间进行的,学生之间没有交集,学生也没有主动发起对话;其次,对话是封闭的,都要合教师预设的"拍子",若学生的应答不在教师的关注点上或不符合预设,那么学生的回应就无效,对话将被搁置、被漠视,如教师对生乙的回答就是如此。而"教学片段"中的对话结构则出现了师生、生生、师生与文本之间的网状交互,初步呈现出系统化的表征。

班级授课制显然已经超越了私塾教学的课堂人数与规模,如果教师仍然固守着"一位教师→一位学生"的授课模式,显然在教学上必然会忽视大多数的学生。课堂对话的有效与深入,只有在充分调动每一位学生的积极参与下,才能提高教学实效。但在班级中,一位教师面对全班几十位学生,对话如何突破以往的线性—单向、点状—预设、维度单一无生成的局限,走向交叉—多向、网状—预设加生成、多维互动且针对性强的状态,这不仅需要教师全面走出灌输、讲授的传统教学的藩篱,而且需要教师继续向前,努力追求超越发展,即运用系统化的思维方式,努力从学生的身上挖掘教学资源,释放学生自身潜在的学习能量,基于学,设计教,让课堂教学对话走向教学对话系统,变扁平化的对话结构为立体的对话结构,促使立体的对话结构因主动思考、生生互动的多向回路与多重交互而释放出教学对话系统的巨大能量,不断提高学生的学习能力，提高课堂的教学效益。

（二）对教师对话习惯的反思

按照胡塞尔意识现象学的观点，"意向性"可以理解为一个体验的特征，即"作为对某物的意识"，是一般体验领域的一个本质特征。因为一切体验在某种方式上均参与它，因此有理由把整个"体验流"称作"意识流"和一个意识统一体。① 每一个现实的体验都必然是一种持续的体验，而且它绵延存在于一种无限的绵延连续体——一种被充实的连续体中。因而，它必然有一个全面的、被无限充实的时间边缘域。换句话说，它属于一个无限的"体验流"②。自我可以从其任何一个体验出发，按照在前、在后和同时这三个维度来穿越时间的整个领域。胡塞尔关于意识流、体验流的论述对于我们理解课堂教学对话的内隐机制有指导价值。质言之，教师内隐的教学对话习惯决定着他是否且能否在课堂上想方设法地调动学生积极参与到对话的过程中。

针对教师教学对话习惯的问题，我曾经参加个案学校新学期第一周6个教研组的集体教研活动，这也是学校创办后、来自各方的教师在学校接受集中培训后参加的首次教研活动。学校在暑期对教师进行了为期7天的通识培训，从学校的教育愿景、教育理念尤其是课堂教学改革等方面加强其理论与实操的系统培训。但是在进入课堂后的第一周，教师们对运用课堂教学对话普遍感到不适应，尤其是有一定教学经验的老师们，他们热切地实践着，但实践中的诸多不适应使他们感到"焦虑"甚至是"痛苦的煎熬"。一位高中地理老师这样说，以前我不用备课甚至不用拿教材就可以轻松地上好一节课，可现在我每天都在备课甚至午休的时间也在备课，但是教学效果还达不到原来的70%—80%。一位高中历史老师说，我觉得课堂教学对话的理念特别好，可是在课堂上我却难以让每个学生都

---

① ［德］胡塞尔：《纯粹现象学通论》，李幼蒸译，商务印书馆2012年版，第242页。
② 同上书，第236页。

参与到对话中来，尽管我们现在是 36 个人的小班，比以前的学校班额少了很多，可是依然难以组织、调动学生们生成有质量的对话，而且教学进度被搁置了，可课堂时间、学期时间和别的学校是一样的啊，这样的话我特别担心无法完成教学任务，所以我特别纠结，特别煎熬。

我追问那位地理老师，以前你是怎么教课的？是不是教完了知识就觉得完成了教学任务，至于学生掌握了多少，掌握得好不好，那都是学生自己的事，所以只要把该讲的讲完了，讲顺了，就会觉着轻松、畅快且问心无愧。而现在不仅仅要讲知识，还要关注学生是怎么学的，学的效果怎么样，通过对话让学生暴露出掌握知识过程中的问题，而且要通过小组合作尽量暴露出每一个学生的问题，如果组内能相互帮助解决就组内解决，若是组内解决不了就要拿到全班解决。在这个过程中，过去教师单纯讲知识、学生被动接受时无法暴露或不给机会暴露的问题现在统统暴露出来了。而当问题暴露出来后，解决吧，课堂时间不够用，不解决吧又觉得不能放手，所以就会纠结、焦虑。而且学生小组讨论本身就占用了很多时间，所以你就会觉得讲课讲得不如以前顺利了，课堂时间也不够用了，是这样的吗？

老师们觉得似乎戳到了他们的心窝上。

在分析原因时，老师们普遍认为，导致焦虑、痛苦的根本症结是还没有掌握合作学习的组织方法，更没有精心巧妙地设计教学，把简单的知识传授转变为通过创造性地设计教学活动，如依托知识的内在逻辑体系设计环环相扣的问题，问题设计要遵循由易到难、由浅到深、由简单到复杂的原则，在尊重学生知识生成的内在结构的基础上，以问题串的形式加工教学内容，增强学习的吸引力和对话的层次性，引导学生自主、积极地参与到学习过程中和教学对话中。对此，老师们都陷入了沉思。

其实，从某种意义上讲，每一名学生都意味着一种学情。如果教师没有尽全力去了解和掌握学生的学习动态，没有针对学情进行必要的分析和研究，就难以保证形成有效的教学策略及具体方法。

如果教师不能切实地关注学情，不能做到"对症下药"，甚至无视学情及其发展变化，只是一味机械地套用教学预案，那么，教学活动极有可能会落得事倍功半，甚至适得其反的结果。我们口口声声说的"尊重学生""发扬学生的主体性"等，如何能在课堂教学中落到实处？舍弃学情，缺乏针对性，教学便失去了"抓手"，那么有再多再好的理念和口号也只能是隔靴搔痒，甚至沦为无的放矢。从这个意义上说，关注课堂教学对话的针对性就是关注学生的发展，关注教学的实效。

孔子在两千多年前谈及的因材施教，其实质就是加强教学的针对性。但那时多以私塾式的个别化教学为主。当下，我们的情势是一名教师面对几十名学生的班级（群体）教学，它的优势是让教育成为大众化产品，更多的人有了接受教育的机会，但随之而来的是，在有限的教学时间内，如何做到有针对性的教学，如何做到课堂对话具有针对性？

"分层施教"是现今讨论比较多的话题，究其含义，不外乎是在教学中对不同层次的学生提出不同的要求，使每一名学生都能学得懂。但是班级教学中的分层施教，总是在延长教学时间的基础上完成的，因为一名教师不可能在同一单位时间内，既对优生又对后进生提出不同的要求。事实上，班级授课制下的教师讲授，教师不管是针对优、中、弱哪个层次的学生，总有另两个层次无法兼顾。从这个意义上说，仅靠教师的讲解是无法做到因材施教的。而现实中教师习惯于讲授、依赖于讲授是普遍现象，甚或一些本来用以了解学情的措施，其本意也被渐渐淡忘了。

在班级授课制下，怎样才能做到因材施教呢？教学的针对性不强，是不是造成教学低效进而导致学校整体薄弱的主要原因呢？

当我们分析已被教育界普遍认可的山东杜郎口"'三三六'自主学习模式"，江苏洋思中学"先学后教、当堂训练模式"，山东昌乐二中"二七一高效课堂"，上海静安区教师进修学院附属学校的"后茶馆式"教学等改革经验后，就不难发现："先学后教、以学定教"是它们的共同特征，而其背后隐藏的就是对教学针对性的关注。可以做这样的推理：既然一个人（教师）不可能同时兼顾每一名学生，做不到针对性教学（进而影响教学实效），我们不如另辟蹊径，利用学生的差异性资源，让学生去教学生（小组合作、同伴互助等），此时"小先生"与"学生"之间是一对一的，教学的针对性有了可能。那么，"小先生"依据什么来教呢？要针对学生的问题而教。学生的问题怎么发现呢？要从"先学"的过程中呈现出学生的不足或从问题入手。应该说，在班级群体授课制下，解决针对性不足的问题，是这些成功教改经验的思维起点，也是贯穿教学过程的主线，而"先学后教、合作学习"成为加强教学针对性的手段。或许是教学针对性太过普通，已司空见惯，并未引起前述经验创造者们的注意，好像他们只是在无意中抓住了教学有效性的命脉。教学针对性是不是教学的基本原则？在现实中，它的作用是否被严重低估？是否可以把它作为教学改革的切入点？回答这些问题，就必须对教学的针对性，对教学的目的、方法、内容等进行本质上的分析与判断，进而对其进行理论上的解释。

新课程改革和素质教育的推进，越来越关注课堂。而在实际教学中，一方面，相当一部分教师不停地重复着多年养成的课堂习惯，不思改变；另一方面，在探索实现有效教学的方法、策略方面莫衷一是，难以把握。针对性原则是教育常识，正因为是常识，就越不易引起重视，造成针对性之于有效教学的重要价值被严重轻视。由教学对话系统的提出，而带动一线教师对教学本质的思考，认清教学要素间的内在联系，将有助于教师从"教书匠"到"研究者"的转变，有助于提高教学的有效性。同时，一个直接从事中学教育工作的实践者对此进行研究，本身就将起到一定的示范作用，何况研究过程需要学校教师团队的参与，对他们的影响将是巨大的。另外，对话教学研究触及的是初高中阶段教学的敏感话题、常见话题，各级教育部门、研究者、实践者对此都格外关注。其实，通过分析我们已经发现，当解决了教学的针对性问题时，学校教育质量的整体提升将是水到渠成的。

当我们把对话教学的根本作用分析透彻，引导教师们认识到课堂教学对话的作用，并且梳理清楚他们原有的教学经验中乃至个人的对话习惯中内隐的非对话的根由后，教师们就会在意识层面重视课堂对话，唯有教师自觉地、主动地树立、养成自己的对话习惯，课堂教学对话才能在课堂内外"流动"起来。而教师教学对话意识流的变化，才是促使教学对话在课堂内外落地、生根、发芽、成长的内在力量。

当然从意识到行动还有很长的路要走。因为只有当个人的思想意识逐步扎根，学校对话文化的推动力度逐渐增强，身边同伴的课堂教学方式都有所变化时，身处其中的教师个体原有的对话习惯将有可能被新的习惯所逐渐取代。这是学校改革努力的方向。

（三）对学校对话文化的反思

"文化"一词常因其内涵的广泛而引起歧义。有专家将文化定义为"使一个群体区别于另外群体的集体思维"，它是指所处其中的群体的价值观、群体的特征、群体共同的行为方式；或者说，它是相对于个体的个性化价值观与行为方式，也是相对于人类整体所具有的思维与行为方式层面的人性而言的，它居于中间的层次。科特和赫斯克特（Kotter and Heskett）则认为，文化分为"可视的"行为文化与"深层次的"共同价值观。[①] 思金（Schein）将社会文化分成三个层次，即可表现的文化、可鉴别的结构性文化、潜在的基本假设。[②] 其中，潜在的基本假设层次的文化决定着特定文化环境中的成员对事物的判断标准、习惯性的思考与行为方式，以及决定着他们思想认识中可接受与不可接受的事物，因而潜在的基本假设可谓是文化之内核。决定人的行为的社会与心理性的文化有五层要素，即区域，语言，宗教群体文化和人类共性即人性，组织文化，个性、小群体文化。而学校文化是管理文化的分支，属于小群

---

① J. P. Kotter, J. L. Heskett, *Corporate Culture and Performance*, The Free Press, New York, NY, 1992.

② E. Schein, *Organzitional Culture and Leadership*, San Francisco: Jossey-Bass, 1992.

体文化。① 事实上，文化的本质是一定群体内共有的且相对稳定的价值观，这种价值观可通过外化的形式，形成某种现象文化。②

对话的学校文化需要管理者尊重、倾听、理解师生，需要通过科学、民主、人文的管理方式创造学校内共同的价值追求和行为方式。但是令人遗憾的是，在当下追求分数达到极端功利化的初高中学校，对话文化对于很多教师而言是潜意识中追求而现实环境里又难以企及的。笔者在对来自不同省份的多位教育博士的访谈过程中担忧地发现，越是在重点学校尤其是老牌重点名校甚至延伸到国际化的双语学校，其管理方式的非对话、反对话状况呈现出愈发严重的态势，且呈现出恶性循环的趋势。

教育博士 A（某省级重点名校高中语文教师，教龄 12 年）在谈及学校文化管理时，这样说道："每次考试都是要排名的，一个年级 40 个班，哪怕是差了零点几几分，也会影响名次……睡不好觉，压力特别大。"

教育博士 B（从某省级老牌名校被引进到该省国际双语学校担任初中英语教师，教龄 20 年）："我在名校考试排名中因平均成绩比另一位名师高出十多分，而导致那位教师失眠半年，同事关系特别紧张。"后来，尽管作为人才被引进到双语学校，但是该双语学校引进了一位退休的省级一流名校的校长，该校长的目标是三年内把这所双语学校提升到省级重点校水平，所以在校内进行了"大刀阔斧的改革"。其改革方式就是将考试成绩、论文发表、竞赛名次等统统与教师的工资挂钩。

教育博士 C（某省级重点名校高中语文教师，教龄 26 年）在谈及这些时说："学校恨不得把老师们逼得个个心狠手辣。但凡有点教育理想的老师都不愿意这样做，可是没有办法，即使给校长提意见，也不会被采纳，哪里有对话的文化。教师在简单、粗暴的管理环境、学校文化下痛苦、无助地活着，到了课堂上又怎能民主、

---

① 宝贡敏：《论适合我国管理文化特点的企业管理模式》，《浙江大学学报》（人文科学版）第 30（6）期。

② 陈祥槐：《管理文化研究：观点与方法》，《中国软科学》2002 年第 7 期。

平等、愉悦地和学生对话。"

教育博士D（某省会所辖县区乡村初中化学教师，教龄22年）："我同学所处的县，采取了末位淘汰制度，就是期末排名凡是排在倒数三名的教师一律待岗。老师们都觉得这是非常不科学的管理制度，因为即便是整体水平提升了，也永远存在后三名，这是最普通的常识。但这么不科学、少智慧、欠尊重、后患多的制度依旧实施了。"

令我倍感忧虑的是，以上四位教育博士都来自四个不同的省份，而且并非经济和教育相对落后的省份，其中一位所在学校还是某省会城市的一流高中。当教育走向急功近利、追求短期效应的时候，就走进了死胡同，必将导致恶性循环，这是需要高度警醒的事情。

在基础教育领域工作30多年的我认为，不追求成绩是不负责任的，因为成绩在一定程度上代表着教育教学的质量，关键是要看如何评价成绩，如何利用成绩促使教师反思，帮助学生查问题，而且要看成绩是如何取得的，牺牲孩子的身心健康来换取短期的高分数，是非常不可取的，也是违背教育规律的；牺牲教师的职业尊严、事业追求、教育梦想，逼迫教师面对不科学的竞争，在对教师造成伤害的同时必将对教育造成更大的、周期更长的隐性伤害，这是对国家、对民族、对未来不负责任的行为，应该尽早进行调控。其实，在成功的课改经验中，良性循环都起始于对人的尊重，对教育规律的尊重，对时代发展的尊重。从这个意义上说，21世纪是对话的时代，是全球一体化的信息化时代，需要教育正视历史的发展变化，汲取科学发展的最新成果，创造性地进行教育教学活动。而创造性劳动得以实现的最基本的条件就是心灵的安全、自由，在焦虑情绪下、在生活缺乏保障的不安全环境下、在职业尊重得不到保障的条件下，创造性教育教学活动就失去了落地、生根、发芽、开花、结果的土壤，对话教学所需要的民主、平等的基础以及开放、生成的条件也就随之失去了根基，因而对话教学的实施在某种意义上，意味着从根本上进行改革，从源头上杜绝急功近利、反科学、去人性的所谓的教育教学改革方式，要求教育回归本真。唯如此，教育才能走上良性循环的道路，才能实现教育本该实现的教书育人的目的。

（四）对成功教改经验的反思

成功的教改经验中蕴含着对"课堂教学对话系统"的创造性应用。

我们用"教学对话系统"与成功的教改经验——如青浦经验、洋思经验、杜郎口经验等——做比较分析，能够提炼出其中所蕴含的共同之处。青浦的经验是"尝试指导，效果回授"，洋思的经验是"先学后教，当堂训练"，杜郎口的经验是"三三六模式"，昌乐二中的经验是"二七一模式"，在深入分析它们的教学要素时，我们会发现，尽管表述方式不同，但其共性是抓住了教学的牛鼻子，就是利用"系统"运行，解决了教学的针对性问题。

当我们从理论上进行分析推演时，发现课堂教学中有这样的一个关系。在实践中，哪些东西在教育教学中起着作用？又是谁在尝试？是学生而不是老师。学生尝试就是自学，学生先学，先尝试尝试。其目的是动脑动手。学生要独立地尝试，其实质就是先学。后面是效果回授，就是把学生的问题找出来，然后校正它，这是一种反馈机制。发现了问题，怎么把这个问题解决掉？看看青浦经验，它是教育部在中华人民共和国成立以来发文推广的第一个经验。剖析青浦经验，它凸显了两个问题：一是尝试，即学生要先学；二是老师要回授，要基于先学的情况去调整教学。由此，就必然引申出一些新的问题，让学生去尝试，得解决学生有兴趣去尝试的问题。所以青浦经验中的第一点，就是创设问题情境。运用情意原理，通过创设问题情境，激发学生的兴趣，以此提高尝试和回授的效果。而怎样知道效果回授是好还是坏？哪个学生是对了还是错了？依据什么去检查？为了解决这些问题，必须研究教学目标。所以青浦经验对布鲁姆的教学目标理论研究得非常透彻。关于这个课题，其教师用了将近一半的时间研究目标。也就是要解决用什么标准去回授的问题。而关于回授，几乎没有什么太好的方法，只有提高针对性才是最好的方法。我们可以这样假设，如果运用测试的方法，在测试结束后，教师给学生进行整体梳理分析，这就不是回授。如果这是回授的话，那也是漫无目标的回授。设想一下，如果学生90%都对了，在老师进行分析时，他们就得干坐着。

洋思的"先学后教，当堂训练"差不多是我国近20年来流行的教改经验。当下流行的"先学后教"这个说法，就是从洋思开始的。不要小瞧了这些土生土长的校长，他们长期扎根一线，在解决现实问题时，抓住了教学问题的要害。因此，"先学后教"成为中国大地上响当当的教育理论。"先学"与"尝试"的性质是一样的。"后教"和"指导"的内涵也是一致的。"当堂训练"和"效果回授"实质上是一回事。教师要想回授，怎么办？若是训练，你要训练什么？都是通过一些题目，反馈教学效果，然后再通过这个教学效果进行回授或训练。只不过在解决教学问题的过程中，各自的侧重点稍有不同而已。青浦经验特别在意情意原理，即创设情境的作用，而洋思经验在这个方面没有突出强调。但二者的"尝试"或"先学"都有一个方向，这个方向是一致的。这就是中国本土化的教改经验的共同之处。课堂出示先学什么、要干什么（这就是目标），并提出教学要求。如"先学"，就是在几分钟内，学生要阅读课本上第几页到第几页的内容，阅读完以后，要回答什么是重要的问题？在阅读过程中要注意什么事项？或者学生先答基础题，在自己的本子上写或在黑板上板演，针对在黑板上板演的那几个学生或各自的对错进行"后教"。怎么教？就是我们现在常用的方法，也就是我们常说的"兵教兵"的方法。当堂训练，基本问题解决了，学生还会产生新的、更深层次的问题，那么其他的问题又来了，学生做后，又会反映出一些问题来，就此再去训练。在个别指导或面对面地指导后，当堂展示，解决问题，最后当堂完成作业。比较青浦经验与洋思经验，指向只有一个，就是解决针对性的问题，只是侧重点稍有不同而已。再分析其他的教改经验，基本上是一样的。

课堂教学对话系统的重建

深入剖析成功教改经验的核心，显然，其核心都是从学生的学所反映出的问题入手，然后老师或者学生针对出现的问题进行校对和补救。这就是教学的针对性原则。质言之，基础教育里面教改经验之所以成功，就是因为它们都解决了针对性问题。切中了针对性就提高了教学效率。究其根本，是他们的教学有针对性。即针对学生的学情，针对学生的问题，给予最及时、最恰当的解决。我认为，高效就是把针对性的问题解决掉。其实，这也是我们目标管理中的一个很重要的思想。那么如何管理呢？就是两个阶段：第一，发现问题；第二，想办法解决问题。发现问题解决问题，再发现问题再解决问题。管理就是在做这件事情。我们可以把教师看成是课堂教学的管理者。从这个角度理解教学的针对性，这是必然的。由此，教学也就可以被理解成不断发现学生的问题，不断解决学生问题的过程，只不过就看谁更有效、更高效地解决学生的问题了。因此课堂教学的改革也就体现在怎么发现问题又怎么解决问题这两个抓手上，而对发现的不同问题，用我们常用的词语表达就叫相异构想。一个学生表达出与他人不同的思考，体会到与他人不一样的问题，就是相异构想。所以从这个角度上说，真正的课堂教学改革或者说如何让课堂教学有效的牛鼻子就是"针对性"这三个字。

解决教学针对性的问题单纯依靠教师课堂上讲解知识是无法实现的，因为每个学生的认知水平、学习基础等都存在差异，所以在班级授课中，唯有创造多层面、多维度的对话环境，促使每一个学生都能在独立思考的前提下，分享自己的思考路径或思考困惑与问题，利用学生间的认知差异先拉近思维落差，让课堂上学生的倾听者角色分化出多个讲授者角色，课堂上就会因小老师数量的增加而增加有针对性辅导的机会。当然小老师在给同伴讲解的过程中，自己也会提高对知识的理解、概括、表达能力，倾听的学生在暴露问题、提出问题及分享伙伴思路的过程中，个别的问题、个人的问题就会因被及时解决而减少问题累积的可能，从而拉近与团队共同前进的距离，促使班级整体学习水平得到提升。同时，当组内遇到无法解决的问题时，问题就可以拿到全班进行各组间的交流对话，若组间仍无法解决，教师便可集中讲解，这时的讲解具有高度的针对性。其实，必须先了解对话者的真实想法，才能使对话顺畅进行，也才能让对话有意义。另外，对话系统的有序运行也有赖于每个对话要素对其他要素及对话单元的深入了解。

第三章 课堂教学对话系统的重建

一 课堂教学对话系统的理论基础

(一) 对话理论

对话理论在我国教育领域产生了极其广泛的影响,而对话理论是在19世纪末20世纪初伴随着西方"解释现象学"哲学流派的产生而产生的,并在不断发展和演化中日益渗透到教育领域。[①] 解释现象学是在胡塞尔的意识现象学的基础上发展而来的,由海德格尔创立,伽达默尔继承并将之系统化。伽达默尔认为:"理解是人的在世方式并以对话的问答逻辑形式展开,理解就是一个对话事件。"[②] 伽达默尔从解释学的角度给出了"对话即视域融合"的观点,认为每个人"一贯坚持的观点"都有其自身的凝固性,总是在主导每个人的理解。要使得各自的理解达成一致,就需要进行对话。每个人在对话过程中,应吸纳对方观点中的价值成分,并不断修正自己"一贯坚持的观点",进而形成一种新的理解,成为自己新的"一贯坚持的观点",并主导自己下一次的理解。伽达默尔对"人本对话"与"自我对话"做了专门的解释。文本不再被视为一种客观真理的表征,而是被认为具有一种不断向未来开放的结构,具有许多"未定点",等待着教师或学生去填充。文本不再被视为

[①] 魏正书:《对话教学论:与"对话理论"的对话》,《渤海大学学报》(哲学社会科学版) 2006年第7期。

[②] 伽达默尔:《哲学解释学》,夏振平、宋建平译,上海译文出版社2004年版,第126页。

一堆僵死的、只供机械记忆的文字符号，而是被视为具有勃勃生机的"生命体"，它不断向师生提出问题，吸引着师生参与对话，而师生在与文本的对话中，不断生成着新的文本意义，也不断追寻着自己的人生意义。自我对话的核心就是自我反思。在对话教学中，师生的自我反思主要包括对于自己的文本理解的反思。伽达默尔认为，通过反思自己的文本理解，不断修正自己的前见，从而形成新的理解。

在对话教学中，若要使作为对话主体——教师、学生与文本——间的各自作为平等的参与主体，通过对话获得知识、精神等各个方面视界的大融合，则对话参与的各方就必须敞开自己内在的精神世界，通过互相倾听与诉说达成意义的分享和精神的交流。"人的主体性唯有在主体间的关系中才能获得'人'的特性。当这种人与人关系被教育领域引入去重新界定师生关系时，则要求教学过程是人与人之间的对话过程。"[①] 对话教学理论因主体间性的介入而获得了崭新的发展环境。"在师生主体间关系中，教师和学生在任何时候都是主体，学生在认识教师及其教育教学内容时是主体，在被教师认识和教育时也是主体。教师在认识和指导学生时是主体，在被学生认识和影响时也是主体。"[②] "主体间性理论突破了'主—客'体二元对立的框架，强调人与人之间相互对等、相互信赖的对话的重要性，主体间性理论为建立相互平等、相互尊重、相互信任的师生关系提供了重要的理论依据。"[③] 基于此，对话就是通过不同思维观点的碰撞和吸纳，生成一种新的理解，达到一种不同视域的融合。

英国著名学者戴维·伯姆出于对"技术理性"统治下人类沟通问题的忧虑，一直致力于研究对话在现代社会中的应用。戴维·伯

---

① 吴岳军：《论主体间性视角下的师生关系及其教师角色》，《教师教育研究》2010年第2期。
② 郝文武：《师生主体间性建构的哲学基础和实践策略》，《北京师范大学学报》2005年第4期。
③ 王守纪、杨兆山：《以尊重为核心的现代师生关系及其建构》，《教育理论与实践》2010年第9期。

姆的《论对话》详尽记载了他在不同时期关于对话的研究成果，其中蕴藏着许多极具启发意义的理论见解。在他看来，"对话不仅仅局限于两人之间，它可以在任何数量的人之中进行。甚至就一个人来说，只要他抱持对话的思维和精髓，也可以与自己进行对话。这样来理解对话，就意味着对话仿佛是一种流淌于人们之间的意义溪流，它使所有对话者都能够参与和分享这一意义之溪，并因此能够在群体中萌生新的理解和共识"①。伯姆认为，许多日常被称为"对话"的，其实并不是真正的对话。他还就如何开展对话进行了深入的研究，认为实现对话的条件有四点，即产生必要性冲突、形成思维的主体性感受、搁置思维假定和实现共享性思维。伯姆对话理论的最大贡献，就是架起了一座对话与思维之间的桥梁，使得对话可以不受思维的牵绊而顺畅进行。"他期望对话能够让我们深入自身的思维和意识世界，通过对话来对意识的本质和我们做人的根基进行持续不断的探索，让对话为人类提供一条全新的康庄大道，用于重建我们与自己、与他人、与我们身处的世界之间的种种交流、沟通与联系，最终为人类面临的种种失败与问题找到解决的坦途，从而改造我们所栖居的世界。"②

马丁·布伯的主要思想体现在其著作《我与你》中。布伯认为，"与人的关系本是与上帝关系之本真摹本"，神圣、崇高不存在于人内心的反求诸己和孤寂深思的体验中，而是存在于一种相遇，一种对话，一种在人际中的超越。因此，世俗与神圣间的重新结合，不是体现为一种实体，而是体现为一种关系，一种"相遇"和"对话"。基于这种思想，他提出了"关系本体论"。"关系本体论"是布伯"对话"思想的核心与灵魂。他强调"人类从一开始就处在关系中"③，因此关系是"真实人生唯一的摇篮"④，关系是

---

① 戴维·伯姆：《论对话》，教育科学出版社2004年版，第16页。
② 王松涛：《对话教育之道》，教育科学出版社2010年版，第55页。
③ J. G. Woo, "Buber form the Cartesian Perspective? A Critical Review of Reading Buber's Pedagogy," *Studies in Philosophy & Education*, 2012, 31 (6): 571.
④ 布伯：《我与你》，陈维纲译，生活·读书·新知三联书店1986年版，第24页。

原初的、本原的、人的存在的根本。他在"关系本体论"中提出了两个原初词"我—你"与"我—它"。布伯告诉人们，代表着西方哲学传统的"我—它"，本质上不是一种真正的关系。"我—它"的关系只是一种经验和利用的关系。布伯认为，"我—你"是一种真正的关系，只有在这种关系中，一切才是活生生的、现实的。当然，布伯还强调，"我—你"关系中的"我"是不能单独存在的，"我"的存在只有在关系中才能呈现。①"我—你"这个表达式结构的基本起点，其实是关系。这里的"我"与"你"并非特指人，而是泛指，它表征的是我与你的"相互转向"②、相互创生，其实质仍是在表达我与你之间的"关系"。作为"对话"思想的一个具体层面，"我—你"关系的重点，并非单数的或特指的某一个你或我，而在于其间的关系，因此"我—你"这一表达式的最后旨归实质上是关系。

（二）对话教学理论

保罗·弗莱雷在其《受压迫者教育学》中最早提出"对话教学"的概念，他将教育视为一种追求自由的人性化过程，被压迫者通过提问式教育、对话的方式，学习觉察社会、政治与经济的矛盾，从而采取行动反抗现实中的压迫性因素，亦即意识觉醒，实现与压迫者的共同解放。弗莱雷认为，教育具有对话性，教学应是对话式的，对话是一种创造活动。他大力提倡"对话式教学"并以此批判传统的"讲授式教学"，并就对话的实质、基础和条件、对话的特征等进行了深刻揭示。他认为，"对话要求有行动和进行思维，但行动和思维不能截然分开"，"可以说真正的对话是一种对世界的改造"③。弗莱雷把对话和教育紧密地联系在一起，让对话成为教育的一种形式。

---

① 布伯：《我与你》，陈维纲译，生活·读书·新知三联书店1986年版，第18页。
② 布伯：《人与人》，张健等译，作家出版社1992年版，第16页。
③ 保罗·弗莱雷：《被压迫者教育学》，顾建新等译，华东师范大学出版社2001年版，第87页。

课堂教学对话系统的重建

马丁·布伯认为，真正的教育关系乃是一种纯正的对话。教育的目的不是告知后人存在什么，而是晓谕他们如何让精神充盈人生，如何与"你"相遇。另外，建构主义代表人物皮亚杰主张，认知发展是不能够被教的，虽然有研究证据表明它可以被加速，教师必须设计一些能提供社会互动的对话。

国外相对完整和成形的对话教学思想，其源头可追溯到古希腊的苏格拉底。苏格拉底的"产婆术"教学法，提出教育者只能如助产士帮助产妇生子那样去启发和引导学生发现真理与获得知识，绝不能代替学生进行学习和思考。这一教学方法对西方国家的教学活动产生了深远的影响，对我们的教学实践也有着重要的现实意义。"产婆术"教学法本质上是一种师生平等对话，以揭露矛盾、克服矛盾、最终获得知识并发展能力的教学方法，也是一种帮助学生纠正错误观念并产生新思想的艺术。苏格拉底从所讨论的论题出发，针对学生的回答不断提出反问，即使学生答错了也不立刻纠正，而是接着提出补充问题加以引导，使之发现自己认识上的矛盾，承认自己的无知，否定自己所肯定过的错误意见和观点，进而得出结论和获得知识。当然，苏格拉底的"产婆术"也有其局限性，一是苏格拉底在诘问时隐含着这样的背景，教师知道答案，只是假装无知，教师的诘问是希望学生逐渐接受或自己认识到教师心中预设的"真理"，教师并没有想从中学到点什么。二是在当下的班级授课环境中，一名教师面对众多学生，其学情各不相同，如何发现每名学生的问题，又针对谁的问题进行"反诘"呢？做不到这一点，"诘问"就失去了方向（只好依教师的预设和现场的感觉而发问），教学很容易演变成以问答为表面形式的讲授式教学。孔子在实际教学中很善于运用问答法促进学生的独立思考。尽管孔子的教学富含对话精神，但是孔子答问学生的语气、内容，虽促使学生自己领悟，但最终还是为了授"仁""礼"之德。同时，与苏格拉底的"产婆术"一样，在班级授课环境下，对话教学遇到了难以操作的问题。

日本学者佐藤学在把对话与教学结合方面做出了积极贡献。他说:"学习的实践可以重新界定为:学习者与客体的关系、学习者与他(她)自身(自己)的关系、学习者与他人的关系。学习的活动是建构客观世界意义的活动,是探索与塑造自我的活动,是编织自己同他人关系的活动。"① 并指出在客体、自身与他人的关系之中形成三种对话实践,即同客体的对话、跟自己的对话、同他人的对话。他还提出了"学习共同体"的概念并在日本的多所学校进行改革实践。

20世纪90年代以来,我国教育理论界在对教育者、受教育者、教育内容三者所构成的错综复杂的教育关系的探讨中,针对主客体二元思想的弊端,不少研究者把对教育本质的认识从"认识说"推进到"交往说",并进一步强调交往的展开是和灵魂对话,认为没有了对话,就没有交流;没有了交流,也就没有真正的教育。刘庆昌在其《对话教学初论》中指出,对话既是教学的方法,也是教学的原则。对话教学是民主的、平等的教学,是沟通的、合作的教学,是互动的、交往的教学,是创造的、生成的教学,是以人为目的的教学。② 张增田在其《对话教学研究》中就对话教学的本质以及对话教学的课堂实践进行了研究。③ 张华在其《对话教学——涵义与价值》中,通过关于对话教学的含义与价值的分析,对"学生主体说""教师主导说""讲授教学论"进行了批判性反思。④

综合关于对话理论和对话教学的内容,我们看到,以往的研究成果以"对话式教学"代替"讲授式教学",把教学过程的本质看作对话与交往,对教学理论研究和实践都有着重要的指导意义。但它们也都表现出一定的局限性。如交往、对话的主体是教师和学生,对话发生在教师与学生之间,只把文本作为师生对话的媒介。但发生了师生间的对话并没有完成教学的全部目的,教学是以对话

---

① 佐藤学:《学习的快乐——走向对话》,钟启泉译,教育科学出版社2004年版,第38页。
② 刘庆昌:《对话教学初论》,《教育研究》2001年第11期。
③ 张增田:《对话教学研究》,学位论文,西南师范大学,2005年。
④ 张华:《对话教学——涵义与价值》,《全球教育展望》2008年第6期。

的方式使学生进一步了解客观世界的，教学中也发生着教师、学生分别与文本及客观世界的对话，仅研究教师与学生之间的对话是不够的。另外，教师与学生个体之间的对话要与教师与学生群体之间的对话区别开来。当下的班级群体授课制已完全不同于苏格拉底、孔子时代的私塾式教学，教师面对的是在知识起点、能力爱好、学习习惯、认知方式等方面各有不同的学生群体。事实上，从对话的视角看，课堂教学中存在着教师与学生、学生与学生、教师与文本、学生与文本、教师与自己、学生与自己等多种形式的对话，应该从系统的高度研究和把握他们之间的关联与作用。

教学活动的本质是什么？这是教学理论研究必须回答的一个基本问题。历史上，人们从不同视角、不同层面反复追问教学本质究竟是什么，形成了各不相同的观点。例如，认识说、发展说、层次类型说、传递说、统一说、实践说、认识—实践说、交往说、价值增值说等。当前学术界比较认同两种教学本质说：特殊认识说和交往说。[①] 特殊认识说认为，教学是在教师有目的、有计划的指导下，间接掌握人类已有的经验和认识的过程。特殊认识说在过去相当长的时间里影响着我们的教学，但它的问题也逐渐显露出来，一是强调学生的学习以间接经验的掌握为主，这是符合人类社会发展规律的，但却容易脱离生活实际，用僵化的方法（灌输）学习僵化的知识（缺乏生活意义和方法启示）。即便如此，特殊认识说下的教学也离不开对话，虽然有时是残缺的对话；交往说认为，教学是一种教师与学生进行的交往过程。它把教学的本质看作一种交往过程，就是强调教师与学生的平等地位，突出学生的主体地位，避免出现教学中只见教师不见学生的问题。强调教师与学生、教师与文本、学生与文本的对话和理解，在教学的交流、对话中实现教师与学生之间生命、智慧与意义的共享。显然，交往是交往说的核心，而交往又以对话为载体。由以上分析可以看出，即便是在已经熟知的特

---

① 何善亮：《教学的本质：基于有效教学的分析》，《教育理论与实践》2008年第1期。

殊认识说、交往说下的教学，也离不开对话。

（三）系统论

系统论是理论生物学家贝塔朗菲于20世纪40年代开创的一门全新的横断科学。有人认为，系统论是20世纪继量子力学、相对论后，又一次"改变了世界的科学图景与当代科学家思维方式"的新理论。何谓系统？贝塔朗菲将之定义为"处在一定相互联系中与环境发生关系的各组成部分的整体"，即"整体"或"统一体"①。我国著名科学家钱学森将系统界定为："由相互作用与相互依赖的若干个组成部分所合成的具有特定功能的有机整体，而该系统本身又是它所从属的一个更大的系统的组成部分。"② 系统论的方法论要求把研究对象当作一个系统，从系统总体出发，在系统与要素、要素与要素、系统与环境的相互作用中解释与处理研究对象的特质和规律。③

实际上，任何客体都各自成为一个系统。系统是宇宙中的普遍现象，自然界和人类社会都普遍存在着该现象。所以在科学研究中，应当把它们当作一个系统进行研究。由于一般系统论在研究中并不考察对象的具体属性，而仅考察对象的整体和部分、系统和环境、结构和功能等的关系，因此具有综合度很高的跨学科性质，同时又具备一般科学方法的功能。系统方法即是以系统整体的观点为出发点，从系统与要素、要素与要素、系统与环境之间相互作用、相互联系中考察对象，达到有效地解决问题这一目的。因而，系统论即是以逻辑与数学的方式研究适用于一切系统的原则与规律的科学。

一般系统论有四个基本原则。第一，整体性原则。整体性原则认为，事物与它的要素之间具有相互制约、相互影响、相互作用的

---

① 王雨田：《控制论、信息论、系统论科学与哲学》，中国人民大学出版社1988年版，第422—438页。
② 钱学森等：《论系统工程》，湖南科学技术出版社1982年版，第10页。
③ 安文铸：《教育科学与系统科学》，吉林教育出版社1990年版，第102页。

关系，它们构成一个统一整体。整体性原则反对把事物及事物的各个组成部分看作孤立的、无序的偶然堆积，而是作为一个整体。系统是由部分（要素）组成的，没有部分也就无所谓整体，而离开了整体也无所谓部分。黑格尔说得好："一个活的有机体的官能和肢体并不能视作那个有机体的各个部分，因为这些肢体器官只有在它们的统一体里，它们才是肢体和器官，它们对于那有机的统一体是有联系的，决非毫不相干的。只有在解剖学者手里，这些官能和肢体才是些单纯的机械部分。但在那种情况下，解剖者所要处理的也不再是活的身体，而是尸体了。"[①] 生物体的各个部分无法离开整体而单独存在。就如同人的手在人身上和脱离了人体的手其功能是难以相同的一样。

　　整体性原则要解决的是系统的整体功能问题，各要素功能简单的总和并不等于整体功能。整体功能具有各要素所没有的新功能。系统的整体功能与性质取决于构成该系统的要素与系统的结构。所谓结构，就是构成系统的各要素相互作用、相互联系的方式。系统的要素不同，系统的性质和功能就有所差别；系统的要素相同但结构不同，系统的性质与功能也有所区别。因此我们要掌握事物作为系统的整体功能，要确定系统的性质，就不仅要知道它的构成要素，而且还要知道它的要素的结合形式。换句话说，掌握系统的整体结构有极其重要的意义。

　　系统方法将对象视为整体对待，从整体与部分、部分与部分、整体和环境的互相制约、互相作用的关系中，认识并把握系统的特征与规律。这种立足整体，统帅全局，在动态中调控整体与部分的关系，使各部分在服从于整体最佳目标下处于自然活动状态，达到对系统实行最佳控制且具备最佳功能的方法论原则，远胜于其他传统的方法，为我们认识整体与部分的关系提供了新的视角。就课堂教学这个系统来说，教师、学生、文本这三个基本要素构成一个整体，他们的动态作用构成了教学过程，教学过程是由三者之间的相

---

① 黑格尔：《小逻辑》，贺麟译，生活·读书·新知三联书店1954年版，第282页。

互关系、相互作用所构成的，在对话过程中，任何只关注某一个或某一两个要素之间关系的都是有问题、有缺漏的，都将导致教学过程出现问题。

第二，层次性原则。层次性原则或可称为等级性原则。任何系统都有其严格的等级或层次，都具有系统—子系统—分支系统等。所谓层次，就是系统内因整体与部分的无限对立而构成的一系列层次及排列次序。任何系统，无论是横向结构还是纵向结构，都是连续性与间断性的统一。系统连续性若中断，将导致相互异质的层次。若横向结构的连续性中断，将导致出现平行层次或横向层次，若纵向结构的连续性中断，则会产生过程层次。系统层次是普遍的。

系统层次的根本特征是具有相对独立性。任何层次都有同它与其他层次区别开来的质的规定性，即独立性。不过，这种独立性是相对的。因为任何层次总是受到整体的质的制约与支配，依附于整体，伴随着整体的发展而发展。因此，离开了整体就无层次可言。层次既是整体事物中相对的独立部分，又在整体中发挥着不同的功能。

针对某一特定层次而言，系统的层次是有限的、间断的。但就各层次相互联系的整个世界来说，系统的层次又是无限的、连续的。因此可以说，系统之上还有更大的系统，系统之下也有更小的系统，系统的层次无论向上向下都是无限的。系统作为一个层次和其他下行的层次相互联系，构成高一级的系统；系统内的任何一个层次，相对于低一级的层次来说，又是高一级的层次。系统这种高层次与低层次是相互作用、相互依存又相互转化的对立统一的关系。

第三，最优化原则。最优化或可称为最佳化原则。科学研究的目的是获得最优结果，或达成最优目标，或确定最佳设计方案，或实现最优控制，或以上所有目的都实现。运用系统的方法开展科学研究，追求的是从众多备选的方案中，选出最佳的系统方案，实施最优控制，使系统达到最优状态，产生最优功能，实现最优目标，这即是最优化原则。

　　系统最优化，通常是指系统整体功能的最优化。根据系统的结构确定系统整体功能的原理，而要实现系统整体的最优化，其关键就在于选择最佳的系统结构；在条件允许的范围内，释放人的主观能动性，改造或转化事物的结构。在构成系统的要素一致的条件下，单纯结构上的差别，即要素的组合排列不同，就会产生不同的功能。因此优选或创造最佳的结构，就会产生最佳的功能。俗语所说的，"三个臭皮匠赛过诸葛亮"就包含着这个道理。反之，假使要素良好，可结构不佳，还不加以改良，功能自然就难好，难免导致"三个和尚没水吃"的窘状。当然，若是要素与结构都好，那功能自然会更好。

　　第四，动态原则。该原则是与把对象视为静止的、一成不变的机械论相对立的。从本质上说，现实的、具体的系统都是动态的系统，皆是作为过程而存在与展开的。换句话说，系统的状态伴随着时间的变化而变化，它具有历时态的变化过程。系统的发展变化常从不稳定转向稳定，从无序转向有序，从较低的有序发展到较高的有序；也可相反，并最终归于解体，导致系统过程中断，即系统更新。其后，它转入新的系统，重新开始新的系统运动。因此，若不把系统视为动态系统，便难以认识它的本质特点与运动规律。系统运动的根本在于系统内部诸要素之间的互相作用。恰是系统要素间的交互作用推动着系统的发展，促进系统的转换。系统内部诸要素间的相互作用仅是系统运动发展的内部原因，而系统和环境的相互作用则是系统运动发展的外部原因，因为系统和环境之间不断进行着能量、物质与信息的交换，不断吸收与排除着外界的某些因素，因而任何系统都不是绝对的封闭系统，而是开放的系统。

　　系统是由很多矛盾组成的多维的、立体的网络结构。在这个复杂结构的矛盾运动中，任何一对矛盾都无法脱离它所在的总的矛盾网络、矛盾系列而单独发挥系统的动力作用。因为每对矛盾在系统中的作用与地位是不同的，要考察系统的运动，就需要从多种对立要素相互作用的矛盾网络中去分析，否则就难以产生科学的认识。①

质言之，系统最为鲜明、最为基本的特征之一是整体性。因此整体性是系统论思想的灵魂。而任何系统都是由若干个要素所构成的、具有一定新功能的有机整体，系统的各个要素一经组成系统整体，就会产生出独立要素所不具备的性质与功能。因而系统的整体功能不仅具有各个要素的功能，而且具有因各个要素相互联系、相互作用所形成的结构而产生的新的功能，即生成我们常说的"整体大于部分之和"的性质。所以，系统论的基本思想乃是把所研究与处理的对象当作一个系统，整体分析它的结构与功能，并揭示系统内各个要素之间的相互关系、相互作用及其运行方式。②

在课堂对话中，教师、学生、文本这三个基本要素的相互关系在教学展开的过程中形成并构成过程本身，因而从系统的、开放的、动态的角度看，上述三者关系更为复杂，也更为重要。③ 因此，研究课堂教学对话，不能将其割裂或肢解为某一个因素或某两个要素之间的对话，而应立足于系统的观点，从整体上分析教学三个基本要素之间相互作用、相互促进的交互关系。唯如此，才能解释清楚现实课堂内的对话现象。

二 课堂教学对话系统的构成

（一）教学对话系统的构成要素及相互关系

1. 课堂教学对话的基本结构

"系统"一词，来源于古希腊语，是由部分构成整体的意思。

---

① 刘松阳：《系统论的基本原则及其哲学意义》，《华中师范大学学报》（哲学社会科学版）1986 年第 2 期。

② 肖正德：《系统论视域下教师教育学科体系之特质与架构》，《教育研究》2014 年第 7 期。

③ 叶澜：《课堂教学过程再认识：功夫重在论外》，《课程·教材·教法》2013 年第 5 期。

课堂教学对话系统的重建

在教学对话系统中，我们重点研究课堂上的学生、教师、文本等核心要素，并结合一般系统论中关于"系统"的定义（由若干要素以一定结构形式联结构成的具有某种功能的有机整体），探讨教学对话系统中要素与要素、要素与系统、系统与环境等方面的关系。①

首先，教学就是对话。伽达默尔明确指出，理解就是"视域融合"的过程。而理解在根本上具有语言性，"语言就是理解本身得以进行的普遍媒介"。"语言表达问题，实际上已经是理解本身的问题。一切理解都是解释，而一切解释都是通过语言的媒介而进行的。"② 最终都是通过对话（外在的和内在的）进行的。在教学中，教师、学生、文本之间组成了"对话的关系本体"，他们之间以对话相连。对话总是与教学相伴而生的，教学以师—生、生—生、师—本、生—本，甚至是教师与自己、学生与自己的对话形式展开的，没有对话就没有教学的发生。

其次，教学就是为了对话。假如把对话视作人类生命存在的本质所在，那么对话将不仅仅是一种教育的方法，对话本身可能就是教育的根本目的之一。③

将教学过程的本质定位为对话，就是强调教学是教师、学生、文本之间的对话和理解，使师生双方都作为真实的完整的人而存在，其目的是实现师生之间的智慧、生命、意义、知识的共享。在对话中，教学走出了科学世界的藩篱，谋求人文世界与科学世界的整合。通过对话，人与自然、人与"文本"之间相互认同、相互体验，使学生真正感受到其学习的过程就是自己的生活过程。

基于以上研究，我们得到了下面的认识：在教学中，教师、学生、文本通过三个对话回路构成课堂教学的基本对话结构，即基本的对话关系（见图3-1）。

由图3-1可见，第一，三个对话回路构成课堂教学稳定的对

---

① 顾新华、顾朝林、陈岩：《简述"新三论"与"老三论"的关系》，《经济理论与经济管理》1987年第2期。
② 伽达默尔：《真理与方法》，商务印书馆2013年版，第230页。
③ 王松涛：《对话教育之道》，教育科学出版社2010年版，第57页。

话结构。教师授课前要研究文本（①），文本以各种呈现方式回馈于教师，形成对文本的认识和判断（②），①与②组成了一个对话回路；同理，③与④组成教师和学生之间的对话回路；⑤与⑥组成学生与文本之间的对话回路。

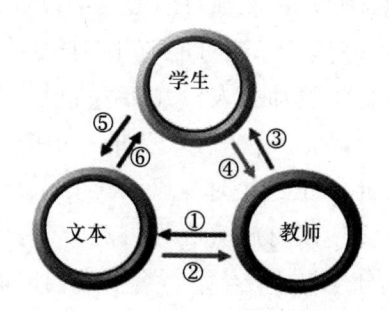

图 3-1　课堂教学对话的基本结构

第二，教师与文本之间的对话回路①②以及教师与学生之间的对话③是为了唤起学生与文本之间的对话回路⑤⑥，如果没有了⑤⑥，教学就没有真正发生，更谈不上会有好的教学效果。另外，③⑤⑥又是④发生的前提，如果学生没有与文本的对话（尝试），即⑤⑥，或没有接收到教师通过③传达的信息，就不可能有自己的体验和认识，也就不可能发生④，进而也就不可能有新的③发生，如此往复。

第三，日常教学常常偏重①②③，而忽略了④⑤⑥。例如，灌输式的教学就是如此，甚至讲授式教学也面临着这种窘境。学生成了被动接受知识的容器，而且所接受和感知的并不是客观真实的文本的本相，而是经过了教师与文本之间的对话（①②）之后的，是教师心中所感知的所谓"客观真实"。学生与真实世界的本质或与文本的直接对话的通道被阻断。此时，课堂对话系统将由三角形稳定结构变成残缺的不稳定结构。

第四，在班级授课制下，图 3-2 中的"学生"不是一个人，而是由几十个不同知识水平、不同能力特点、不同兴趣爱好、不同情绪状态的学生组成的集合。如果教师用统一的进度、统一的要求、统一的教法与之对话，就不可能实现有针对性的教学。此时，利用学生间的"差异资源"，开展学生与学生之间的对话，将成为必然，反映在课堂教学实践中即"小组合作"。

在图3-2中，每一个学生身边都有A、B、C、D……若干同学，在课堂上，他（她）可能独自思考、学习（独学），可能与某一名同学讨论交流（对学），还可能与几名同学合作学习（群学）。学生间的合作学习，把教师一人对几十名学生，变成一名对一名、一名对几名的学生对话关系，在生与生的对话中，更容易暴露出学生的问题，也便及时矫正。此时，班级里有了众多的"小先生"，互助互纠、合作研究使因材施教成为可能，有利于提高教学效率。同时，这种学生充分参与的教学既锻炼了他们的语言表达能力、与人交往能力，也训练了质疑反思的习惯。

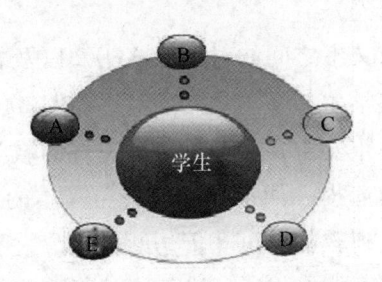

图3-2 课堂教学中的生生对话

当然，需要指出的是，图3-2中的对话形式是生生对话中最普遍、频度最高的形式，而课堂教学中的生生对话形式还有跨组的形式，尤其是在组间活动中，学生之间的相互质疑与评价就突破了组内对话的范围，呈现出对话的深度交互。同时，在生生对话中，往往会有教师与学生、师生与文本之间的多维度、多层面的对话出现，使对话系统得以良好运转，教学效果愈发生动、鲜活和优质。

第五，"教学即对话"带来教学观的变化。从对话的角度审视教学，抓住了教学的本质，有利于提高课堂教学效率，此时，对话、交往是改进教学的手段；而让学生学会对话的方法、养成对话的习惯，让学生在对话的思维碰撞中感悟客观世界，又是教学的目的。由此，我们可以说"教学即对话"。在"教学即对话"的判断下是教学观念的巨大变化。在教学方式方面，由单向的讲授式，变成多向的对话式。在教学目的方面，不只是教授知识，更重要的是掌握方法、训练思维、提高能力。

灌输式教学把学生看作需要帮助的客体，或是需要装满的容器，或是待喂食的婴儿，而对话式教学则把学生塑造成具有批判性的思想者；灌输式教学试图用简便的方式达成一定的功利性目的（比如考试分数），它抑制了学生的创造力，达到的是驯化的作用，是非人性化的，而对话式教学则强调学生的自主、体验、反思、质疑；灌输式教学在意的是当下的成果（成绩、习题的准确率），对话式教学在意的是学生未来发展的潜能。

第六，课堂上教师的角色。在对话教学中，学生做着两件事：一是尝试，即与文本（包括教材及经教师加工的学案、练习、材料等）对话，以生成初步的认识与体验；二是合作，即在与同伴、教师的互动中完善自己的认识。教师也做着两件事：一是设计，包括课前的预设和课中的再设计，尤其是后者，结合学情的变化，及时调整教学的内容、方法和形式，就是教学针对性在课堂上的体现，更应引起我们的重视；二是导引，即对教学进程及发展方向的把握与控制，使其不至于偏离教学目标，不至于脱离学生的实际。

教师在课堂教学中的角色究竟是什么？有人说是教学的"主导"者，有人说是平等的参与者，即教学的"主体"。其实，教师在课堂教学中扮演着双重角色。在进行教学设计与导引方面，起着"主导"的作用。这时的教师与学生，因其知识水平、思想认识等方面的差异而使两者并不处在平等的位置上。另外，在教学对话中，教师并不以知识的拥有者身份出现，而是像学生一样，与学生进行对话交流，是对话的平等参与者，即对话的主体。

2. 课堂教学对话系统的立体结构

图3-1显示了课堂教学中几种基本的对话结构，是由教师、学生、文本三方构成的。在班级授课制下，由于学生的非唯一性，

课堂教学对话系统的重建

每一名学生都可以围绕文本与教师构成对话关系,同时,学生及其同学围绕文本也可以构成对话关系,这些对话关系都以基本的三角形结构来呈现,这些基本的三角形对话结构,在课堂教学中交互叠加,组成了课堂教学对话系统的立体结构(见图3-3)。

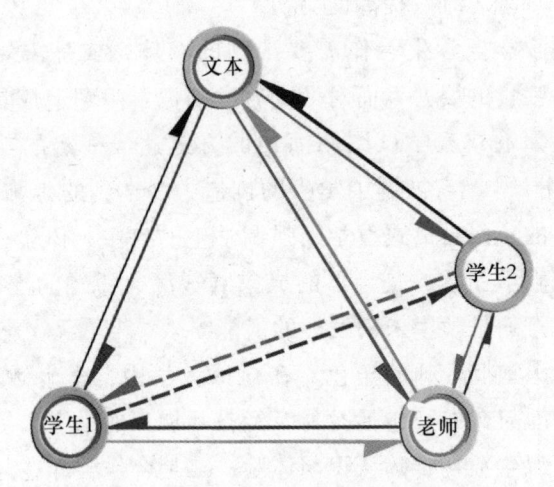

图3-3 课堂教学对话系统的立体结构

在课堂教学中,每三个要素之间都像图3-1所示的那样形成一个三角形的对话关系,都是三方六向乃至三方多向(还有师生与自己的对话,即自我反思)的对话基本结构,在"一名教师对多名学生"的群体教学中,还会呈现出图3-2中的生生对话及图3-3中的立体对话结构,由此,课堂教学呈现出对话的系统。在这个对话系统中,无论是三者之间发生的三方六向的对话过程,还是三方多向或多方多向的对话关系,牵动其发生、发展、深化的红线无疑都是"文本"(或教学资源,如体育、音乐、美术等学科)。实际上,课堂对话,即三方六向的对话并不是、也不能是漫无目的的聊天、闲谈,唯有和文本紧密联系,师生在文本的牵动下,对话内容逐渐由浅入深、因简至繁、从外至内、从共性到个性或由个性到共性、由普遍到特殊再由特殊到普遍的螺旋推进,对话才有方向感,才具有针对性。换句话说,课堂上的对话是教师根据教学目标、围绕教学内容，组织、引导教学逐步展开的。教学过程就在师生彼此依托对文本或资源的理解，不断地倾听、对话、理解、评价的过程中展开、实现。可以说，课堂教学对话系统的运转受制于文本，受制于教学目标。实际上，在一堂课上，教学对话系统早已潜藏于其中，只是过去它处于内隐状态，没有被我们关注或深入研究，而现在我们不过将其从隐性状态推拉到了显性状态而已。质言之，一堂课教学是否有序，一堂课教学是否优质，实际上就是课堂对话系统运转得是否有序和优质而已。

3. 课堂教学对话系统的效用

在中国知网核心期刊上检索发现，很少有关于针对性教学的研究文章，只在非核心期刊上找到很少的相关文章，且大都是中小学一线教学人员的案例分析和感悟，没有从理论上进行系统的阐述，说明关于针对性教学还未引起科研人员和专家的重视。但是，在中外教育教学研究中虽没有专门的论述，甚至没有提及教学针对性，却都把教学的针对性作为显而易见的教学原则加以利用，有的还把它作为研究的思维起点或研究主线。如苏格拉底"产婆术"中的诘问，其关键是发现学生的错误并据此设计反问，这就是针对性教学。再比如，孔子所提倡的因材施教也是针对性教学。

从教学的对话性本质来说，只有对话双方相互了解，对话才能深入对话者的内部，才能让对话更加有效。所以，教学的针对性是教学对话性本质的必然要求。

教学针对性是连接教与学的桥梁。基于课堂教学对话系统的认识，教师的教、学生的学以及教学的针对性之间的关系可用图3-4表示。

图3-4告诉我们，课堂上学生活动、教师活动，都以教学的针对性为主线，无论是学生的合作、探究，还是再合作、再探究，都是围绕学生中的相异构想展开的。教师的设计和导引也必须围绕学情展开，包括课前对学生知识、能力的预判，尤其是课堂上学情的变化——课堂教学中新问题、新情况——生成的资源等调控对话的节奏、内容、形式等；课后关注未达标的学生及相应的问题。从

这个意义上说，课堂上的教学针对性就是不断了解学情并做出教学调整的过程。

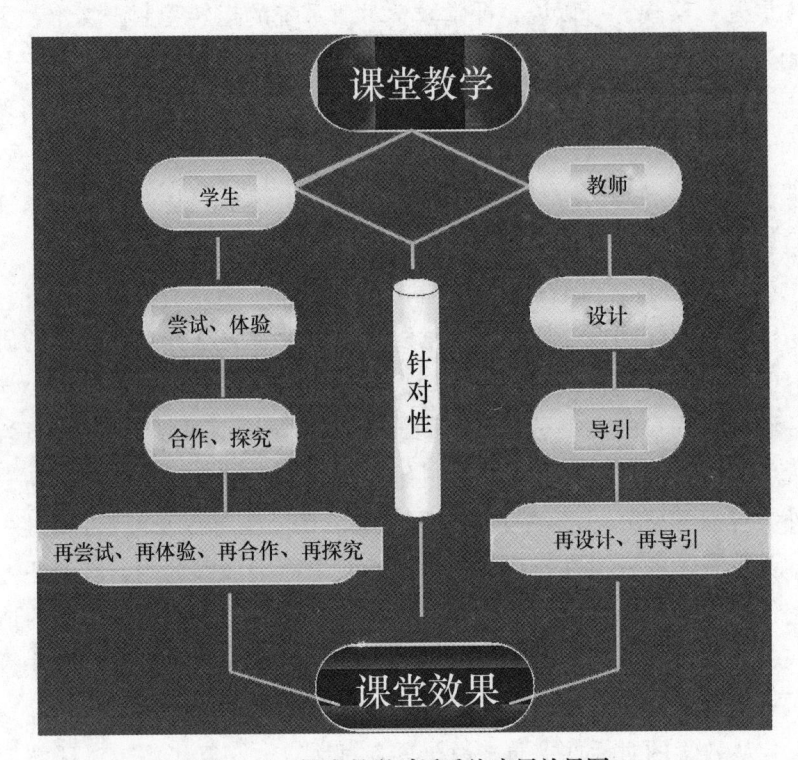

图3-4 课堂教学对话系统应用效果图

4. 课堂教学对话系统与对话教学的差异

教学对话系统与教学对话的差异不仅仅体现在直观的字面上增加了"系统"二字，还意味着"教学对话系统"与"对话教学"存在着一些差异。

（1）更加突出以"学"定"教"的逻辑起点

其实，这里的系统观点更加强调"以学为本"的教学理念，突出教要为学服务，要基于学生的学设计教师的教，教是为了学，学的效果体现出教的水平，学是目的，教是手段，教的最终目标是不教。因为教学系统的运转情况，取决于教师能否在课堂上基于学生的情况调控对话的方向、内容、进程与形式。而系统运转的质量，则取决于在对话过程中能否生成对话的立体结构，即师生与文本、师生（教师—学生 A—学生 B……学生 N）、生生，且对话能根据学生自我对话或生生对话中所暴露出来的相异构想，生成深层次、多维度、多层面、针对性强的对话。

（2）由对教学要素的点状研究转向对要素间相互作用所形成的系统研究

"教学对话系统"中增加的"系统"，凸显了班级授课制下课堂教学的社会性因素，也就是要高度重视班级中师生之间、生生之间的互动，尊重人的社会性需求，重视挖掘班级群体内学生自身所具有的教学资源，实现互助互学，建设课堂上的学习共同体。

深入剖析"教学对话系统"中的系统，其实，它全面体现了笔者的教学观，也就是说"教学对话系统"的实质是笔者对教学本质的理解。首先，笔者是从教学的要素分析课堂教学的。尽管教学要素有多种说法，如从三要素说到七要素说等。最早的最原初的说法是三要素说。这三个要素就是教师、学生、文本（文本这个要素，有的界定为教材，也有的界定为教学资源，还有的界定为学习材料）。而这三个方面就是教学的三要素，它们之间如何相互作用才能让一堂课更有效、更优质，是一个需要深入研究的问题。

过去研究"学生、老师、文本"这三个要素时，关注点多聚焦在三个点上，它们是什么，它们干什么等。这使我联想到物理学上的受力分析，不管是一个小推车，还是一个木块，抑或是一个什么东西，在受力分析的时候都把它抽象成一个点，然后分析力是朝下，还是朝上，合力如何。其实，当我们把这三个要素也抽象成三个点的时候，也就是在我们视野中，这三个要素已经没有原来那么重要了。当把它们抽象成三个点时，我们的目光，我们的关注重心，将从三个点转移到它们之间的关系上。

当我们聚焦、关注三要素的相互作用、三者间的有机联系时，"系统"就会跃出，越来越清晰地呈现在我们的脑海里。由此，当我们顺势反思、追问，或许我们会产生一个疑问：过去，我们研究

课堂教学对话系统的重建

课堂教学，仅仅关注某一个或某几个单个的要素，是不是存在问题？是不是割裂了实践的真实情境？而这是不是理论难以指导实践的一个根本症结？因为现实的课堂教学绝不是由某一个或某几个要素单纯发挥作用的，实践中的课堂教学一定是要素间的相互作用。要素不是点状的，而是由它们形成了相互作用的一个系统，课堂教学的有效或高效，其实质也不是某个要素发挥着典型作用，而一定是诸要素形成的系统真正有效地、良好地运转。这是"教学对话系统"与"教学对话"最根本的差异。

在马丁·布伯的对话哲学中，其重大变化是彻底颠覆了传统哲学中主客体之间的二元对立关系。过去，传统哲学在研究社会现象时，就看谁是主体，谁是客体。对一个要素而言，它要么是主体，要么是客体。按照这样的观点，老师是教学的主体，学生则是客体。师生关系是我（教师）如何去管理你（学生），怎么教育你，怎么约束你。将这样的哲学观点运用于实践，我们会发现有问题，好像无法诠释现实，因为学生也是主体，但学生是主体后，老师又是什么呢？教师也不是客体啊！所以在课堂教学中运用"主""客"体的二元理论就必然会出现混乱。马丁·布伯有一个很形象的词，"我与它"，还有一个词叫"我与你"。我与它，注意，这是一个物化的它。显然"我"是主体，"它"是客体。因此，研究主体和客体的关系时，其实是在研究这个主体如何控制客体，如何利用它。"我"居主导位置，"它"居从属位置。马丁·布伯认为，这种关系并不是客观世界的真实反映，他说，在两者之间，真理并不存在于这两端，而是存在于二者之间。那就是它们之间的关系，而这个关系就是对话。而后，马丁·布伯给出了一个"我与你"的关系。"我"与"你"在同一平面上，我们也可以很形象地体会到两者之间的关系是平等的。我们不必再纠结于谁是客体，谁是主体，也没有必要讨论它，我们只需要把眼光放在二者之间的关系上，也就是"我与你"怎么对话，怎么发生联系。所以，马丁·布伯的对话哲学产生了很广泛的影响。后来的哲学都不同程度地借鉴了他的理论。

运用马丁·布伯对话理论去验证笔者所建构的"教学对话系统"。如果教学是三个要素：老师、学生、文本（或教学资源）。这三者之间形成了一个三方六向的对话关系（见图3-1）。在课堂上，这三者之间发生着相互对话。或许有人会质疑，教师与学生，这两者都是人，人和人之间发生对话没有问题。但是学生和文本、老师和文本之间如何发生对话呢？难道文本还成"精"了不成？文本是死东西，是一本书，它与人如何发生对话？伽达默尔的解释学对这个问题做了回应。伽达默尔的解释学在很大程度上就是回答人和文本之间是如何对话这一问题的，他们之间也是可以对话的。其实，这一点是不难理解的。理解一本书，当你没有读它的时候，对你而言书不存在任何意义。换句话说，再好的书，只要你尚未阅读，你就无法与之对话；而当你阅读它时，对话就已然开启，也必定会产生意义。因此，当你阅读一本书时，你对该书的理解，就生成了意义。也许，你今天读出这样一个意义，明天你再读的时候或许会生成新的理解，形成新的解释和新的意义，这就是人和书本之间的对话。用这样一种方式去解释、理解课堂教学，我们就可以明白很多东西。

如果把"教学对话系统"与佐藤学的《静悄悄的革命》进行比较，就会发现，其实我们表达了同一个意思，甚至"对话系统"可以给他的论述提供理论支撑。因为佐藤学的书中都是一个个例子，都是一种形象的描述，它们表述的都是现象，而这种现象背后所蕴含的是什么？笔者认为，就是自班级授课制以来优秀教学案例中成功的教改经验，尤其是新课改以学定教的教学理念逐步深化以来，一直隐藏在课堂教学过程中，教学理论界多位学者如叶澜、张华等在研究中已呼之欲出但尚未点破，使其由内隐状态转变为显性状态的"对话系统"。当深入梳理文献，尤其是深入教学一线去分析课堂上的对话现象时，其实"教学对话系统"已经朝我们走来，这也是理论与实践相结合，并在持续思考作用下水到渠成的结果吧。

（二）教学对话系统各构成要素的特点分析

1. 学生的学

分析或研究学生的学，我们通常以"备学情"概指。仔细梳理"备学情"的内涵，一般是指教师在研究文本的同时，要基于班中学生的学习特点、学习经验和现有水平、学习习惯、个性特点等设计教学，以保障课堂上能顺利地推进学习过程，有效地达成教学目标。

从教多年来的经验，尤其是优秀教师的教学经验启示笔者，研究学生的学，基于学设计教是教学成功的关键，是保证教学效果的关键。研究学生的"学"，其实质要先研究"学生"这一学习的主体。那么，学生有何特点？学生不同的特点在学习中又有何种表现？基于学生学习的不同表现又该如何因材施教？这是教学论研究的恒久话题，更是教学对话系统研究的理论起点。

（1）从人性的角度分析学的特点

首先，学生是独立的个体，是一个人。因此人所具备的天性学生也都具备。对人与生俱来的特点，我们常称之为人的天性，如喜新厌旧，趋利避害等。研究者在测查新生儿的记忆力时，发现即便刚出生的婴儿也喜欢新鲜的东西，厌恶简单重复的东西。例如，在给婴儿看图片时，婴儿第一次看到类似妈妈的脸的鹅蛋形的形状时，能持续观看40多秒，而之后随着呈现次数的增多，持续观看的时间则出现逐次下降的趋势，在达到一定次数后，婴儿甚至表现出了厌烦的神态，一看还是老图片就立即把头扭到一边，拒绝再看。在生活中，人们常用"喜新厌旧"来形容人的这一天性。表现在学习上，其特点是学生喜欢新颖、有趣的教学内容、教学形式，厌恶简单重复、机械记忆。针对学的这一特点，要求教师在设计教学时，不要照本宣科，要对教学内容进行巧妙加工，如通过利用新知识与学生已有的生活经验或学习经验的联系或差异，创设情境或提出问题，激发认知矛盾，激起学习兴趣；在教学形式上，也要积极创新，不能因循守旧，简单灌输教材内容，通过机械重复去强化、巩固知识。否则学生即便迫于教师的压力，受制于学业压力会勉强支撑，但长此以往，学生也会"因学而伤"，导致一部分乖学生会因强迫自己坚持学习，而受到隐性伤害。这种隐性伤害一则降低学生的学习乐趣，二则损害学生终身学习的内在动力，三则扼杀学生的创造活力。因为学生已经沦为学习的机器，学习也已经沦为应付考试的工具。而另一部分个性执拗或心理叛逆的学生，则可能会因为内心冲突剧烈，而导致对学习乃至对老师和家长滋生厌烦、排斥甚或敌对情绪，由此产生厌学心态，并因对学习缺乏兴趣或对学习日益感到深恶痛绝而逃学，过早地终止学业。基础教育阶段特别是初、高中阶段源于此而放弃学业的学生不在少数。其实扪心自问，我们不能把责任全部推到学生身上，怪他们欠缺乐学之心，缺乏上进之心。究其症结，教育漠视人性，过于功利化是其致因。趋利避害是人的本能，马斯洛的需求层次理论，其基础就是安全的需要。安全才能安心，安心才能静心，静心才能好好学习。因此课堂学习，需要教师营造民主、平等、安全的学习环境。当然，这样的学习环境还需要教师有意识地激发或创造适度的压力，因为过高或过低的压力将导致抑制，而适宜的压力才能激起兴奋之感。而适度的兴奋之感，则有利于提高学习实效。

其次，作为人，社会性是人的本性，而对话是社会性的具体体现或交往手段。

对话不只是交流信息、促进认知发展的方式，而且是建构与显示彼此思想活动最基本的途径。心理专家们认为，学习的经历，其实质是以对话式的探究活动系统作为基础的，在这样的学习过程或学习经历中，教育者与学习者都会表现出以思想共享与智力传递为特征的过程。而对话就是课堂教学中交往的最基本、最重要的策略途径与组织形式，因此对话总是处于学习过程的中心位置，对话的参与者依托对话分享彼此的思想、观念、见解、情感等，以此检验他们对学习内容的理解与掌握情况。从某种意义上说，课堂教学因对话而促进交往，促进教学真正得以发生。换句话说，教学本身其实就是一种交往中的对话。任何事物被嵌入对话模式，也就同时被嵌入了交往之中或"正在进入交往状态"，因此有专家认为，交往性特征是对话教学最有价值的特征之一。① 因此，满堂灌或一言堂的课堂会压制学生渴望交流的本性，满堂问的课堂缺乏静心的深度思考，放羊式的课堂缺乏适度的压力，这些都是对人性欠尊重的教学行为。

最后，人和人之间存在着差异是人的特性。在贝尔对新生儿的研究中发现，在生命的很早阶段，人的许多行为（包括吮吸、一般活动、反应性）都存在着稳定的个体差异。② 人们常说，世上没有两片相同的叶子。人也一样，即使是同卵双生子，依然存在性格特点、认知方式等多方面的差异。在一个教室里，几十个孩子更是如此，从个性特征上观察，有的活泼好动，有的内向安静；从思维特点上看，有的思维灵活、敏捷，有的思维严谨、深刻，有的思维新异、跳跃，有的思维广阔、宽厚；从记忆特点上看，有的记得快可忘得也快，有的记得慢但记得牢，等等。面对性格迥异、思维习惯不同的学生，怎样提高教学的针对性是班级教学必须研究的课题。教学对话系统的实质是充分挖掘学生的学习资源，利用学生的认知差异，引导会学、学会的学生带动尚未学会的学生，在生生分享思维过程、思考结果的对话中，帮助学生人人学会、个个会学。改变课堂上仅有一个教师的局限，促使小组内甚至同桌间产生互助互学的"小老师"，让教室里因为有了几个乃至十几个甚或几十个小老师，而使教学针对性倍增，使思维碰撞、思维互动在高频度、高密度的对话中，提升教学效果的广度、深度、精度，帮助全班学生学得更好，学得更巧。

（2）从人的成长规律分析学的特点

学生是人，具备人之为人的诸多特点，但学生又因为处于成长

---

① 陈菊、熊宜勤：《论对话教学的交往性特征》，《广西师范大学学报》（哲学社会科学版）2007年第1期。

② [美] R. M. 利伯特等：《发展心理学》，刘范等译，人民教育出版社1983年版，第69页。

的特定阶段，即学习阶段，所以还体现出因年龄阶段的不同而具有不同阶段的学习特点。如 0—3 岁，一般称为婴儿期，这个阶段是人类智慧发生和开始发展的阶段，皮亚杰称之为"感知运动阶段"。具体表现在婴儿期的动作发展、语言发展和思维萌芽上。呱呱落地的婴儿，在生命最初的 3 年里，从躺卧状态、完全没有随意动作到逐步发展手操作物体和独立行走等随意动作；从完全不能说话到能够掌握、运用一些简单的词汇，逐次进入积极理解语言的阶段（1—1.5 岁）和积极进行语言活动的阶段（1.5—3 岁）。与此同时，在感知觉迅速发展的基础上，婴儿的注意力和记忆力不断提高，而且，随着词的概括和调节作用的初步发展，婴儿逐渐获得直观感知和动作相协调的直观动作思维。随意动作、语言及直观动作思维构成了人类智慧出现的三个要素。此外，婴儿的社会性也逐渐发展起来，1 岁以内的婴儿不仅出现了初步的交际活动，而且开始形成、建立较为稳定的依恋关系。从 1 岁开始，儿童成为真正的社会化成员，社会性开始萌芽，出现了社会情感，使得母婴关系、父婴关系发生了很大变化，亲社会性行为和攻击性行为也从这个阶段开始，并使得个体道德品质萌芽，表现出"好"与"坏"两种对立意义上的所谓"两义性"的道德观念和道德行为。① 再如，高中阶段（十四五岁—十七八岁）正处于青春发育期（十一二岁—十七八岁）。这个阶段是人生中最宝贵而又极具特色的阶段，其特点主要有：①过渡性，是从幼稚向成熟的过渡期，处于半幼稚、半成熟时期，是独立性和依赖性错综复杂、充满矛盾的时期；②闭锁性，内心世界逐步复杂，从开放转向闭锁，开始不太轻易将内心活动表现出来；③社会性，较之儿童阶段更多地依赖生理的成熟、家庭和学校环境的影响，青春期的心理特点在很大程度上取决于社会和政治环境的影响；④动荡性，该阶段的学生比较敏感，更容易产生变革现实的愿望，容易走极端，心理不稳定，可塑性大是青春期

---

① 林崇德：《发展心理学》，浙江教育出版社 2002 年版，第 158—159 页。

的特点之一。① 青春期，学生的思维能力迅速发展，抽象逻辑思维占优势是该阶段学生的思维特点。高中阶段的抽象逻辑思维，具有理论型的特点，在此阶段，学生已经能够运用理论指导实践或行动，运用理论综合分析各种事实材料，以扩展自己的知识领域。同时，学生已经能掌握辩证思维。研究发现，高一学生的智力表现和学习成绩变化比较大，而高二、高三学生的表现则相对稳定，大学生的能力基础和高中二、三年级的学生具有一致性，表明其基础是在高中阶段成熟期奠定的。由此可见，高中阶段各种思维能力与智力培养至关重要。②

（3）从时代发展特点分析学的特点

时代的车轮驶入21世纪，信息化、网络化、数字化成为21世纪有别于此前的显著标志。教育也因时代的巨大变化和日新月异的发展而体现出与此前教育的显著差别。有人说，在文字尚未问世或尚未成为大众掌握的工具的社会阶段，人们只能通过口口相传和手把手亲授实现经验与文明的传承；在文字产生并进入相对普及的社会阶段，掌握了文字的人，因为拥有的知识多而能够教授其他人，人类经验与文明也因文字得以更广泛地传播，更深远地传承，利用文字等符号系统传承文化的方式超越了"口口相传""亲授"的时空局限，间接经验的传授成为发挥更广泛作用的授受方式。如今，互联网使地球成为村落，超越时空亦可以实现"直接"传授，学习方式更加灵活、自由和便捷，学习内容可谓"海量"。纸质时代，成年人因为占有知识在先而占据优势与主导地位；媒体时代，乐于学习、善于学习、坚持学习的人才具有知识上的优势与主导地位，年龄已经不再是问题，甚至在新知识、新领域等方面，年龄与优势还出现了反向落差，很多年长者比起年轻人乃至青少年在前沿性上的相当多方面都显得"OUT"。在这样的时代背景下，学校教育也随之发生了系列变化，尽管这种变化在乔布斯看来是所有领域中最

---

① 林崇德：《发展心理学》，浙江教育出版社2002年版，第362—363页。
② 同上书，第379—382页。

小的、最难以撼动的。但是，回首最近20多年来尤其是近5年来的发展，学校教育包括课堂教学依然呈现出诸多变化，如过去上课，很多老师都习惯了一块黑板、一支粉笔、一本教材的模式，而当下，除了山区或偏僻之地，电子白板成为教师教学中最常使用的设备。网上选课、量身定制等热词，成为学生熟悉的术语。翻转课堂、网上学习等，已经成为很多学生亲历体验的学习方式。在学生成为网络土著的时代，任何漠视、忽略乃至规避信息技术存在的教师，或许都只能收获事倍功半的教学效果。因此，研究学生学的特点，是不能不重视学习的时代特点的。

2. 教师的教及其作用

我国儒家教育的经典之作《学记》对教师的教及其作用做了深入、系统、全面的阐述。《学记》开篇有言："君子如欲化民成俗，其必由学乎！"又曰："古之王者建国君民，教学为先。"尤其在讲到为师之道时，《学记》精辟地指出："君子知至学之难易而知其美恶，然后能博喻，能博喻然后能为师，能为师然后能为长，能为长然后能为君。故师也者，所以学为君也，是故择师不可不慎也。"就是说，教师知道了学生学有所成在什么情况下最困难，在什么情况下最容易，而且知道怎样讲解效果好，怎样讲解效果差，知道了这四点，然后就能够触类旁通全面明白教育教学的方法了；能全面明白教育教学的方法，然后就能够成为一名优秀的教师；能做一名优秀的教师，然后就能够做好官长；能做好官长，然后就能做好一国之君。所以从师学道，就是要通过学习使自己具有君德。正是这个缘故，选择老师不可不谨慎。由此而观之，《学记》确实把教育当作一个国家实施政治、化民成俗的最有效的手段。正因为教育如此重要，所以尊师、重道、敬学成为历代政治家必须重视并倡导的社会风气。"凡学之道，严师为难。师严然后道尊，道尊然后民知敬学。"这样一来，儒家思想为统治阶级建立了一个"学统"体系，这个"学统"体系中需要"思想君王"统领，学高为师，师为学君。至汉代董仲舒独尊儒术以来，儒家之"学统"几乎成为历代统治者"政统"的有力支撑体系，"道统"与"学统"合二为

课堂教学对话系统的重建

一，天经地义。《学记》讲师者"学为君也"的思想，不仅是对教师的最高要求，而且是对教师作用的充分肯定。师者传道授业解惑，其必学为君。从今天教师专业发展的理论来看，学为君乃真正的教师专业的权威性所在。如果教师在自己的专业领域不能走到最前沿，不能有效地引领学生，并成为学生尊敬的学术权威，教师则很难从事有效的教学工作。进一步而言，如果教师不能成为教学的能手与高手，则自然不能成为成功的教育工作者。而教师学为君的有效途径乃是教师成为研究者，中小学教师成为研究者重在开展校本教学研究，改进课堂教学，大学教师则要在专业领域从事相应的学术研究，才能高屋建瓴、深入浅出地开展教学工作，才能成为学生心目中最好的老师。

《学记》用大量笔墨描述了课堂教学的问题以及在解决这些问题时教师必须掌握的教学原则。"今之教者，呻其占毕，多其讯言，及于数进而不顾其安，使人不由其诚，教人不尽其材。其施之也悖，其求之也拂。夫然，故隐其学而疾其师，苦其难而不知其益也。虽终其业，其去之必速，教之不刑，其此之由乎！"这是对课堂教学问题的描述与批判，也是对有效教学方法的倡导与呼唤。这些现象在当今的课堂教学中仍然较为普遍，甚至有愈演愈烈之势。教师如果照本宣科，不顾学生需求而只管教学内容的进度，这样的教学只能使学生"疾其师、隐其学"，即所谓的仇师、厌学。在今天的学校教育里，这种现象在应试教育的指挥棒下更加严重，大中小学生厌学现象十分普遍，疾师状况堪忧。面对这种情况，《学记》认为："大学之法，禁于未发之谓豫；当其可之谓时；不陵节而施之谓孙；相观而善之谓摩。此四者，教之所由兴也。""发然后禁，则扞格而不胜；时过然后学，则勤苦而难成；杂施而不孙，则坏乱而不修；独学而无友，则孤陋而寡闻；燕朋逆其师；燕辟废其学。此六者，教之所由废也。""君子既知教之所由兴，又知教之所由废，然后可以为人师也。"所以，解决"疾其师、隐其学"问题的方法在于了解和掌握一定的教学方法。当今学生"疾其师、隐其学"的原因更加复杂，教师要解决这些问题，不仅需要掌握心理学、社会学等理论和方法，而且要在教育方法方面进行系统而深入的研究，在大班额下开展学科教学，不仅要因材施教，而且要教会学生学习。

如果从传统文化上看，《学记》中的尊师思想有两面性：一方面尊师重道敬学，对于教育本身而言，意义重大。"凡学之道，严师为难。师严然后道尊，道尊然后民知敬学。"甚至把教师的地位与君王之位进行了对比："是故君之所以不臣于其臣者二：当其为尸，则弗臣也；当其为师，则弗臣也。大学之礼，虽诏于天子无北面，所以尊师也。"到了后世，"天地君亲师"的纲本逐渐形成，教师的地位成为"师为生纲"的依据。另一方面，尊师虽然可以使道被重、学被敬，但如此纲常伦理，却成为限制师生交往、对话的主要障碍。师生等级森严，关系紧张，不仅不利于教学活动，而且不利于学生身心健康。这样形成的"被压迫者的"师生关系也就成了长期被批判的对象。现代教育倡导平等民主的师生关系，反对压迫专制的师生关系。巴西教育家保罗·弗莱雷在《被压迫者教育学》中深入分析了学校科层中的师生关系，分析了师生关系中的压迫与被压迫现象，并由此批判了传统的灌输式教育的弊病，倡导对话式教育的新型师生关系。现代中国的学校教育，既存在传统的师道尊严，又存在现代的师生平等，其实，这二者并不矛盾。因此，当一个时代"隐其学"或"疾其师"之势明显时，全社会应大力倡导尊师敬学之风，韩愈曾发出感慨："师道之不传者久矣！"当一个时代师生等级森严、关系紧张之时，全社会应倡导师生平等民主，亦师亦友。作为一名教师，对待自己的学生，同样应该二者兼顾，当为师者十分严肃且十分严格时，学生自然会产生敬畏之心，其好处在于学生知道尊师与敬学了，但不足之处在于学生会对老师敬而远之，影响了师生正常的学术交流。这时候就需要教师与学生交往的另一面，即要关心学生、爱护学生，与学生平等交往，如同朋友一般，真正做到亦师亦友。既让学生时刻有敬畏之心，又让学生时刻有亲近之情。尊师，则生知敬学，友生，则生知爱师，正所谓"吾爱吾师，吾更爱真理"。

课堂教学对话系统的重建

《学记》被喻为世界上最早的教学法专著,其中对教学方法及原则的论述尤其精彩,它发扬了孔子愤悱启发、因材施教的教学方法,提出了教学相长之法,即"学然后知不足,教然后知困。知不足,然后能自反也;知困,然后能自强也。故曰:教学相长也"。长善救失方法,即"学者有四失,教者必知之。人之学也,或失则多,或失则寡,或失则易,或失则止。此四者,心之莫同也。知其心然后能救其失也。教也者,长善而救其失者也"。启发喻导方法,即"故君子之教,喻也。道而弗牵,强而弗抑,开而弗达。道而弗牵则和,强而弗抑则易,开而弗达则思。和易以思,可谓善喻矣"。藏息相辅方法,即"大学之教也,时教必有正业,退息必有居学。不学操缦,不能安弦;不学博依,不能安《诗》;不学杂服,不能安礼。不兴其艺,不能乐学。故君子之于学也,藏焉修焉,息焉游焉"。这些教学方法是古代教育家智慧的结晶,因为它们符合教育的基本规律,在现代教育中仍然有着十分重要的意义。比如,教学相长方法,既可以是教师与学生教与学之间的相互促进,也可以是教师专业发展中教与学的相互促进,现代教育发展了这一方法。长善救失方法要求为师者必须了解学生学习方面的问题,并分门别类地进行解决,现代教育学以学习理论为基础,对学生的学习问题的研究更加丰富了,教师在掌握了这些理论之后,在实践中有助于解决学生学习上所遇到的各种问题。启发诱导教学方法永远是教学中最高的追求,它是教学两个方面的结合所需,反映的是教与学的互动关系,现代教育在班级授课制下,需要有效地解决因材施教的问题,更需要通过启发诱导方法来调动学生的主体性。现代教学正在经历一个由教的中心向学的中心的转型,先学后教,以学论教,教学相长正是这一教学方法的写照。藏息相辅方法的意义在今天就更加突出了,现代学校教育以知识传授为大任,甚至成为唯一目标,轻视学生的生活世界,轻视学生的家庭生活与课外活动,使学生成为存储知识的容器。藏息相辅教学方法就是让学生的课堂学习与课外活动有机结合起来,让学生有一定的时间与空间回归生活世界,先做一个真正的孩童，再做一个学生。①

　　教师是教学活动的组织者，也是影响教学效果的最重要的变量。教师的主导作用是在教师与学生之间的交往中实现的。② 当下，教师的教面临着诸多挑战，其作用的有效发挥恰是在直面挑战、解决问题的过程中得以彰显的。在高中阶段，如何在尊重学生身心发展规律的基础上，帮助学生更好地完成学业，升入理想的高等学府深造，又在学习过程中促进个性发展、能力提升，这是教育界不得不解决的问题。笔者认为，好教师一定是面向全体学生、想方设法促进每一名学生全面发展的；好老师一定是尊重每位学生的禀赋差异，竭力避免唯学习成绩评价学生的；好老师一定是重视每一名学生身心健康发展，力争促使每一名学生不仅学业优异，而且人格健全，乐观向上，综合素养突出的。而实现这些目标，需要变革灌输式、一言堂、题海战的教育教学模式，解放学生的身心，解放学生的大脑，发展学生的思维，创设多元、多层、多维的教学对话时空，真正解放学生：解放他们的大脑，让他们敢想、会想、爱想；解放他们的嘴巴，让他们敢说、会说、能说；解放他们的手脚，让他们敢干、会干、巧干；解放他们整个人，助他们阳光、乐学、进取。

　　教师潜移默化的影响对学生而言是深远、长久的，因此教师的教及其作用可以概括为，以坚持建设、持续完善自身为前提、为基础，因为对于学生而言，教师就是课程本身，因此亲其师才能信其道。所以，教师的教及其作用，是教学中永远不能忽视的影响力量，是教学对话系统中决定对话效果的主导因素。

　　3. 文本的特点

　　文本在这里主要是指教材。教材是依据学校课程方案和学科课程标准，选择与组织课程内容的载体。教材的呈现形式随着时代的发展日益丰富，主要有教科书，教学指导书，自学指

---

① 《重返经典：王鉴教授解读〈学记〉》，兰州，2015 年。
② 李秉德、李定仁：《教学论》，人民教育出版社 2001 年版，第 134 页。

课堂教学对话系统的重建

导书，实验指导书，补充读物，工具书、挂图、图表和其他直观教具，录音磁带，教学程序，幻灯片、电影片、录像或音像资料等。①

现在的文本较之过去一本教科书的条件可谓丰富多样，无论是纸质材料还是视频材料等，都使教学内容的呈现更加直观、形象、立体、全面，巧妙地使用它们能帮助学生更好地理解所学知识。当然，面对教材的多样化，老师心中要始终明确"课程标准"是纲，是所要达到的目的地。目标已定，围绕目标，想方设法达成目标，就是教师着力之处。其着力点是围绕课程标准，创造性地使用教材，而非僵化地、机械地灌输教材内容。在文本的二度开发上，通常有一个误区，就是觉得校本教材是结合学校地域特点、文化特质、学生实际等开发的教材，而国家教材不需要再开发，尤其是高中阶段，面对高考压力，哪有时间开发教材，哪有胆量突破教材，哪有可能创新教材。孙维刚当年的教学改革已经证明了，依据学科课程标准，根据学科知识的内在逻辑，按照知识结构的规律，重组、创编教材不仅有可能而且有作为。当然，这对学校和教师提出了很高的要求。同时，也给学校和教师提出了研究任务，教师深入研究教材，既能系统把握学科知识的内在规律，又能深入研究学生的学习特点，科学地掌握学生身心发展的规律，在此基础上，还能创造性地将两大规律有机整合，基于学的特点，设计教的方案，并能全身心地投入课堂教学中，基于目标，围绕文本，创设话题，引发学生体验、感悟、对话、分享，那么教学才能实现教师"愉快地进行教授，即是说，教师和学生双方都没有烦恼和厌恶，而是双方都引为最大的乐事"②。

在使用文本时，教师尤其需要注意的是，第一，面对海量信息，面对丰富的教学资源，切勿陷入技术的泥潭。教师应牢记，技术永远是实现教学目的的手段，是为了及时更好地达成目标服务

---

① 李秉德、李定仁：《教学论》，人民教育出版社2001年版，第173—174页。
② [捷克]夸美纽斯：《大教学论》，任钟印译，人民教育出版社1994年版，第62页。

的，而非倒置。第二，文本是牵动对话收放的红线，是串起珠子的红线，但若偏离或脱离了这条红线，那即便是珠子颗颗圆润，也只是散落的碎珠而非精美的项链。因此在课堂教学中，教师若放任学生自由对话，没有文本的支撑与依托，就会走向虚无，教学目标就会落空。此外，还需要注意的一点就是不能脱离学生的生活环境去设计教学和实施教学。

（三）教学对话系统的保障体系

教师自觉的对话意识、对话习惯是课堂教学对话应用的内在支撑。在研究课堂教学对话系统的过程中，我们发现，课堂外还有一个对话系统，就是教师的教研对话系统。具体来说，我们要通过对教案撰写与集体备课进行改革，依托"工"字形教案的设计和实施逐步建设课堂教学对话的保障系统。

1. "工"字形教案创设的意图、格式与使用要求

（1）创设意图

"工"字形教案，是笔者1995年当教学副校长时提出的规范教案撰写的一种格式。当时创设这种教案撰写格式，主要是期望引导教师更加关注教学设计、组织教学和课后反思。20多年来，经过在一所农村中学及省会三所学校的实践检验，发现"工"字形教案具有简洁、实用、教师自主空间大等特点。

（2）格式简介

"工"字形教案，其实就是根据"工"的字形结构将教案分成四部分：第一横上面的部分是一个板块，中间的"一竖"分成了两个板块，第二横下面的部分是一个板块。所以，"工"字形教案也可以称为"四板块教案"。

板块一：总体部分（第一横上面的部分）

这一部分呈现的是教学目标、重难点或前提概念、知识结构等教学整体分析。当然，教学目标越清晰，越具有操作性，目标就越容易达成。因此我们倡导用行为动词描述教学目标，而不是用教学目的替代具体的目标。

板块二：教学内容（中间一竖左边的部分）

这一部分的内容，不同教龄的教师在撰写或准备上的差异性非常大。我们要求，青年教师尤其是新上岗的教师，必须详细地备案教学内容以及与之相关的知识内容，而对于有6年以上教学经验特别是教学经验丰富的教师，可以知识点的形式或逻辑框架的结构代替详细的知识内容。

板块三：组织教法（中间一竖右边的部分）

这是"工"字形教案的两大重点之一。我们强调重点要设计教学，这里的设计指的是怎样创造性地开展教学活动，用什么方式帮助每一个学生掌握左边的知识。这是教师水平高低的分水岭，体现着教师的智慧。我们强调要站在学生的角度，根据左边的"知识的逻辑线"设计"学生的生发线"。

板块四：教学反思（第二横下面的部分）

反思是"工"字形教案的最大亮点，之所以这样说，第一是因为在1995年提出时具有前瞻性；第二是因为在这一部分最能呈现一个教师的专业发展轨迹，是教师能否超越经验走向理性思考的标志之一。

（3）使用要求

第一，人人使用。全校教师人人按照"工"字形教案的四板块进行教学设计，需要注意的是，青年教师要备详案，中老年教师可备结构。

第二，重点呈现。其一，个人先独立备第一、二、三板块，也可以采用"一位教师重点备课，教研时大家聚焦研讨"的方式，由此承担重点备课的教师要按照"工"字形教案的板块格式，先期完成板块一、二、三的内容。其二，全组成员按照板块逐一分析，在教学目标、重难点、知识结构等方面达成共识，形成统一意见。在组织教法上，依据逻辑线，讨论生发线，探讨"问题串"。在课堂实施中，根据具体情境，机智灵活，根据学生实际，调控时间和节奏，优选方法，体现个人的创造性。其三，第四部分是课后反思，可根据自己的研究点或兴趣点，体现出个性化。

第三，跟进指导。一是对青年教师一方面要加大听课力度，另一方面要在听课前后查看教案，发现问题及时跟进，提供帮助；二是集体教研时提交的教案，研讨课前聚焦的教案及组内公开课、学校示范课或观摩课前分发给听评课教师的教案等都要求是"工"字形教案；三是有经验的老师主动指导青年教师按照要求撰写教案。

第四，榜样示范。对于在定期或不定期检查及评比活动等不同层面发现的撰写规范、质量较高且长期坚持的优秀教案，一方面组织展示活动，另一方面将其汇集成册，作为有形成果在校内进行示范。

第五，提炼升华。通过3—5年时间，将学校教师团队中创新度高、专业性强的优秀教案，分析整理，结集成册，以便在校外更大范围内发挥引领作用。

2."工"字形教案在建立教研对话系统中的作用

当我们运用课堂教学对话系统来分析"工"字形教案时，会发现其中蕴藏着一个"教研对话系统"。

（1）独立备课：教师个体与文本、学生和自我的多重对话

教师在独立完成"工"字形教案的第一、二、三板块时，实际上是在课前与文本、学生和自己进行对话。首先，教师研究教材，即要跟教学内容——文本发生对话，这是我们通常所说的"备教材"；同时要研究学生，即跟教学对象——学生进行对话，这是我们通常所讲的"备学生"。其次，要在脑海中反复进行组织设计的自我追问，进行多次的自我对话，从多个角度思考设计的科学性、合理性、趣味性、巧妙性，对效果进行自我追问。

（2）集体教研：教师个体与教师群体的对话

当教师个体独立备课后，要在集体教研中共同聚焦"工"字形教案的第一、二、三板块，经过讨论，确定教学目标、教学重难点等，然后分析教材，设计教学活动。当然，在此过程中，教师个体与群体的对话是以文本和学生为主线，根据教学内容的内在逻辑结构、学科特点和学生身心发展的规律、认知特点与学习经验共同探讨问题串的设计，并依据教学内容的结构线和学生认知发展的生成线，创造性地设计教学组织形式、活动内容，也就是优选组织教

法。在这个对话过程中，其实是以个体与群体对话为主线或明线，其中隐含着个体与自我、个体与文本、群体与文本的系统对话。

（3）课堂实施：教师个体与学生及文本的对话

课前教师个体的自我对话、教师个体与群体对话都是为了课堂实施中教师个体与学生及文本的对话更加有效。课前准备越充分，课上实施就越自信。教师个体在课堂上的表现，决定着对话系统的运转质量。如果教师对学情把握得细致，且对教学内容的内涵与外延把握得深入，那么关于对话的调控就越是游刃有余。在特级教师的课堂上，这一点表现得非常突出。当然，课上实施的过程，更多地是在检验教师的教育理念、教学设计及细节处理的综合能力，或者说教育智慧。

课堂教学具有情境化的特点，可谓瞬息变幻。因此课堂上出现的问题也是多元的、动态发展的。教师如何在纷繁复杂的问题丛林中找到出口，更好地开展教学对话，更有效地达成教学目标，更好地促进学生发展？这就需要教师理性地分析教学问题，抓住针对性这个牵一发而动全身的核心问题。其实，课堂实施中需要教师解决的是互为表里的三个核心问题——教育理念、教学设计与教学细节。教学设计与教学细节的处理是在课堂教学中能直观看到的，而它们都源自教师的教育理念，即教师个体的教育理念不只决定着教学设计的终极目标究竟是以知识为重还是以学生为本，它还决定着教师处理教学细节的态度与策略。教学细节的处理是最能彰显教师个人的教育理念与对教学设计的把控与调适水平的，因为课上的很多细节问题都是稍纵即逝的突发现象，也是课堂上最微妙、最能凸显教师教学智慧或教学艺术的。实际上，教学中大大小小的问题，抽丝剥茧，最终都能找到与教育理念、教学设计和教学细节千丝万缕的联系。由此，在对话教学中，我们要问：如何促使师生、生生、师生与文本之间的对话更有质地？

第一，在教育理念上教师要体贴学生。"在对话的设计与处理上，能否再体贴学生一点点？"这是笔者在指导课堂教学时常常问老师们的一句话。若是教师眼中只有知识，课堂对话就难以展开，因为教师往往会采取灌输的方式；若教师只想着完成教案，常常就会出现教教案的现象。所以教学设计和教学细节处理唯有从学生角度出发，本着尊重学生身心发展的规律，尊重教育教学规律的教育理念，对话中所遭遇的核心问题才有可能在最大限度上得以解决。因此在教学中，教师需反复思考杜威的忠告："在上课前，教师应想到种种问题：对于这一课题，学生先前的经验与以前学过的知识有什么可以利用的？我怎样帮助他们形成新旧知识的联系呢？需要采用什么手段来激发起他们渴望学习的动机？怎样才能把教材讲清楚，并使他们牢记教材？怎样才能使课题个别化，就是说，使它们具有某些显著的特征，而教材又能适合每个人的特殊需要和个别爱好？"①

笔者认为，教学在设计上体贴学生，在细节处理上体贴学生，学生会用他们的投入及出色的表现回报教师。所以，体贴中的"体"是体会、体验、体味和体悟，是感同身受，不但包含教师对自己学习活动的体验与体会，以便提炼客观知识的规律、认知的规律，还包括教师对特定教学对象——学生的年龄特点与该年龄段学生身心发展规律及对某个学生的个性特点与认知特点等的了解乃至熟知。狄尔泰认为，人的体验的深入、理解的循环、表达的明晰与拓进是人自身力量拓展的重要之维。② 一方面，"贴"即贴近和贴合学生，这是对话的落脚点。在"体"和"贴"之间，"体"是前提与基础，"贴"是目的与结果，只有教师用心"体"了，才能真正地"贴"近学生；另一方面，教师也要将自己的"体"推及学生，即体己而贴人。教师对学生的这种体贴将潜移默化地感染学生，言传身教地帮助学生学会体验生活、体验社会和体验大自然，从而贴近生活、贴近社会并贴近大自然，进而体贴自己、体贴家人、体贴社会和体贴大自然。这样教学才能回归到本真状态，对话问题与围绕对话所出现的问题才能在某种程度上得到比较彻底地解决。

---

① 约翰·杜威：《我们怎样思维·经验与教育》，姜文闵译，人民教育出版社 2005 年版，第 143 页。

② 王鉴：《教师与教学研究》，甘肃教育出版社 2013 年版，第 44 页。

第二，在教学设计上学习目标要明确。"一放就收不住，一收就常收死。"这是各学科课堂教学中经常遇到的问题。有位综合实践活动课程的教师在上"玩沙包——主题确定课"时，首次试讲用了60分钟才结束，而第二次试讲仅用了27分钟就下课了，就是该问题的典型案例。为何会出现这样的情况？通过集体教研，教师们逐渐明白，导致"一放就收不住，一收就常收死"的症结是教学目标不明确，教学含量超载。教学主线不明朗，使得教学过程要么蜻蜓点水、草草收场，要么一旦深挖、一旦展开对话又将导致超时或学生根本无法从投入的状态转换到下一个环节。因此要从根本上解决这个问题，就需要教师在进行教学设计之前反复思考：这节课究竟要干什么？学习目标到底是什么？如何围绕学习目标设计教学环节？各个环节是否始终围绕着学习目标展开？每个教学环节是否能有效解决教学推进中所出现的不同维度与不同层面的问题？也就是说，设计教学必须明确学习目标，并根据学习目标确定对话推进的层次，确定教学时间和教学节奏，确定各环节的巧妙过渡与预设出现意想不到的问题时的应对、跟进与调控策略，即抓住课堂生成促进学生多维思考、深度对话，从而更深刻地理解所学内容。所以这就需要依据学生的学来确定教师的教，即以学定教。在教学实践中，教师在课前思考得越周到、越细致，越能从学生的角度出发对待教学中所出现的种种问题，课堂教学对话中就越是能够巧妙、机智、从容、有效地预防并处理各类问题。

第三，在教学细节上巧解问题了无痕。无论是哪个学科，只要是在课堂上进行各类活动，如小组合作，组织教学常常会成为各个职业阶段所有教师们遭遇的最棘手的共性问题。在课堂上，智慧的老师常常是全身心的投入，调动个人所有的能量，运用多种方法不着痕迹地调控课堂、组织教学，例如在语文课上，教师张弛有度的体态语、抑扬顿挫的声音以及对话过程中的巧妙评价（"这位同学刚才朗读的时候，第6组的同学听得认真、专注"），等等，使课堂犹如行云流水，宛若一首优美动听的歌。一般而言，巧用评价，给予积极暗示、适时提出学习要求、营造学习氛围等都能在不知不觉中预防、化解问题，促使教学主旋律突出（针对性强）、节奏鲜明且自然流畅。

当然，课堂上的对话，在聚焦教育理念、教学设计、教学细节这三个问题的同时，还需要我们做大量建设性的工作，才能产生事半功倍的效果。首先，校长要在学校营造人人主动打开自己教室的门的开放心态，若这样，课堂才会发生"静悄悄的革命"。其次，要以问题为导向，在校内开展课堂教学研究，使教研对话系统的对话内容与对话品质因研究而提升，对话的针对性也更强。再次，将分布式领导理论引入对话系统建设中，一方面搭建骨干教师发挥引领作用的舞台；另一方面依托"工"字形教案，深化教师教研对话形式，增强教师教研的频度、密度，提升教研的热度、深度。最后，带领教师开展课题研究，合力攻关，解决课程与教学的难点问题，促使教学对话系统在每一位教师的课堂上真正落到实处。①

（4）课后反思：教师个体与自我的对话

"反思"在胡塞尔的先验现象学里是一个重要的研究课题。一是因为"反思"涉及现象学的方法论，现象学分析本身就是在"反思"中进行的；二是"反思"本身作为一种意识体验也是现象学意向分析的重要对象。胡塞尔将反思看作其现象学研究的一个任务：区别于不同的"反思"并在系统的整理中对"反思"进行完整的分析。前一种"反思"是指"现象学反思"或"先验反思"。后一种"反思"就是通常意义上的反思或"自然反思"，即"将目光从直向可把握的对象性回转到本己的体验之上"。按照胡塞尔的定义，它是一种"认识活动（哪怕它是素朴的感知），它将兴趣课题性从一个主导性的意识活动回折到另一个主导性意识之中，但这种认识活动是以这样一种方式进行的，即这个新的课题方向在本质上只有通过这样一种回折才能够被获得"。因此在通常的话语中，任何一个思考、任何一个后思都是反思。在此意义上，"反思"已

---

① 刘历红：《教研员教学领导力：解决课堂核心问题》，《中小学管理》2014年第6期。

经不是原本性意识，而是一种"意识变异"，它大致意味着对已思考过的东西再进行回问：这些想法是否真实？是否可以再做进一步的论证？如此等等。胡塞尔甚至还认为："任何一个合理性的问题都是反思的问题，它都可以或是回指到理论行为，或是回指到评价行为和实践行为之上。""反思"因而始终是指"向以往体验的回溯"。"反思"的一个普遍特征在于，它本身又是意识行为，因而可以作为意识行为而成为新的反思的基质，并且如此无限地进行下去。

胡塞尔对反思所做的分析表明，意识行为之所以能被反思，或者说，反思之所以得以可能，是因为所有意识行为在进行过程中其自身都能被感知到，都伴随着自身意识。在此意义上，胡塞尔认为："反思……具有这样一种奇特的特点：在反思中感知的被把握之物原则上可以被描述为这样一种东西，它不仅存在着并且在感知目光之内持续着，而且在这个目光朝向它时，它已经存在着了。"这意味着，"反思"的可能性条件是意识行为的"自身意识"。[①] 而意识则是一条意向体验的河流，即"体验流"，在这条"体验流"中，我的所有体验都结合成为一个统一体。我作为"进行的自我"是所有我的体验的相属性的基础。在我的意向体验中我指向世界中的对象，但我在反思中也可以把我自己的自我作为对象。[②] 反思的基本态度在于，在作为自然体验着的人的他本身与作为存在着而呈现给这个人的对象之间存在着某种联系，现象学研究者将自己置身于这个联系之外。也就是说，研究者将联系置于括号之中[③]，而他

---

① 倪梁康：《胡塞尔现象学概念通释》，生活·读书·新知三联书店2007年版，第407—408页。

② [德] 埃德蒙德·胡塞尔：《现象学的方法》，克劳斯·黑尔德编，倪梁康译，上海译文出版社2005年版，导言第39页。

③ 在胡塞尔现象学中，"加括号"是被用来表述"现象学还原"的众多术语之一。但这些术语在使用上仍有一定的区别。胡塞尔认为，"确切地看，'加括号'的形象化表述从一开始就更适合于对象领域，正如关于'置于局外'的说法更适合于行为领域或意识领域一样（详见倪梁康《胡塞尔现象学概念通释》第116页）。此处意指研究者要将观察到的实事置于括号中，而自身在括号外进行观察，即做到现象学还原。

自己则从外面来观察处于括号之中的意向生活。①

现象学的反思对于课堂教学对话系统的实施具有重要作用，一是教师本人要对自己当下的或刚刚结束的课堂对话现象进行反思；二是教师本人要站在自己的教学经验或体验的基础上，思考在此后的或下一节课的改进措施，也就是意识流要从昨天到今天再到明天，并在过去、现在、未来的思维时空中往返、穿插、交织对话；三是教师还要突破自我的局限，拿自己的课和优秀的课进行比较分析，进行突破性乃至目标性对话，并在对话中尽量缩小与目标教学效果或对话效果的差距；四是教师还要在课堂教学对话系统的理论框架下统整各类反思，进行系统分析，如对自我对话、自我与文本、自我与同伴、自我与学生、学生与学生等系统内对话的现象进行整理，聚焦各类"反思"的集合进行完整的分析，促使自己在教研对话系统的支持下，促进自身课堂教学对话的水平。

（四）教学对话系统的运行机制

课堂教学对话系统，通过系统的运转，其实也就是解决教学的针对性问题。那么，教学对话系统是怎么解决教学针对性问题的？系统运行的机理如何呢？

图 3-1 作为对话的一个结构或基本单元，在传统的课堂教学中，我们最多出现的就是①（教师与文本的对话），当然在①发生之前教师更多地需要研究教材和相关资料，所以在①发生之前，肯定也会有⑤和⑥（学生与文本的对话）。老师在研究了教材之后把他的理解传递给学生。他只是三方对话中的一部分，就是这个图中的①⑤和⑥。而当代所有的课改中其实是图 3-1 中这样一个三方六向（乃至三方多向的对话，因为还有师生与自我的对话）的平衡的对话关系。而这个由三个因素构成的三方六向的对话关系是一个稳定的三角形结构。③和④（师生对话）就是指学生接收老师传递

---

① ［德］埃德蒙德·胡塞尔：《现象学的方法》，克劳斯·黑尔德编，倪梁康译，上海译文出版社 2005 年版，导言第 28 页。

的信息和给老师反馈信息，③和⑤⑥（学生与文本或资源）也进行着对话，学生可以阅读教材，可以走向大自然，通过其他的方式先产生一些判断。这些判断在和老师的交流中发生作用。①给她一些东西，②返回来一些东西，不一定是简单的回复。还包括在③和④中形成的一些东西。而且这其中还隐含着另外一种意思，学生和他自己之间，老师和他本人之间有没有对话？我们可以确定地说，教师或学生都存在着自我对话，这种自我对话不仅存在，而且其他因素的对话往往建立在自我对话的基础上，这样对话才能更深入和更有针对性。每一个人都在思考问题的过程当中，与你所看到的、所听到的和你已有的那个我，发生对话，最后生成一些东西，所以在这个圆圈上其实还可以包括与自我的对话。而任何①②③和④的发生都离不开一个自我的对话，当我跟别人交流的时候，他在表述一些观点的时候，我在听，难道你仅是用耳朵在听吗，你是在用你已有的知识在听。你所接收到的信号，不断地在和你已有的知识发生碰撞，在进行交融。你生成你已有的观念再反馈回去，他再反馈回来，他在反馈的过程中也一定会经过他自己的大脑与他自己内心的对话。你在看成功的改革经验的时候，你会发现这①②③④⑤⑥不可偏废。可能某些地方会稍微有些短板，但它不会不存在。这三方六项的对话组成我们的课堂教学对话的基本关系，它们也是对话系统的基本单位，这是一个基本的原则。

　　当我们用教学对话系统和《静悄悄的革命》中用了几十页来讨论的一个概念"主体性神话"做比较的话会发现，主体性神话的表现，一是让学生自己来决定教学的进程，甚至自主决定学什么，老师完全放手不管。当下很多的教学改革中经常会出现这种情况，教师的作用被淡化。这是虚假的、表面热闹的现象。就是用举手齐答这样一些方式把富有深意的内容表面化肤浅化，追求表面的热闹与参与度。正如佐藤学所说的一个接一个的活泼热闹的教学活动，就是发生在教室中的"主体性神话"。它牢牢地捆住了教师的头脑和身体。手势教学只是其中一个特征性的现象罢了。在追求虚假的教师的意识深处有着与学习活动内容无关的想轻松方便地控制教室，维持秩序的欲望。其实，这种虚假的繁荣是为了给别人看，为了我们自己更好地控制教学，控制教室，控制学生，维持所谓的秩序。用教学对话系统去分析"主体性神话"的两种表现形式，用三角形的对话关系去检视，会发现"主体性神话"的表现反映的只是对话系统中偏废了一些东西，使得三角形对话关系中因为只是强化③④，只是关注你自己去学，放手让学生自己去做而已。因此，"主体性神话"或者"虚假对话"，只是关注了三角形的对话关系中某一个因素而严重弱化或者忽视了其他两个因素。这就是"主体性神话"的第一种现象。第二种现象就是虚假的热闹和繁荣。笔者以为，克服虚假的热闹和繁荣只能是通过强化自我的对话意识和习惯，提升与他人和教学资源对话的深度和挑战性，用学科知识的联系和内在美来唤起内心的激烈冲突和探求的欲望。

那么，该如何在对话关系中重视三个因素的关系而非有所偏重或有所失衡？怎样克服表面化的热闹？笔者认为，要重视学生自我的对话，老师自我的对话，并不断强化师生与文本的对话，在内涵逐步被强化的基础上，表面的对话才会有内涵，三角形的关系才会更加稳定，才是真正的主体性的体现，而不是虚假的主体性或一种"主体性神话"的现象。也就是由追求表面热闹的教学，变为内在思维的激烈碰撞。可以这样说，"主体性神话"是表面的热闹，而对话系统是反其道而行之，对话系统追求的是内在思维的紧张，一个浪花一个浪花地发生碰撞，就必定会碰撞出更多的小浪花，一个波涛推动另一个波涛，就一定会形成一个排天的巨浪，这都是体现在教学背后的思维上的活动，所以对话系统追求的是一种内在思维的热浪，而不是外在表面形式的热浪。"主体性神话"现象，若用对话系统来分析的话，它就是因为欠缺或忽略了系统整体对话而造成的。而进一步分析三角形对话关系，还可以解释班级授课制下教与学关系的变化。现在的课堂教学已经不是私塾式或者一对一的教学模式，班级制的产生，其最大的特征就是教师同时面对几十个学生，所以苏格拉底的诘问受到了课堂时空的制约，这也是"对话系统"超越"对话"所要解决的群学过程中的针对性问题。因为学情发生了巨大变化，已经不是某一个或几个学生，而是一个群体。因此对话系统就需要丰富起来。那如何丰富？在课堂教学中，我们会发现，在三角形的对话机制中，会有第二个、第三个、第四个学生参与其中，由此三角形的对话结构就会发展成为一个更加复杂的、立体的对话关系，也就是对话系统。在我们的脑海中可以这样勾勒一幅画：这是学生一，这是学生二，这是老师，那么刚才我们说在学生和资源、资源和老师、老师和学生之间存在一个三角形的对话关系。同样，学生二也会如此，他和文本或资源与老师之间也一定会形成这样的对话关系。那么，还有没有呢？肯定还会有，学生一和学生三之间也可能会和文本或资源组成三角形的对话关系，这样发展下去，对话的基本的三角形关系就演进成为一个立体几何图形，也就是对话基本结构由一个三角形转变成为一个四面体或多面体。此时，课堂教学对话系统就已经在课堂上生成并积极运转。课堂教学效果也将因对话系统的良好运转而得以呈现出生动、鲜活的生命状态，教学质量也将在师生动态生成的对话关系中体现出高品质。因为课堂已经由封闭走向开放，由被动接受转向积极对话，教学真正展开了。

第四章　课堂教学对话系统的实践

一　实践对象的选择及其特点

课堂教学对话系统是基于教学实践和理论思考,以解决当前中学教学中所存在的无对话、少对话、假对话、浅对话等问题为目标的理论体系。为了检验它的实践指导作用,笔者以自己创办的学校——"SY学校"作为研究个案,进行全方位、全员化的系统改革。下面对学校的情况进行简单介绍。

第一,选择原因:自主办学空间大。SY学校是2016年创办的一所高标准、现代化、小班化(班额36人)、寄宿制民办完全中学(初、高中)。学校占地200亩,总建筑面积为86441.12平方米,可容纳初中、高中共100个教学班的3600名学生。2016年,首期招收了初一8个、高一11个班级。目前,共有教职工95人。其中教师63人,平均年龄35岁。

第二,学校特点。一是合作办学模式与众不同。SY学校采取的是三方合作办学模式,为了保障教育人办学,学校内部管理问题一律由教育人做主,合作关系是平等的而非雇佣。二是学校发展定位是办一所不太功利的学校。在笔者看来,不太功利的学校意味着,首先,它更强调回归教育的本原,践行学生终身发展的教育理念;其次,它是面向全体学生、全面发展的学校,它尊重每个孩子的先天差异,竭力避免唯学习成绩评价孩子,它注重孩子身心的健康发展,力争使每一个学子不仅学业优异,而且人格健全,乐观向上,综合素质突出;最后,它是一所人文和谐的学校,在创建高品质学校的同时，努力把有教育理想和教育情怀的教师凝聚在一起，营造互相尊重、和谐、平等的同事关系和师生关系，严而有格，爱而不纵；在教育教学方式上，在采用外在刚性教育方式的同时，更加重视内在柔性的教育策略，倡导把外在的教育转化成为学生的内省教育、自我教育，努力追求教育的至高境界——教是为了不教。①三是管理架构改革。在管理上采取扁平化模式，学校仅设立后勤服务中心、学生发展中心、教师发展中心三个中心，每一个中心由一名副校长分管，三个中心分别与年级组直接对接，三名副校长、两名年级部主任均直接向校长负责。

二 课堂教学对话系统应用的条件

对话关系的建立、对话的产生与推进是有前提条件的：一是民主、平等的关系；二是有共同的或感兴趣的问题。课堂教学对话系统的应用作为对话关系的一种，在对话产生的基本条件的基础上还有个性化的条件。

（一）建设民主对话的学校文化

意识是流动的，从课堂外流向课堂上，又从课堂上流向课堂外。所以要想让教师在课堂上培养学生的对话意识与能力，教师必须先具备这种意识与能力，这是教师自觉、自愿甚至是潜移默化地实施对话系统的内在前提。基于此，学校管理者首先要着力于建设民主对话的学校文化②，尤其是打造对话、合作、促进思维发展的课堂教学形态。这是教学对话系统在课堂上生根、发芽、成长的土壤。

1. 对话文化的内涵

文化是现代社会的一个重要话题，它是一种视野，为人类自身

---

① 王力争：《名校长遇见民办校》，《中国教育报·校长周刊·人物》2017年1月11日第6版。

② 王力争：《对话文化：助力学校文化建设上品阶》，《宁夏教育》2016年第12期。

的反思和人类内部的对话提供了一个精神的场所。人类的一切行为均可归结为文化，而既有文化对正在进行和将要进行的行为具有规定的作用，即使这种规定的结果是错误的。对文化的思考和审视就是对人类行为的反省，在人类对自身的认识日益自觉的今天，文化已然占据了观念的中央之地。教育之旨在于传播文化，而教育本身就是文化，在教育文化的概念之下，又有学校文化这样一个亚文化。[①] 当前，文化立身已经成为人们的共识，在学校内部，学校文化建设也相应地备受关注。世上有多少所学校，就会有多少种学校文化，文化应该具有多样性，而笔者心目中高品质的学校文化，就是可以命名为"对话文化"的那种文化，这种文化是课堂教学文化的根基。在长期的教育教学实践探索尤其是在研究课堂教学对话系统的过程中，笔者个人愈发认识到学校文化对课堂文化的渗透、推动对教师实践的转化、干预的积极作用。从某种意义上说，学校对话文化的建立与发展无形中就是课堂教学对话系统的隐性着陆或潜在实施。所以，厘清其内涵与外延，梳理其特点与形式无疑对课堂对话的推进将起到潜移默化、事半功倍的作用。那么，什么是对话？它在学校中又该如何实施？

对话，无论是作为生活用语还是学术语言，首先，其中的"对"都暗含着对等、平等之意。在现实生活中，对话双方并不都是地位对等与平等的，在多数情况下，其中一方居于高位，或具有强势，因此，对话要能进行下去，居于高位或强势的一方要主动进行心理位移，从对方的角度换位思考，推己及人。也就是说，对话，对强者的要求高于弱者。因此在学校文化建设中，要打破身份的界限。无论是学校领导与教师，还是教师与学生及家长等，要在平等的前提下沟通、协商。由此，对话为学校文化建设奠定了民主管理之基。而民主管理则统摄着办学的方方面面，如制度的产生需要自上而下和自下而上的交流碰撞，要以对话的方式达成共识，统一思想；又如在师生关系上，对话的实现，要求教师换位思考，从

[①] 刘庆昌：《教学文化：内涵与构成》，《教育研究》2008 年第 4 期。

学生的角度设身处地地分析问题,解决问题;再如,在课堂教学中,对话的达成要求摒弃"一言堂""满堂灌"的授课模式,要求尊重学生的学习主体地位,挖掘学生的学习潜能,全面释放其能量,促使课堂成为师生、生生之间多维度互动、多层次对话的积极参与、思维活跃、富有生命力的新型课堂,从而实现全面提高教育教学的有效性,不断提升课堂品质的目标。

其次,对话中的"话"则涵盖着交流的方式或媒介,也就是既可通过言语又可通过文字实现交流,这对在信息时代成长起来的作为网络原著民的学生而言,要求其在对话文化的建设中,不仅重视常规交流渠道,而且重视建设现代化的沟通平台,为科学决策与灵活调控提供支持,为对话赋予时代内涵。比如通过"互联网+"的方式,无论是在管理上对学生主人翁意识的培养还是在课堂教学中对学生学习状态的全面掌握等,都要为学校、为教师、为学生提供当下的、全面的大数据。最后,对话的方式或路径包含着四个维度。一是个体与他人之间的对话,就是一个人同另一个人乃至多个人以口头方式进行沟通交流。这是我们通常最常见最容易理解的对话方式。其实,这种对话方式不仅仅是口头语言的交流,在不同的时代,对话还存在着不同的形式。如在纸质媒介时代,作者可以通过文字实现与多人进行跨时空的交流;在当今的网络时代则可以通过网站、博客、微信、QQ等进行跨时空的、有选择或无选择的一对一及一对多的对话,等等。二是个体与社会的对话。无论是纸质媒介时代还是网络媒介时代,其实只要对话发生,就已经具有一定的社会意义,因为人是社会人。三是个体与大自然的对话。在环境问题与公众生活品质联系日益紧密的当下,人与大自然的平等对话,则愈发彰显出人类对"天人合一"理念的重要性、深刻性的认识,进而约束人类的行动。四是个体自我的对话,这就是我们常说的反思或省思,即"君子每日参省乎己,则知明而行无过矣"。这种对话的习惯与深度,不仅关乎正确的自我认识,还关乎人格的健全乃至个体发展的质量。以上四种对话路径,在学校文化发展中不仅影响着育人目标的确定,还影响着课程设置及教学内容的选择及评价标准的设定。

可以说，对于对话内涵理解的深度，决定着对话文化建设的品质。那么，如何使对话文化的理念扎实落地并进而通过学生得以全面展现呢？

2. 对话文化的落实

对话文化作为助力学校文化品质提升的内涵性因素，体现在学校师生的日常生活之中，并因其日常性而对于生活于其中的人们具有给定性和自动化。对话文化对师生的行为方式具有巨大的约束力，而这种约束力常常是以潜在无形的方式存在着的。[①] 下面以笔者曾经作为校长的某自治区省会城市一中（以下简称"某市一中"）为例，具体分析对话文化在学校管理与课堂教学中的落地之策。同时结合才创办不足一年的 SY 学校进行对比分析。

（1）对话文化与学校管理

"民主"是平等的对话文化所要求的管理方式。在某市一中，民主是指开放务实的管理风格。学校重大事项，特别是牵涉教职工切身利益的事项，如《教职工年度考核办法》《班主任年终奖励办法》《骨干教师评聘考核管理暂行规定》《某市一中教学质量监控评估奖励办法》等管理制度，都能充分听取广大教职工的意见，制定出台公平合理的操作办法。由此，促使教师由"让我干"变成"我要干"。在某市一中，学校并不要求一线教师签到，但每个教师都有一种无形的压力和动力，都能尽职尽责地完成本职工作。笔者认为，某市一中的民主管理正是在学校长期发展中积淀下来的对话文化的体现。在 SY 学校，尽管老师们从全国各地汇聚到一起，各自都带有原学校的文化烙印，但是在《SY 学校行为指南》和《SY 学校课堂建议》的文化渗透下，经过学校通识培训，尤其是新学期开学后的全员听课、全员录课及每周的集体教研等活动，教师队伍形成一种自主向上的特质，用通俗的话讲，就是有一种不用扬鞭自奋蹄的干劲。

---

① 马延伟、马云鹏：《课程改革与学校文化重建》，《教育研究》2004 年第 3 期。

（2）对话文化与人际关系

一位家长曾这样感慨："某市一中的教师就是不一样，他们大都能从孩子和家长的角度进行换位思考，因而能够理解孩子成长中的困难，包容孩子的问题，与人交往时没有太多的世俗气。"而这正是对话文化留下的烙印。在 SY 学校，这一点更是得到充分彰显，教师和学生及家长之间的对话关系愈发全面、深入、细致。

另外，在对话文化的影响下，在教师之间，某市一中特别倡导团队合作。比如高考奖励政策，在奖励先进的同时，尽量体现公平，不过分拉大差距，关照到学科岗位的特殊性，适当淡化学科间差异，照顾每一位教师（包括音体美学科），突出总体成绩。与以往突出典型、拉开差距的物质刺激政策相比较，它带来的显著变化是：团队中的成员关系更加和谐，教师之间的专业合作越来越多，教师更关注学校的总体发展。合作不仅体现在校内，还体现在校外。自新课改实施以来，共有来自全国各地的 2000 多所学校到某市一中参观学习，某市一中每年还有近 70 位教师 300 多人次到全国各地讲学，这样的对话—交流活动增强了学校间的友谊，更扩大了某市一中在全国的影响。在 SY 学校里，我们在奖励制度上进行改革，不仅继承了原来的团队合作奖励模式，而且在此基础上加入了基于学生纵向发展的变化，奖励教师团队的辛苦付出。其实，当管理者具有深度思考、用心对话的意识时，"去行政化"的"Leading""引领"意识就将替代"Manegement""管"的方式，管理改革的措施、彰显对话文化的办法就自然会涌现出来。而在这样的文化氛围中，教师精神层面的理想、境界或与人交往的大气、包容也就愈发凸显。当校长、教师、学生身上这些元素或特质成为学校每个成员共性的精神特质时，对话的学校文化就成为该学校与众不同的气质。

（3）对话文化与课堂教学

教学是文化建设的主阵地，是对学生潜移默化发生影响的最关键地方。但是一个非常普遍的情况是，学校的班额过大，教师照顾不到每一位学生，教学针对性较差，导致学生学习主动性不高。解决这一问题的办法是，想方设法促使会学且学会了的学生当"小先生"，去教不会学又没学会的学生，也就是我们常说的"兵教兵"。这种办法归根结底是通过"对话"的方式，以思维带动思维，以对话梳理思维，帮助更多的学生从不会学、学不会到会学且学会。在此过程中，课堂对话由教师—文本—学生单一的"三角"路径的循环对话发展为教师—文本—学生甲与学生乙再与学生N之间的对话网络体系，从而实现课堂上多维度、多层面的对话，课堂生态从过去的封闭性、控制性的单一对话系统走向了开放性、生成性的多维对话系统。

在对话文化的影响下逐渐形成了"尝试体验、合作探究"的课堂教学经验，在某市一中和某市十二中的教学实践中，均取得了很好的成效。

尽管，当下SY学校还没有与其他学校进行横向比较，尚未看出其内涵变化所引发的外部成果，但是自建校以来社会各界尤其是从2017年招生季启动前至今学生和家长的关注度来说，以及从SY学校第一届初高中家长们在朋友圈中的评价来说，面对未来，我们充满信心。

下面撷取三则不同家长在不同时间或发在朋友圈或在学校家长群中的留言，感悟一下家长的心声：

家长1：2016年10月22日
一位家长的肺腑之言和心里话——感谢SY学校：
"自从我的孩子走进SY学校的那一天起，她变了。从以前的叛逆到现在的随和，从以前学习被动到现在的主动学习，从以前的不理解人到现在的理解人，从以前的自卑到现在的自信，从以前的迷茫到现在的阳光……一系列的蜕变，使我找到了我这个年龄阶段的人上学时的那种感觉。回想孩子在前9年的学生生涯中的各种问题，使我对这个时代的家庭、教育产生了太多的不解，我们到底怎么了？孩子到底怎么了？夫妻两人养一个孩子，基本上一个人不能正常工作，这个人往往是妈妈，牺牲自己的一切专门照顾这个孩子的生活和学习，经常和孩子玩的是警察抓小偷的游戏，时不时还要来场激烈的搏斗。到头来孩子叛逆、自卑、迷茫、无情，妈妈失落、绝望、自责、失败。那个灰暗的年代啊！从到 SY 学校这段时间孩子的种种蜕变看来，这不是孩子的问题，也不是家长的问题，而是社会教育本身出了大问题。望 W 校长带领这批孩子给 NX 教育的各个领域做出榜样，让教育思考，让学校思考，让老师思考，也让社会思考……救救这些成千上万在苦难中挣扎的孩子和家长吧！感谢 SY，感谢 W 校长，感谢各位老师！"

家长 2：2016 年 11 月 17 日 7：19

7 班心怡爸爸："上周接女儿时，女儿显得特别开心，路上像个小麻雀一样，描述着学校如何如何好，包括老师教得如何如何好，四人小组如何如何分工，宿舍室友如何如何团结、融洽，社团活动如何如何丰富，她如何如何喜欢这个学校，好久没见女儿这么开心了，看到这一切我们在为女儿高兴的同时也证明了我们当初把孩子送到 SY 学校是一个明智的选择。"

——8 班佳惠爸爸回复："同感！"

——2 班汇梓干妈回复："是，去学校就能发现孩子们的整体状态特别好！"

家长 3：2017 年 4 月 1 日 10：57

森宝麻麻 10："每次回家，我总要问孩子，这周咋样？有啥开心的事吗？孩子总是回答'都挺好的！'我相信孩子说得是真话。然后孩子开始跟我聊她的老师，她太喜欢她的老师了。我说，你是不是觉得不好好学习都对不起你的老师们？孩子说就是啊，我理解慢，有时课堂上没听懂的我尽量下课自己弄懂，要不然我觉得对不起老师呢。而且我发现孩子也开始主动和老师沟通了。孩子的心变暖了！！"

(4) 对话文化与教育目的

一方面，对话成为教育的主要方式，比如上述的对话文化之于学校管理、之于人际关系、之于课堂教学，还包括安排众多的学生社团和社会实践活动，给学生与同伴、与社会、与大自然对话的机会，在对话中建构新的意义等。另一方面，对话也是教育的目的，让学生学会与他人、与自然、与文本、与自己对话，才能真正学会生活。

3. 对话文化的层次

学校文化具有见仁见智的特点。无论如何界定学校文化，究其根本，高品质的学校文化意味着使学校充满活力，富有健康发展的动能，且能通过学生的表现得到师生、家长乃至社会各界的高度认可。多年来，在办学过程中，笔者一直思考着如何建成高品质的学校文化问题。通过在某市一中乃至十二中的实践，笔者以为，学校文化可以分为三个层次。

(1) "呈现"式

"呈现"层面的文化，主要是视觉、感性的文化符号因素，如展板、浮雕、小品、园地、课外活动等，尽管以上因素是学校文化的构成因子，含有文化的成分，但是它们是表象的、外显的，甚至是形成文化的素材，尚处于学校文化的较低层面。

(2) "氛围"式

当呈现出的东西能够发挥出潜移默化的影响作用，能在不知不觉中影响到管理人员、师生的思想意识、言谈举止，在行动中得以彰显时，学校文化就走向了较高的氛围层面。

(3) "气质"式

当氛围层面的文化能在学校的每件物品、每一个体上都发挥出影响作用，并成为其相对稳定的品质，使得在人与人的交往尤其是学校与外界交往的过程中，能让走进学校的人强烈地感受到这所学校的独特气质，那么学校文化就达到了内化于心、外显于行的境界。

显然，上面的三个层次是递进的，后者在前者的基础上生成，后者是文化的更高层次。因此，在考核学校文化时，应把重点放在对后两者的考察上，而不是仅仅把目光停留在易于观察的显性文化上。对话文化的提出与落实，实质上就是超越"呈现"层面的文化而走向"氛围"尤其是"气质"阶段的高品质文化。基于以上思想认识与实践探索，在筹建、建设、运行笔者目前担任校长的个案学校中，我们就是在已有经验的基础上，在学校管理、课程建设、课堂教学上全面实施对话文化，从高点起步，着力将该校培育成一所具有独特精神气质、品质一流的学校。

4. 对话文化的实现

（1）建成高品质的学校文化需要化繁为简回到原点

教育现象纷繁复杂，教育要求层出不穷，而高品质的学校文化需要教育人透过现象直指本质，就是要化繁为简，回到原点思考问题。尤其是校长要带领师生站在育人的角度换位思考，从师生关系这个牵一发而动全身的"牛鼻子"，在育人的方方面面体现平等、民主对话，培养学生的对话意识和对话能力，为学生未来拥有高品质的社会生活奠基。

（2）建成高品质的学校文化需要重视培养思维能力

学校的方方面面，经过抽丝剥茧地分析可以发现，都是通过对话得以实现的。而有深度、有品质的对话则是建立在对话者良好的思维品质，即思维的新异性、深刻性、灵活性、敏捷性、广阔性之上的。所以，课堂教学也好，社会实践也罢，我们都要在其过程中，重视引导学生与自我、与他人、与社会、与大自然进行对话，全面培养学生的思维品质。

（3）办学先要办文化

一所学校的管理从哪里入手？把什么作为管理工作的重点？答案应该是学校文化。文化是学校之魂，它影响着每一个人，影响着学校的办学方向，影响着教育教学的方法和途径。文化不是管理者的号召与要求，是内化于心的，它看不见、摸不着，却让置身其中的每一个人都感受到它的存在，受到它的影响。管理者的水平就体现在对学校文化的引领上，办学就要办好文化。

(4) 创设"上下五条"为应用课堂教学对话系统奠基

学校文化是学校发展的根脉，对话系统作为学校实现突破的抓手，需要建立统一的思想共识，凝聚教职工团队的思想纲领。为此，2016年8月初，在SY学校，笔者带领班子成员通过头脑风暴，形成了《SY学校行为指南》（简称"上五条"）：（1）在这里说话无需防备；（2）因我而使周围的人快乐；（3）以责人之心责己，以恕己之心恕人；（4）什么时间干好什么事；（5）一切从学生的健康成长出发。同时，为了使教学对话系统在一个相对统一的架构下运行，我们还出台了《SY学校课堂指南》（简称"下五条"）：（1）问题导学——从话题入手，引发认知冲突；（2）以学生的体验为基础；（3）关注相异构想，提高教学的针对性；（4）利用学生间的差异，合作学习；（5）盯住思维线或生发线，重视结构化。此外，在开学典礼上，笔者还给了学生四句话，即《SY学校学生行为指南》：（1）因我而使周围的人感到快乐；（2）什么时间做好什么事；（3）我的人生，我的责任；（4）一切有效地学习都从自主思考开始。

（二）构建立体对话的教研制度

1. 集体教研制度

实行备课组负责人统筹下的备课组长月轮换制度。学校将各学科划分成语文、数学、英语、理化生、政史地和综合组（含体音美、信息技术、心理健康）6个备课组，打通初高中学段，实行每周各备课组3小时集体教研制度。引导教师在日常工作中进行教育教学研究，旨在凝聚集体智慧，解决教育教学问题，促进教师专业成长，不断提高教育教学质量。分管教研工作的教师发展中心跟进各组的教研活动，与全体教师面对面展开对话，针对教育教学中的问题及时答疑解惑、跟进服务、个别帮扶。实施备课组长月轮换制度，旨在激发每一位教师的责任感与积极性，同时防止每月轮换备课组长的系统性欠缺问题，还试行各组民主推选学期备课组统筹负责人制度，以提升教研工作的系统性。同时，各备课组还根据组内情况，确定研究课题，课题来源有学校"对话教学 思维课堂"总课题下的子课题，组内教师共同关注的研究兴趣点，个人感兴趣的研究问题等。

2. 全员听课制度

教师专业成长与教学针对性一样，尤其需要关注个体。对于教师而言，关注个体的最佳方式无疑是聚焦他的课堂教学。为此，每学年的第一学期，我们会在新学期开学后的两个月里实施全员听课制度。也就是集中精力，把每一位老师的课听一遍，全面了解"师情"状况。通过全员听课进行筛查，一方面把有效应用教学对话系统、课堂教学质量高的优质课挑选出来，组织全校教师观摩，并请执教教师作专题讲座，分享经验。另一方面把教学质量待提升的课筛查出来，对教师进行跟进帮扶，如共同备课、持续听课或找同组教师协助备课、听课或校内师徒结对等，既实现校内优质资源共享又弥补教师团队中的短板，真正促使整个教师队伍的专业水平稳步提升。当然，全员听课制度在榜样示范、帮扶后进的同时，对于共性问题、突出问题，我们还通过政策调控、专项培训等措施，解决全员听课中的实际问题。当然，在研究中有效解决问题也是校内多层面对话质量高下与否的表征。

3. 教案展评制度

任何艺术品都不是拍拍脑袋的产物，而是精心设计的结果。可以说，任何艺术品的形成，创作前精心地、创意地绘制蓝图是保证质量的基础因素。教学因人的发展而具有规律性，教学自身具有规律性，所以教学是科学的；但因人性的复杂性、认知的差异性等使得教学也极具多变性，而面对复杂多变的教学情境，就需要教师创造性地开展教学活动，需要教师具有高超的教学艺术，因此教学又是艺术的。教学是科学的，是指在教学之前要根据教育学、心理学、教学法等方面的理论，基于与文本的深入对话和对学情的细致分析，进行教学设计，例如合理确定教学目标，明确教学重难点，优选教学方法等。科学的预设，就是指在艺术品加工前独具匠心的创意设计、蓝图绘制过程，是教学对话系统能否创造性应用的基础。课堂上能否抓住瞬息万变的教学现象，关键在于教师心中目标是否明确，是否能在目标导向下，根据学情变化，机智地组织调控，进行澄清追问，评价引导。所以，教案检查就是要全面了解教师课前的预设、课后的反思、教学再设计的实施等。教案评比一般也在学年度的第一学期进行。若将教师的专业成长看作学生的学业发展的话，那么，对于分管教师发展的校级领导而言，检查教案就如同批改作业一般，不仅要有评价而且要有跟进，这样才有针对性。例如，对反思不深入、有应付倾向的老师要个别谈话；对备课不细致、有随意现象的老师不仅要个别谈话还要跟进听课。当然，对于备课认真、严谨、创意强的老师，我们则通过三种途径予以肯定，挖掘其榜样作用。首先，在总结会上表扬其所具有的示范性之处；其次，通过报道进行校内外宣传推介；其三，学期末备课组推选优秀教案，在学校集中展示，组织全校教师进行民主投票（为保障公允，制定了严谨的投票规则，如投票必须注明推荐理由等），根据得票多少确定奖项等次，最后颁发证书和奖品。

4. 全员录课制度

每学年的第一学期，在校领导全员听课、检查教案后，跟进的措施就是对全体教师教学进行实录，也就是全员录课制度。该制度运行方式是根据班级课表，跟班录制，全面了解一个班的学生一天内课堂学习的情况。在录制中，若出现某一位教师重复时，则补录他人或制作视频资料，也就是每位教师至少录制一节课。实施全员录课制度的目的有三：其一，为教师建立电子化教学成长档案，为逐年对比分析发展状态积累资料。其二，作为课例分析素材，一方面学校选择有代表性的教学实录进行课例分析，引领教师分析得失；另一方面青年教师要分析自己的课并在校内教师中任意挑选某一位教师的教学实录进行对比分析。其三，在校本培训中，截取教学实录中的典型环节，细致分析教学对话系统应用中的经验与问题。

5. 以学评教制度

如何评价课堂教学，始终是课程与教学领域的研究课题。在笔者创立的上游学校，课堂教学评价只有两个维度，即学生的学和教师的教。"学生的学"这个维度，有两个具体指标：一是学生的参与度与专注度，其中评价的关注点分别是学生在自学、小组合作及全班共学中倾听、交流中的表现，如尝试过程是否独立完成；是否有游离于教学之外的学生；参与积极性是否持久；是否专注倾听、大胆质疑。二是学生的学习效果。第一，学习目标是否达成（含达成率、会应用等方面）；第二，是否能将知识与方法结构化；第三，是否对所学知识产生兴趣。"教师的教"的维度也有两个指标：一是设计，如教学目标是否符合课标、学情；教学组织、内容、环节等设计是否体现了以学定教，是否有意识地暴露学生的相异构想，具有针对性；是否能凸显知识和方法的结构化，促进学生思维的发展。二是导引，关注点主要针对教学设计的执行情况，如教师的讲解或任务指令是否清晰，要求是否明确；教学过程是否有序，过渡衔接是否合理自然、循序渐进；对暴露出的相异构想能否通过再设计及时合理、有针对性地处理；教学是否偏离了教学目标；师生关系是否融洽，能否平等对待和激励每个学生。在全员公开课过程中，各备课组的老师要根据"上游学校课堂教学评价表"［详见附录（二）］，对本组教师的教学情况进行评价，并进行集中研讨。从某种程度上说，课堂评价表既是"下五条"的演化又是对"教学对话系统"应用与否、应用效果的评估。

6. 全员公开课制度

在每学年的第二学期，上游学校实施的是全员公开课制度，即每位教师在5周内要面向全校上一节公开课，且同步录课。为了统筹安排上课时间，避免某个时段多位教师集中上课，我们采用了启动周先期上报的方式，也就是在持续5周的公开课的前一周，备课组人人登记授课时间、地点、课题等，并以备课组为单位上报教师发展中心，教师发展中心整理汇总后，对授课时间有冲突的教师通过与教师对话后加以微调，面向全校公布公开课安排表，每一位老师都可以选择听课，当然备课组内要相互听课，运用"上游学校课堂教学评价表"对执教老师做出评价，备课组要总结每个老师的教学亮点，推选出 1—2 节有特点、有个性风格、有良好教学效果的课，参加校内优质课展示活动。

7. 改革评价制度

首先，变评价个体教师为小组捆绑评价。为了促进学科间有效对话，有效合作，上游学校在教学成果奖的奖励方法上，采取考试学科的授课教师捆绑评价的方式予以评价。其次，变横向比较为纵向评价。学生学业成绩的提高与否与教师的付出呈正相关。为此，我们在学业方面的评价，初中以入校后的分班考试成绩为初始成绩，高中以中招考试成绩为初始成绩，以期中、期末成绩的升降为奖励指标，经赋值后，核算奖励数额。最后，变单一、终结性评价为多维＋过程评价。除了学业成绩之外，为了提升全员德育的教育合力作用，我们通过综合素质评定，如将学习过程、宿舍内务、班级活动、综合实践等过程性表现作为评价维度，与经加权处理后的学业成绩一并考核。评价对于对话系统的应用具有杠杆调控作用，针对以往评价方式所存在的重结果轻过程、重智育轻德育、重横向轻纵向、重个体轻团队的诸多弊端，上游学校将评价变革为过程与结果、德育与成绩、个体与团体等的有机结合，对话系统运转得以推进，对话成为工作、学习、生活的思维方式、思维习惯。当教师具备这种对话意识及对话能力后，在课堂教学、组织活动、课外生活中，就能潜移默化地示范带动学生，帮助及指导学生学会运用对话的方式面对、思考、解决问题。课堂内外的对话意识与能力，将通过意识流贯穿起来，迁移推进，形成良性循环，促进教学对话系统自觉、自愿、自如地应用，促使学校孕育、积淀、生成对话的文化，使其成为推进学校发展的力量。

（三）搭建多层对话的互动平台

1. 系统组织培训工作，打造发展共同体

上游学校每年都会利用寒暑假对全体教师员工进行通识培训，学期中进行不同层面的专项培训。通识培训旨在达成统一思想认识、建设学校文化、探索改革策略、推进改革进程等目标；专项培训侧重于对特定群体、某项工作等方面的支持、引领。如2016年暑假，作为新建学校，我们完全依托校内资源，运用互动、体验、合作的培训方式，组织开展了历时7天的校本培训，涵盖学校的"发展规划、文化与德育、课堂教学改革、服务保障、发展提升"等内容。培训后，还针对培训效果及新学期工作进行了问卷调查，并将调研报告全体教职工与分享。又如，为了促进教学对话系统在实践中的运用，2017年2月中旬，在新学期开学前，我们进行了为期3天的通识培训，笔者用了1天的时间，具体阐述了教学对话系统的理论依据、模型建构、内在含义、应用建议等。再如，为了规范教案的书写，引领教师加强教学设计尤其是优化组织教法和重视课后反思，2016年9月底，笔者对全体教师专门进行了"工"字形教案设计与应用的专项培训。对话发生的适度、深度、高度、精度，取决于教师是否具有愿思考、会思考、爱思考、勤思考、善思考的思维习惯，强化培训的目的是通过定期或不定期、长时段或短时段的深层对话，触动、带动、推动教师聚焦教育教学问题，引发思考，提高认识，促进行动。

2. 创建读书沙龙活动，营造交流分享氛围

教师的日常工作就是引导学生读书学习，但是在现实中，很多一线教师已经远离了书本，不再主动读书。这是很可怕的。当老师只关注课本，不涉猎哲学、心理学、教育学及其他各方面书籍的时候，其思维将走向习惯化、狭隘化乃至庸俗化。所以营造一个人人都读书、好读书的学校文化氛围，对于学校发展、对于对话系统的应用将起到强力推进作用。学校创办伊始，我们就将每周三晚上确定为学校读书沙龙的固定活动时间。上游读书沙龙活动的原则有三：一是直呼其名，平等相待；二是自愿参加，来者不拒去者不追，无须解释；三是开诚布公，敞开心扉，真诚对话。第一学期，读书活动聚焦《非暴力沟通》，通过共同读书，分享感悟，学习对话的有效方法。寒假期间，全校教师共同研读《静悄悄的革命》，在学校钉钉群—钉盘—共享文件—读书交流中分享每个人的阅读感悟。寒假后的通识培训，第一天的上午，就是读书活动的分享交

流，从小组对话到全校教职工的对话，静悄悄的革命不是正发生着吗？此外，我们创办的《SY教育研究》这本校内学术期刊的第一期是专刊，刊载的就是全校教师的读书心得。当然，校内的读书分享目前也正在悄悄地走出校门走向远方，因为《SY教育研究》编辑部的老师（都是校内教师，都是自主申报的文笔好、有热情的一线教师）整理、筛选了部分教师的优秀研读成果，往各类报纸杂志投稿，或许不久，上游教师的读书感悟将突破校内时空，与远方的朋友们进行未曾谋面的心灵对话。下面是全校63位教师中高中语文Z老师的读书心得，感悟教师内心世界"静悄悄的革命"。

我的革命
——《静悄悄的革命》给我的一些启发

我一贯认为，读书是为现实服务的。读了书，必要用在现实生活中，这样的阅读才有意义。寒假不止一次阅读《静悄悄的革命》这本书，感受书中鲜活的事例，体悟作者对教育深入的看法。觉得于我心有戚戚焉。在被他的观点打动的同时，我在想，这本书到底给我现实的教育教学能带来哪些改变？思来想去，便有了《我的革命》这个读后感，这里列举的一些内容，都是我在教育教学中能做到的方面，也是我要在自己教学当中努力实践的方面。如果这些我都做好了，那么我觉得我也会成为一个受欢迎的老师。

一 营造和谐温暖的班级氛围，让学生乐于走进来，坐下来

这本书中提到一个案例，学生觉得学校是非常可怕的地方，教室也是可怕的地方，因此学生逃避学校，逃避教室。这在国内也是一样的，我之前任教班级，学生一有空就往教室外面跑，他们喜欢在操场上散步、吹风，不喜欢在教室里坐着。那时候我也略微意识到教室的可怕：堆积如山的作业与书本，密密麻麻的人头，老师口若悬河的讲课，安排紧密的时间表，等等，这些都是他们逃避教室的理由。还有乱糟糟的环境，更

加深了他们对教室的厌恶。因此，这些给我的启发是，我要对我的教室进行打造，让学生乐于走进来，坐下来。

首先，我要让班级物品摆放整齐，让学生有视觉上的愉悦。比如，桌椅整齐，桌面整洁，地面干净，不留卫生死角，储物间干净整洁，座椅靠背不要搁置衣服；等等。其次，利用后面的三个小黑板，营造与众不同，让学生喜闻乐见的文化氛围。目前一个是责任墙，一个是奖状，一个是学生的照片和个人心愿。我想把最后这一个内容换一下，把上学期我们拍摄的新年愿景的照片洗出来，贴上去。再腾出一个板子，贴上一些启发学生思考的文章，定期更换，保持班级文化的源头活水。再次，让学生每人带两本书过来，全班的图书角就会建立起来。我再捐赠一些好书，让学生随时随地可以看书，让他们能在教室中安静度过休息时间的同时，还有事情可以做。还有重要的一点，是要培养学生的独立性，让他们成为自立的、自律的学习者，这样一来，老师和学生都会感觉很轻松。他们学会了自律，就会让自己安静地坐下来，学习也好，读书也罢，都有一个内心的准则和尺度在约束自己。最后，改变我自己的表情与态度。如果一个老师，尤其是班主任，随时随地都对学生板着脸，那是要命的。所以，我在开心的时候，要把自己的开心写在脸上让学生看到；如果我失落，我不会让他们看到我的不开心；如果我悲伤，我不会让他们因为我的悲伤而跟着悲伤。总之，时时刻刻，给他们阳光和自信的笑脸，让他们期待见到我。即使是对学生极度生气和失望，我也不会写在脸上，展露在全体面前。我觉得我做到这些，他们才会想见到我这个沧桑的面孔。

二 在课程设计方面的革命

第一，我要进行以学生为中心的教学设计，而不是以自己轻松，好掌控来设计教学。比如，我拿到一个经典的教学设计，为了方便起见，我直接借鉴过来，对我来说可轻松了。但是我要想，这是不是适合我的学生的特点，是不是我认为的好东西，就一定能给他们一个精彩的课堂和一个收获满满的体验呢。第二，我要加大与学生合作学习的力度，不让合作学习的形式大于内容。我要组织有效的合作学习方式，在问题设计上，在课堂环节中，我要设计让组内全员参与的形式，让他们都动起来，说起来，每个人都参与进来，体会到快乐，收获到知识。第三，我要改变我的教学形式。传统的教学，都是老师设计好思路，让学生跟着老师的思路走，如果两者高度吻合，那么老师必然会很自信。其实，学习是老师的适当介入，而不是老师的掌控。由老师掌控的课堂，学生思维不能发散，收获未必会很多。因而，我要适时介入课堂，而不是尝试着掌控课堂。我会在每个小组之间穿梭，听他们的交流，介入并点拨，这样将会是很好的。第四，对教学设计进行改变，减少每节课的重复设计部分，争取将不同的知识技能散发在不同的课堂上，通过一个时间段的课堂教学，让学生掌握一个知识框架。以必修三第一单元为例，每个课文都会有人物、情节、环境等，那么我要是以一个单元进行设计的话，是不是既不重复，又能构建知识框架呢，我要这么去尝试。

三 在教学形式上的革命

本书中说，教学中的形式主义渗透在每一个角落，因此我决定改变我教学中的形式主义，抛开形式，全部是干货，这样一来，老师也不累，学生也开心，何乐而不为呢！比如，课前的起立问好，有些学生不想起来，有些学生有气无力，其实并没有达到唤醒注意力的目的，这个时候，我就想，能不能用不同的形式，既唤醒他们，又自然地进入课堂教学呢？我在思索中。还有一点，我们老师上课前的第一句话基本上是"今天我们来学习……""现在我来上……课"，好无聊的，这也是一种无意识的形式主义，我之前就很少用这样的话进入课堂，以后要继续改革，少用。

四 课上的革命

第一，抛弃无效提问。我听了很多课，课堂气氛很热闹，原因是老师的问题很简单。比如，是不是，对不对，好不好……这种问题，只给了学生两个选择，要么是，要么不是，没有含金量，也没有技术性。而在这种问题的引导下，学生张口就会说出来，很多时候都会选择"是"，这也是老师预设的答案。这种无效问题，我不能让它出现在我的课堂上。第二，我要包容长久的沉寂，抛弃虚假的繁荣。和很多老师一样，我也害怕自己的课堂上出现长久的寂静状态，尤其在公开课上。如果学生安静的时候太久，感觉是自己没有调动起他们的情绪，觉得是自己的无能，不会上课。其实，当学生安静下来的时候，他们才会真正地、深入地思考一些问题。在这个时候，他们思考了，便是有所得，有所得不正是我们要的结果吗？哪怕他不说，那也无所谓。与沉默的课堂相对，我们都喜欢一些热闹的课堂，学生说得喋喋不休，老师讲得滔滔不绝，结果教学成果却很一般。这是另一个极端。因此，我要警惕过于繁荣的课堂，每个人都在说，却没有人听，最后的收获未必如预想中那么美好。第三，开展"以学生为中心"的教学，这是我要进行的。我在提出明确可操作的问题后，尽量减少自己的发言，然后，观察他们，倾听他们。在他们陷入僵局时，我提出具体的任务诱发他们学习；在他们提出高端的见解时，我介入并且引导更深入的思考。我要组织形式更加多样的互动，让学生的学习活动更加丰富多彩，让他们的体验更加深刻和直接。第四，我要改变我的教学语言。作为语文老师，我的教学语言还算是比较生动的，古典诗词，网络用语，心灵鸡汤，可谓信手拈来，学生在听这些与众不同的话语时，会发出会心一笑。我会加大语言革新的力度，加快语言更新的周期，抛开生硬乏味的语言，因为这些语言只会把学生牢牢控制住，让他们端坐在教室里面。

五 倾听与交流方式的变革

第一，某电影台词说，听一个人说话，不要听他说出了什么，而要听他没有说出的内容。这就要求我们有强大的倾听能力。作为老师，尤其作为班主任老师，这一点很重要。学生在含糊其辞的时候，你如果加以揣测和引导，他的实话可能就说出来了。而且这样的倾听，很容易让学生打开自己的心扉。如果我关注每一个学生，跟他进行深度对话，即使在对话时，他说个不停，我一言不发。但是我默许，点头，微笑，眼睛盯着他看，这些都可以增进交流。第二，我要听不同的课堂声音。发言热闹的教室，是我们都期待看到的。但是，在热闹的背后，总有一些学生在低声表达不同的态度和观点。我要抓住他们，我要听他们讲，我要察言观色，看到他们欲说还休的状态，给他们机会，让他们说，说出他们的想法，让其他人听到他们的呼声。这是很多老师都忽略了的一部分倾听与交流。对明确要求深信不疑的老师，是无法理解学生那些踌躇不定的，没有把握的发言的价值的，是不可能理解那些孕育着微妙的、不确定的、模糊暧昧的思考、矛盾、冲突的复杂情感价值的。第三，不管课上课下，我都要多听班上那几个平时不爱说话的，不敢大胆公众表达的，与其他同学交流稍微有障碍的学生说话。如同上学期，我反复地跟一个不说话的学生聊天，了解他的状况，关注他的思考点，最后，我成了他最喜欢的老师。为了打开他的话匣子，我找各种问题问他，问到最后他都觉得不可思议。但是，这真的是交流的一个必要环节啊。第四，我要在教室里面多倾听，因为倾听比发言更重要。无论是学生与学生之间，还是老师与学生之间，都要多倾听。同时要遵守基本的倾听原则：有礼貌的，慎重的，听有声的，听无声的语言。不只倾听，我还要给出我的积极应对。不能嗯嗯啊啊的一带而过，而是要进入话题，与学生进行深度交流，这样，才有听与说的价值和意义。第五，在课上，我要听那些与众不同的声音，这也是上游学校的一个教学原则，即关注相异构想。在上学期中，一个课堂小组的讨论问题，班上其他小组的代表都给出了他们的答案，这些答案基本上是没有创新价值的。然后，一个学生站起来，说了一个石破天惊的观点，有力度，有深度，我很是激动，学生们也被折服了。然后，我们就围绕这个答案，进行了一段时间的思考，之后我又针对这个答案进行延伸讲解，那节课虽然解决的问题不多，但是引导学生进行深度思考，还是很有价值的。

六 我自身要做的一些改变

第一，一个老师的成熟，一方面在于对教材的钻研和对知识的挖掘，更加重要的一个方面是要多上公开课。在上学期的教学中，虽然有几节课被录制成视频，也有老师过来听课、研讨，但是我觉得力度还不够。从我自身来说，我要打开我的课堂，让不同的人来听，让他们提意见和建议。打开课堂，欢迎不同老师听课，多上公开课，这都会促成我教学水平的成熟。第二，创新自己的教学设计。虽然语文课有自己的特殊性，不能像理化生那样有实验可以做，但是创新的教学设计必然会吸引学生更大程度的关注。比如，小说单元的三篇课文，如果每一篇文章都讲一下人物形象的分析方法，情节的作用，那么，三篇文章其实还是上成了同一篇文章。这时候，立足于整个单元的教学就变得意义非凡。去掉重复的，增加有趣的，引入生动的，哪怕是歌曲，哪怕是影视，这样一些新的元素的加入，都会让课堂焕然一新。课堂不害怕设计坏，就害怕一成不变，墨守成规。

这就是读书之后的一些想法，一些我要在自己身上进行实践的革命。

实际上，当教师能在更广范围内与更多的人进行某一方面或某些方面的对话时，教师的专业水平就已经提升到一定的层次，教师也将摆脱教书匠的尴尬而逐步成长为研究性教师。其实，优秀的教师、知名的特级教师，又有哪一个不是课堂内外、学校内外、领域内外的对话高手呢！又有谁能否认他们这种高超的对话能力不与他们爱读书、勤钻研、善行动有着必然的联系呢！

3. 创建学校科研团队，培养教学研究能力

学校开办的第一个月，我们就成立了 SY 学校科研团队，全体教师自主报名，选择加入科研兴趣组或课题组。课题组的成员要基于学校总课题，自主认领子课题，做到每个人都有研究课题，每个子课题都有人研究。同时，在课题组的基础上，根据个人研究能力与热情等，产生攻关小队，进入学校总课题组，承担更多的研究任务。当然学校科研团队的研究要务，是基于自己的教育教学工作，选择成功的经验或实践的困惑与困难等，在研究中工作，在工作中研究，研究是为了解决实际问题，研究成果就是教育教学质量的有效提升。同时，对一线教师的研究要行动重于规范，实践效果重于理论提升。教师做研究，我们要清楚地把握一点，就是在促进教师积极行动的过程中，要给予及时的帮助、指导和支持，促使教师因为做研究而时常体验成功感，时常有不同以往的畅快感，时常产生对问题更深入的追问，并渐渐地"爱"上研究，因为爱，所以乐意去学习更加专业的研究方法，逐步掌握比较严谨的研究路径，促使研究呈现出良性循环。因此帮助一线教师做研究，切忌急于求成，纸上谈兵，教条主义。研究问题的针对性、可行性是最关键的，因此选题要小一点，方法要易一点，周期要短一点，成果要实一点，过程要多帮一点，对话要多赞一点。帮助老师做研究，如同指导学生做研究性学习活动一样，需要激发与维持热情，需要帮扶与方法指导，需要肯定与促其成功。目前，科研团队在 SY 学校教职工中的占比仅为 54.22%，在教师中的占比为 65.22%，让每一位教职工尤其是每一位教师都具有研究意识、具备研究能力任重而道远。2017 年 3 月，SY 学校科研团队中的课题组，人人申报了课题（见表 4-1），目前正在进行实践研究，《SY 教育研究》第二期将以专刊的形式刊载课题组的阶段性研究成果。

其实，很多一线教师习惯于惯性思考，经验性思维，远离研究活动，所以帮助学校第一批研究团队的成员渐渐养成研究习惯，积淀研究成果，体验研究乐趣，是我们需要用心营造的学校文化，更是促进学教对话教学系统深度扎根、持续发展的核能量。

表4-1　　SY 学校思维课堂研究情况统计表（2017.3.3.）

序号	姓名	子课题名称	研究方法	成果形式
1	马丽娜	口述英语解题过程与思维发展的研究	实验+个例研究	论文
2	李顺善	语文课始5分钟叙述能力与思维训练	个案研究	教学故事
3	陈露霖 黄苏锋	初（高）中语文课学生独立思考能力培养策略研究	混合研究	论文+教育随笔+教学案例
4	魏珂	后进生思维障碍及破解合作学习策略研究	个案+课例研究	论文+教学随笔与案例
5	石飞	课堂展示有效性的实践研究	个案+课例+调查研究	论文+教学随笔与案例
6	张毅	让学生思维动起来的课堂活动研究	调查+课堂志研究	调查报告
7	虎永强	有效课堂活动设计案例分析	课堂志研究	教学随笔
8	马向红	小组合作学习高效性研究	调查+课例研究	调查报告
9	张安琪 张旭磊	在初中心理课中进行基本思维结构化训练的研究——构建最基本逻辑思维的路线图	混合研究	教育随笔 教学故事 论文
10	胡艳	推动学生思维有效延展的方法及策略——以信息科技课为例	课例研究	论文 教育随笔
11	徐婷	推动体育课堂学生思维及表达相匹配的方法和策略	混合研究	论文+教学随笔与案例
12	于瑶	后进生思维障碍测查及破解策略研究	个案研究	论文 教学案例

续表

序号	姓名	子课题名称	研究方法	成果形式
13	陈璞	初中英语作文思维结构化训练的研究	实验研究	实验报告
14	马小军	化学课后作业的优化措施	个案研究	教学案例
15	刘晓娟	提升初中生语文阅读思维力的研究	个案研究	教育随笔 教学案例
16	朱晖	如何让课堂具有吸引力	课例研究	教学案例
17	徐天泰	推动音乐课堂学生思维及表达相匹配的方法及策略	混合研究	论文+教学随笔+教学案例

4. 创建民间学术团体，提升专业领导力

让教师拥有高品质的生活，需要将教师的教学视角从简单机械、重复灌输的落后的课堂生活状态中解救出来，需要将教师的工作状态从追求职评、论资排辈的一眼望到底、从现在能看到退休时的职业倦怠中解救出来，而解救的方式是在促其读书、助其研究之后，拉其融入学术团体，让简单、自然、质朴、纯粹成为淘洗心灵、充盈心灵的基础元素，让静雅、悠远、恬淡、深邃成为塑造精神气质、修炼精神内涵的发展元素。为此，我们期望发起成立民间学术团体，汇聚更多有教育理想、不甘成为庸师、坚持教育研究的朋友，在 SY 学校定期进行学术对话。当然，我们还期望更多有教育情怀，有学术造就的专家、学者走进 SY 学校，能与 SY 学校教师时常面对面地对话，能促使 SY 学校教师不断提高对话的专业品质。当一线教师能平等地与专家学者从容对话时，那么具有实践经验的教师必将超越阅读通俗读物的阶段，走向研读理论著作的阶段，必将具有基础的研究能力并收获一定的研究成果。其实，话语的对称，恰能投射出思想层面的提升、意识层面的发展尤其是实践层面的突破。创建民间学术团体，一方面将彰显我们的学术领导力，另一方面将使课堂教学对话系统由校内探索升级为校内外共同实践。

对话文化的辐射力自然也因此得以生成、发展。这将是我们下一步的发展目标。

  课堂教学对话系统在应用条件方面，笔者以为，需要建设学校对话系统，其中，对话文化是其发展的土壤，决定着教学对话系统的根能否扎得深厚、宽广；制度建设是其发展的骨架，决定着对话教学系统的树冠是否能生长得枝繁叶茂；互动平台是其发展的脉络，决定着对话教学系统的能否灵动、舒展。当然，人是对话系统的灵魂、关键，尤其是教师的对话意识与能力，是决定大树成长的核心因素。所有的一切都是其发展的外部因素，教师内在的自主、积极、向上的发展力量，才是决定课堂教学对话系统生长的内部因素，而我们知道，外因通过内因起作用，内因是决定因素，外因起促进作用。在SY学校，笔者努力做的就是营造对话文化，以自己的实际行动，带领管理成员，在精神上引领教职员工、学生与家长，在实践上带领教职员工开展探索行动。总之，想方设法营造内外结合的对话网络，使师生身处其中，学会对话，自觉对话，充分对话。在对话中，让对话系统因自己这个因素的积极参与、用心参与、高品质参与，而促使对话系统更好地运转，并使得这种对话的合力或对话的意识流在课堂内外自如流淌。

三　课堂教学对话系统应用的方法

  课堂教学对话系统的应用，首先应剖析师生在课堂上的活动。也就是学生在课堂上干了什么？老师在活动中又做了什么？

  师生的活动过程是我们都能看得到的。

  在以学定教的参与式课堂上，小组合作是常见的学生活动模式。而学生在小组合作中一个很重要的方法是"兵教兵"。小组合作中"兵教兵"的操作步骤通常是：

  第一步，尝试。当然，一般来说都是独立的尝试。

  第二步，合作。因为尝试后学生必然会产生一些体验，获得一些探索结果，和其他同学合作解决尝试过程中的一些问题。这个问

第四章 课堂教学对话系统的实践

题解决了，老师一定又会给学生一个话题，所以是再尝试，再合作。

概括地说，课堂上学生的活动可以归纳为两件事，即"尝试→合作""再尝试→再合作"，如此循环往复，螺旋上升，教学进程由此得以推进。

相应地，老师在做什么活动呢？课前，教师要设计教学，设计尝试的话题、环节的推进、组织与调控等。当然，课上也同样需要设计，只是这样的设计常常要求老师在刹那间完成，是基于情境、基于学情变化的创造性思考与行动，具有突发性，凸显创造性。课上的设计更多体现的是教师的机智，因此课上的设计更多的是创设。设计与创设是教师教学的第一要务。课上，当学生尝试完了，一定会生成一些相应的构想，也就表现出一些特定的学情，而这些学情有的是偏离了教学目标的，学生现场的合作过程也需要人去掌控，不是乱哄哄的胡闹。因此老师在课堂上的第二要务是导引。这里不叫引导，而叫导引。其实就强调了控制性，他其实是在控制教学的进程，也是引导课堂的进程。下一步该往哪里走？课堂并不是按教师所预设的、按照课前设计的路径一直顺畅地实施的。课上，针对学生表现出来的学情，需要教师灵活地调整教学进程、教学方向甚至教学难度。因此在课堂上，教师是在进行再设计、再导引。

将学与教这一系列活动组合起来，就可以生成我们所看到的教学效果。而教和学之间通过什么联系起来呢？好像是两条线，但其实这两条线之间是相互关联的，它们靠什么关联呢？——就是教学的"针对性"。也就是老师的设计（或创设），老师的导引一定是根据学生现场的表现来决定的。课前的设计，也是依据学情构想的。当教师面对一流名校的学生和面对普通中学的学生时，教学设计肯定是不一样的。所以设计的时候一定要考虑学生是什么状态，基于此调控教学的方向、节奏。而控制的依据也是学生在课堂教学中的表现。再设计，再导引，依然需根据学生所表现出来的学情进行。所以与设计、导引和再设计、再导引相联系的红线，就是针对性。也就是说，在课堂教学过程中，老师脑子里始终有一根线，就是学生的现状或状态。这里的现状，不仅仅包括学生的学业状态怎样，哪个知识点会了，哪个知识点没会，也包括他的思想、情绪状态怎样，他现在处于想学的状态，还是不想学的状态？这就是学情。学情是调控教学的最关键因素。为什么教学对话系统要一直强调重视相异构想，因为相异构想暴露出来的就是学情，就是学生当下对所学内容的理解状态。我们说佐藤学倡导倾听，倾听什么呢？当然就是倾听学生的想法，由此了解他的思想状态，关注他的情绪状态。当然，若是教师能洞悉学生的动机状态就达到了很高层次的倾听水平了。所以，对话的前提是要全面细致地了解学生的学习状况。因为每个学生的学情是不一样的，所以教师倾听的时候要尽量做到关注每一个学生。

尽量做到关注每一个学生，说起来容易要做到则很难。心理学研究显示，在课堂时空内，教师能关注到的范围是有限的，也就是25人左右。在现实中，大多数学校的班额是远远超出这个数字的，这就带来了另外一个问题，老师怎么能关注的过来呢？几十个学生，不要说其他学校六七十个学生的大班了，就是SY学校36个学生的小班，恐怕教师也关注不过来。那怎么办呢？所以就需要运用合作学习，也就是在整个教学过程当中，特别是在对话系统中，在文本（或资源）和学生1与学生2之间三角形的对话关系中，学生1或学生2可能是在扮演教师的角色。在三角形的基本对话关系中，是一个学生的角色，但是，在这个立体的对话系统中，学生1或学生2其中的一个可能就扮演着教师角色。通过学生和学生的互相帮助，互相合作，解决老师关注不过来的现实问题。换句话说，由学生帮助教师解决班级授课制中教师关注度有局限的问题。我们可以这样理解，合作学习最直接的作用就是：解决当下课堂教学中，教师无法关注到每一个学生的问题。因为教师关注度有限，所以需要别人帮忙，而教室里除了教师就是学生，谁来帮助教师？只能是也肯定是学生。因此，学生的差异就是教学的资源，因为他们有差异，他们就可以互相指导。形成合作学习，形成对话系统，其首要原因是教师无法兼顾到每一个学生，而且学生之间存在着差异，这为教学提供了资源。因此，对话系统应用的更深层次的原因，应该是通过挖掘学生的教育资源，提高教学的针对性，而实现教学针对性的实质则是更好地实现教育目的。

当我们追问教育到底要给学生什么这个问题时，我们已经对教育目的产生了思考。

我们是给学生一连串的知识吗？英语教了这么多的单词，这么多的语法让他们使用；数学给了他们这样一个公式那样一个公式，这样一个函数那样一个函数……这些肯定是教学的目的。但是，教学的根本性目的不仅仅是这些，因为一个最简单的逻辑推理，即以当下社会的发展现状来看，知识是呈爆炸式膨胀的，所以给学生知识是给不过来的。当下不是几百年前的那种状态了，今天给学生的知识可能明天就过时了，或者你仅仅给他知识，但是装到一定程度他就盛不下了。因为这些知识之间是没有联系的，他脑袋里装得再多，也是建立不起来联系的。笔者常给老师们举的一个例子就是到中药铺抓药的事，脑子里如果没有生成中药铺柜子里哪个药材在哪个地方放着，没有生成这个图形，没有把药材与药柜结构化的时候，任凭谁去抓药都会抓瞎。但是药铺的工作人员，人家在里面抓药的时候，可能连头都不用回，一把一抓，因为药材、药柜的结构图示就在人家的脑子里呢，所以连想都不用想人家就知道药在哪个地方。学习也是一样的，并不在于学的知识的多少，其实，知识装得太多了还会起副作用。那么，我们究竟该给学生什么？在我们传授知识的背后又究竟想给学生什么？如果我们就此追问、研究，就会有不同以往的更深刻的教育理解。笔者认为，这是我们教育者始终应该思考的问题，因为这决定着我们的教育教学理念，决定着我们的课堂教学形态，决定着应用教学对话系统的思想认识基础。

当我们不断追问，教学究竟该教给学生什么时，我们或许会说，教方法啊。是的，学习方法肯定要教，培养学生的思维能力，帮助学生掌握思考的方法，让学生学会思考，促使学生建立知识与知识间的联系，使之结构化。这是肯定的。所以我们SY学校将课堂教学改革的课题确定为"思维课堂"研究。但仅仅学会了思考，就完事了吗？再深入追问，有没有更深层次的原因？

那我们就要从人的生存状态考虑了。其实，人活在这个世界上，不是独立的一个人，不是活在真空当中。他在和别人打交道，他需要和旁边的人交流、交往、对话。他要和他生存的这个环境、这个自然、这个状态去交往，发生对话。而且一个人在社会上成就的大小，能力的大小，很多时候就体现在和别人交往对话的水平上，和周围世界交往对话的水平上，和自己交往对话的水平上。每个人与自我、他人、社会、自然对话的水平，决定了其生存的质量。而这种对话能力，其实就是我们所说的思维水平。你的思维是干什么的？就是进行对话的。那么，这样一来，我们教育最根本的目的是什么？或者说，我们教育学生应该教给他们什么呢？就是学会交往，学会对话。按照佐藤学所说的就是跟自己对话，跟他人对话，跟周围世界对话。那么呈现的课堂一定是活动的课堂，合作的课堂，探究的课堂。因此，我们是不是也可以这样说，既然课堂教学的过程是用对话的方式展开的，那么对话就是方法，就是手段。

我们课堂教学的目的究竟是什么？就是让学生学会对话，这是终极的目标。由此，笔者是不是就可以得出一个结论，教学即对话。因为对话既是教学的手段和方法，又是教学的目的，甚至我们是不是可以把这个教学改成教育呢？依笔者看，也未尝不可，教育也是如此。你说你让他学法律，学规范，难道不就是怎么跟这个世界交往吗？怎么跟周围的人交往，怎么对话吗？那不就是思想政治教育的一些内容吗？在教学中加上思想政治教育的内容大概就叫教育了吧！所以，笔者说教育是对话，也是成立的。

一线教师在对话教学上关心的是什么？

一线教师倾向于形成一个课堂教学的模式，第一步干什么，第二步干什么，第三步干什么。这样的话，教学对话系统不就能更好地应用了吗？其实，这个模式笔者认为肯定是不存在的。因为你所面对的学生不同，每个老师的个性特点也不同。教师面对着不同的教学内容，因此统一的、靠一个招式打天下的这种方式，肯定是不存在的。但是课堂教学一定会呈现出某一种形态，而这个形态，笔

第四章　课堂教学对话系统的实践

者以为就是那个所谓的对话串，或者叫话题串，一堂课必定是由诸多话题串连起来的。老师在课堂教学设计的时候该设计什么呢？其实，你就是在设计这个话题串，开课的话题是什么？紧接着这个话题解决了，下一个话题又该是什么？你在课前肯定设计这个了吧。然后，在这个基础上，你又会想，第一个话题用什么方式展开比较好。第二个话题用什么方法教学比较好，那也是对这个话题进行解决的方法。但你首先必须有一个话题串。其实，在这个话题串里，就隐含着教学对话系统的结构。因此可以这样理解，每个课题都是靠对话的方式来解决的，只要你对于这一点是思路清晰的，基本上课堂教学就不会有太大的问题。只是以怎样一个话题过渡到另一个话题呢？

当你预设的话题在实施过程中没有按照你的预期进行时，你需不需要调整？需不需要重新设计话题串？这就要考验一个教师的教学基本功了。

课堂教学中每一个话题串上每一个话题的解决，基本上有一个类似于模式或者说程序的东西。也就是每个话题的解决基本上有三个步骤：

第一步叫尝试。你给出话题了，总得让学生尝试一下。哪怕他看了这个话题，思考了一下，也叫尝试。要用脑子尝试，不一定非要动手，当然多数情况下是要动手的。

第二步是合作。学生尝试完了就会有一些见解，有一些感悟，而这些见解和感悟还不一定是一样的，而且有的对有的错，那么下一步该干什么呢？该解决那些不对的、错误的，那么由谁来解决呢？我们用什么样的方法呢？就是合作。当然，这个合作呢，我们可以理解成，既有学生和学生的合作，也有学生和老师的合作，都是合作，用合作的方式来解决它。

第三步是结构化。这个话题合作完了，基本问题就都解决了，我们还要上升一个高度，怎么办呢？就是结构化。我们解决了这个话题，得出了一个什么样的结论。之后，我们要上升到一定的高度，要把这个结论和以前学习的知识联系起来，所以需要把它结构化。每一个话题的解决基本上都是这个过程。只不过有的时候，为了节省时间，可能尝试的时间稍微少了一些，给他反馈问题的时间稍微少了一些，有的时候合作实在是不怎么样了，没有时间了，教师就干脆给学生直接讲解，尽管那又回到了传统教学的模式上，但其实都是在解决话题推进的问题。所以尝试—合作—结构化就成为每个话题的解决程序，我们称之为对话单元。

　　由此，我们就形成了对课堂教学对话系统应用方法的基本认识。

　　运用课堂教学对话系统的方法去比较或者分析佐藤学所说的主体性神话问题，我认为，主体性神话表现在两个方面：一个是太放手，一个是太形式化。对吧，基本上就这两个方面。用课堂教学对话系统去分析佐藤学所说的润泽的教室，笔者认为，所谓润泽的教室就是这个对话系统有序运行的教室。在对话系统中，我们给每一个齿轮都上了润滑油，老师作为这个系统的启动者与调控者，能够让这个系统有序且高效地运转，那这样的教室一定就是润泽的教室。进一步往大里说，如果这个学校的管理系统形成了这样一个状态，那它就是润泽的学校。这如同出去旅游，到一个自然风光非常好的地方以后，我们会感觉非常舒畅，你也不知道哪儿舒畅，反正就是觉得舒服，在润泽的教室里的感觉也是这样的。要具体说哪儿舒服的话，你可能会说，哎呀，这里空气好一点，风景好一点，你也不一定能概括得很全，但是，你总体感觉就是好。学校也是一样的。用课堂教学对话系统去分析佐藤学所说的"能动的被动性"，笔者认为，"被动"就是说，在这个过程中，可能我并不是占主动的，一定会受对方的某种约束，这体现在教学当中，具体可能表现为学生反馈什么问题是由不得我的，学生学情的暴露，对我来说是被动的。那么，怎么解决这个问题呢？我需要能动地、创造性地解决它，或者说能动地、创造性地跟你的学生发生对话，这就是所谓的被动的能动性。但是，我要理解它的话，一句话就解决了——什么叫"被动的能动性"？实质上，就是针对性。佐藤学说了半天，啰里啰唆的，被动的能动性这么拗口，用中国的一个原理就解决了，就是针对性原则啊。

针对性原则是什么啊？首先得反馈出来，才能谈有没有针对性，所以你要了解学生的学情。这是被动地呈现的，是由不得你的。当它呈现出来后，该怎么解决它呢？解决的效果才能体现出是不是具有了针对性。所以，其实佐藤学论述了半天"被动的能动性"，用中国的针对性原则，一句话就把它解决掉了。或者，佐藤学也在谈针对性，只不过没有用"针对性"这个词而已。

那么佐藤学的"被动的能动性"，按他说的，它正是笔者追求的教和学，教也好，学也好，都应该以相应的应答性活动来组织。从对话的视角来看，那就是以教师、学生或者文本（教学资源）中的某一点为中心展开教学，不是以教师为中心，不是以学生为中心，不是以文本（资源）为中心来展开教学，而是把视角放在教师、学生和文本（资源）三者之间的关系上，对话成为我们关注的焦点。其实，你看被动的能动性这个过程，不就是一个双向对话的过程吗？还有佐藤学论述了关于学习的"学"，他有一些阐述，他通过"学"字的组成来看它，旁边有两个人的手，中间有两个叉叉。上面这个叉叉表示已有的、积淀下来的、传承下来的知识，跟这个知识的对话其实是跟什么对话呢？是跟书本的对话，就是与传承下来的知识的对话。下面这个叉叉呢，就是跟旁边同学的对话，老师在旁边帮他，这就是"学"。其实，"学"给我们传递了一个观点，真正的学习绝不是某一个人的单打独斗。学习一定是学生要跟传统的、遗留下来的文化去交往，要跟身边的一些同伴，当然也包括跟老师去交往。老师守在那里帮助他。这不就是我们所说的对话系统吗？学习就是这个对话系统有效运转的过程与结果。所以，我们从对话系统的角度审视佐藤学的《静悄悄的革命》，也就会觉得书中的道理很浅显，很简单了。

那么，下面我们要解决的问题可能是什么呢。就是这样的一些理解，这样的一些思考，得到这样的一些判断，怎么在课堂教学当中去实践。也就回到了我们前面所说的怎么暴露问题，怎么把这个问题解决掉这两个关键点上。解决的思路和方法也一定是不断应用对话教学理论去影响我们的课堂教学。当我们对课堂教学有了自己个人的观点，在这个基础上形成判断，只有我们有了自己的判断，我们的课堂才会有一个方向。就以哈佛大学的一个关于公正的教学公开课为例。其中可能没有小组合作，但是渗透了针对学生的问题而展开的教学场景，或者说，真正地体现了苏格拉底"产婆术"的内容。它就是设计一些话题，对某个话题，学生可能会有什么样的判断，这个判断该怎么应对。当然，也有课堂上的一些机智的反应。

　　这节公开课的主题是讲哲学观中的"绝对主义"和"结果主义"。绝对主义就是看这件事情合理不合理，该不该做，就看做法是不是道德，不管结果如何。结果再好，如果做法本身是不道德的，那么也是不可取的。其代表人物是康德。而结果主义就是不管用什么方法，如果结果是好的，那就是合理的。其代表人物是边沁。公开课是从引入一个案例开始的：一个电车司机驾驶着轨道电车在行驶，可是刹车失灵，停不住了。但是，前面有五个工人在铁轨上施工，车子往前开，刹车又刹不住，怎么办？司机突然发现，前面是个岔路口。只要一打方向，拐到那个岔路上去，就可以避开那五个人，但问题是那个岔道上有一个人在施工。那么，电车的司机该不该调整电车的方向？这是第一个话题。话题一定要引发某个认知冲突。所以这个问题自然引发了学生的不同观点。有的学生说要调整方向，有的不同意。总之，各有各的道理。课堂上，多数学生认为应该调整方向，因为压死一个总比压死五个要强，反正总得有人死。这就是结果主义。但另一方说不对，不该调整方向，因为调整方向意味着司机主动轧死一个人，也就是说"我"操纵着一个人的生死。但如果照着原来的方向向前开，是没有主观意愿的，而拐弯则有主观意愿，是不道德的。课堂上由此引发了争论。学生产生了认知冲突，但并没有结果。可是，第二个话题又被抛出来了，也就是在讨论的基础上又生成了第二个话题，即换了一种方法，不是拐到岔道上，而是前面正好有一座桥，你不是电车司机，而你刚好在这座桥上，你的旁边正好站着一个大胖子，你看到那辆电车已经失控了，怎么办？你知道，只要轻轻推一下大胖子，他就掉下去了，他就把这车给挡住了。那这个行为你会不会选？有的学生说，这不对，这一推就是直接杀人。学生间又产生了争论：这和刚才拐方向不一样。那个时候，拐的是机车而这个时候推的是人。直接杀人不可以而调整方向就可以吗？争论中又产生了第三个话题，就是假设这个胖子根本不用你去推，他刚好站在一个机关上面，一个井盖子一样的机关上面。你旁边就有一个按钮，你一摁，他"吧嗒"就掉下去了，就把那车挡住了，这个时候你会不会这么做？话题再次引发了认知冲突。讨论依然没有结果。最后，教授又提出一个话题。正好这个时候你变成医生了，你是一个开诊所的医生，这会儿，来了五个受伤的人，刚刚出了电车事故。这五个人怎么了呢，这个人心脏需要治疗，那个人脾脏需要治疗，五个人各有各的问题，刚好你的诊所里还有一个身体健壮的小伙子在旁边睡大觉。假设你可以悄悄地把这个小伙子的器官取出来给这五个人移植，那这五个人就全部被救活了，但那个小伙子就不行了。如果你不做这件事情，这五个人就全死了。此时，你会不会做？又是一个新的场景。然后又是一个话题，假设其中奄奄一息的我就快死了，我把我的心脏和其他器官给另外四个人，把那四个人救活，怎么样？这又引发了认知冲突。最后，依旧什么结果都没有，他只是给出这些，这就是哲学当中两个重要学派的两种观点：一个是绝对主义，一个是结果主义，他们的代表人物是谁，他们的主要观点是什么，从这节课后我们将学习什么，学习过程中需要你阅读谁的书籍，同时你在学习哲学的过程中还可能冒着一定的风险。因为有的时候，学得过了会走火入魔，还有可能让人发狂（最后这个台词是笔者理解的）。这节课就这样结束了。

　　好像也就是二三十分钟的录像，但是它给我们的印象应该说超过了几个小时讲授式的课堂带给我们的冲击。深入反思这节课之所以会产生冲击，笔者认为，是因为这样的课堂是由一个一个的话题组成的，而每一个话题又都是精心设计的。可以说，产生冲击的好课，难就难在教师怎么设计话题，课堂上又如何针对话题引发学生的表现，进行现场的控制和导引，或者说再设计，这是对每一个老师的考验。你的课堂教学的效果是否能够凸现出来，考验的就是教师在这个方面做得好与不好。当然，除此之外，一定还有类似于创设情境，充分利用情义原理等。教师的目标意识越清晰，抓住核心、抓住关键的能力就越强，课堂上引导教学方向往哪走的调控能力也就越强。实际上，课堂教学的根本问题对老师而言，就是考验教学的设计水平，课堂的调控手段。有些老师非常优秀，课堂的效果非常好。经深入分析，我们就会发现他们就是在"设计、导引"这两个环节上做得好。同时，如果还能利用情义原理，营造学习氛围，那课堂优势就形成了。

恰如SY学校塞上名师所说：希望每一个老师在SY学校，能够仔细琢磨教学，琢磨教育，形成自己的观点，形成自己的课堂教学风格。当每位SY学校的老师都有了自己的风格，都有了自己的判断，都有了自己对教育教学的话语权时，就可以在SY学校欣赏身边的老师，就可以看到全国各地的同行、专家来到这里。

笔者想，在课堂教学对话系统应用的过程中，当教师在认知上真正理解其思想内涵，在态度上真正转变到为学生终身发展服务，在课程上真正掌握课程标准时，在教学中就能创造性地开展教学对话，"尝试"→"合作"→"结构化"只是对话系统在应用中的基本方法，只要基于教育的终极目标——为每一个孩子提供更适合的教育，促进每一个学生更好地发展——思考问题，在课堂这个特定的时空内，教师就能引领学生创造出更加丰富多彩的对话形式，呈现出更加深入细致的对话内容。在此过程中，课堂教学对话的时空边界将会因师生亦师亦友的关系而变得模糊，课堂时空将因此而变得更加开放，对话形式、对话内容、对话过程也将随之产生变化，对话效果必将随之凸显。届时，对话系统就将从课堂内拓展到课堂外，课堂内外的互动关系将拉升系统运转的效能，方法也会在良好运转中变得"虽有方法但无定法"。

四 课堂教学对话系统应用的过程

内因是事物发展变化的关键。教学对话系统应用与否、应用质量如何的关键在于教师自身的思想认识和专业素质。外部条件创设的结果,最终也是要通过教师的行动得以呈现的。而教师行动效果最直接、最本质、最凸显的地方就是课堂。为此,我们进行了课堂志研究和课后的访谈,解释教师这个关键因素的状态。首先,以高中文科历史课为例进行应用过程的分析。

(一) 创设学生自我对话及与文本对话展示的舞台

在 SY 学校,为了训练学生的对话能力,如自信地面对他人讲话,讲的内容能够逐步严谨而清晰,面对老师与同学的鼓励或质疑能够得体地表达自己的感受或引发深度对话,我们在文理学科中实施的是:文科课开头 5 分钟是学生展示活动,即文科每节课的课堂初始阶段,每次由一位学生根据学科内容要求,完成资料的搜集、整理和 PPT 的制作,按照既定的展示顺序与评价要求等规则进行展示;在展示过程中,教师与其他 35 位学生倾听,在展示结束后,师生对展示的同学进行评价与追问,展示者回应。理科各学科在课尾 5 分钟,师生对本节课所学知识进行结构化,系统梳理所学内容。

之所以这样设计,是因为我们认为,对话的质量取决于思维水平的高下,而促进思维发展,训练思维能力,要通过外显的语言——文字语言、口头语言或符号语言——呈现内隐的思维过程,文科课开头 5 分钟展示的基本目的,就是通过可操作的专门环节,促使每个班的 36 个学生在 2—3 周内能进行一轮展示,理科师生特别是学生进行结构化梳理。这两个环节的实质是,文科通过学生以语言陈述为主,展示课下自我对话及与文本对话的情况,理科通过展示与符号对话的结果,在教师或同伴的指导与评价下,训练自我对话、与文本对话、与师生对话的基本能力。当每个学生在不同的课堂上、在不长的时间内能够反复得到指导、训练（别的学生的展示对其他学生而言也是一种学习与训练），那么每个学生对话的意识、对话的能力就能得到训练强化。因此搭建多样的对话平台，如个体展示、小组合作、全班共享等方式，就是为了帮助对话系统更好地落地。

课例研究 1

研究对象：高一历史学科的校内录像课

执教教师：D 教师（到 SY 学校前是当地一所名校的骨干教师）

课题名称：《太平天国运动》

【课始 5 分钟，学生展示】

展示主题：我心中的大清

展示形式：个人陈述，辅以 ppt

在历史的长河中，我最喜欢清朝。今天，我为大家讲的就是我心中的大清。在我心中，努尔哈赤，也就是太祖，一直到清朝乾隆皇帝，是清朝从无到有的一个昌盛过程。我第一次接触历史，是从影视剧开始的。在所有的影视剧中，我最喜欢关于清朝的影视剧，比如《宰相刘罗锅》。随着第一单元的学习，我们知道宰相制度早在明朝就已经被废除，所以这个名字是错误的。随着学习的深入，我查了一下资料，《宰相刘罗锅》讲的是清朝乾隆年间大学士刘墉的故事。他只是因为年高，身材又略有些高大，所以看起来有点驼背，并不是真的驼背，这就是我遇见历史的开始，也是我遇见历史的过程。我看的第二部真正的历史剧是《太祖秘史》。从这部剧中，我认识了历史的片段性与历史史实之间的巨大差异。比如这一位，她在电视剧中被描述为太子努尔哈赤的大妃，在死后才得到了皇后的荣誉，在活着的时候，她并没有获得皇后的荣誉；再比如，这是历史上努尔哈赤的第一大妃，然而在电视剧中就没有描述这个人物，所以是太子秘史，而不是正史。再后来，我看了《还珠格格》，比如历史上福尔康这个人物，福尔康只是琼瑶虚构出来的，所以在看的时候，查询历史，让我知道了艺术性片段与真正史实之间的差异。这种所谓巨大的差异体现在哪里？比如在清朝的时候，宫女绝对不能穿花盆底鞋，宫女的服饰基本上是绿色、青色，身份尊贵的人是不会穿青色的，比如说格格，清朝皇帝的女儿叫公主，不叫格格，所以，历史是过去的综合，可以粉饰，但不可以更改。我的演讲到这，谢谢大家。

【教师点评】

言简意赅，让我们明白了一个道理，艺术和史实之间是有差异的，而艺术和史实之间为什么会有差异？因为艺术要吸引眼球，它是可以粉饰的，你看还珠格格的表情有多夸张。但是，我们学习的历史能不能粉饰？不能，它必须以史实为基础。很好，赞一个！

【任务布置】

下节课是谁？向她学习，学什么，言简意赅，好的，漂亮！6班开了一个非常好的头。好，现在我们开始上课。上节课，我们讲到了太平天国运动。

(二) 抓住思维线设计问题串使对话系统得以运转

对话系统是否落地，最终体现在40分钟的课堂教学时段内教师是如何带领学生围绕文本展开对话的。

1. 教师与学生对话

在教师组织教学、启动对话的过程中，其背后的红线是"文本"。因此，暗含着学生与文本、学生与学生的对话。

【进入课堂】

师：太平天国运动有几个点？作为一个历史事件应该有几个点？好，四个：第一，背景；第二，过程；第三，结果；第四，评价。

我们昨天已经布置过了，今天我们进行组内展示。小纸片呢？拿出来，每四个人进行讲演。背景由谁来讲？从背景开始，其他人也动起来。（教师指导各小组按照背景、过程、结果、评价四个方面进行讨论和总结。）

好，领到背景任务的是哪个组？举手示意。领到过程的小组？好的，领到败因任务的组？影响？好，首先从哪组开始？背景，好，背景任务的小组，看看跟你的思路是否一样，词语的运用是否合理？你提出哪些不同意见？

2. 学生与学生、学生与文本对话

小组展示的过程凸显的是小组成员间，也就是组内学生与学生的对话，而他们的对话是围绕对文本的理解或者说是他们共同与文本对话的结果。其间，教师的追问、评价、质疑等，则体现出教师对文本的深度把握即对学生展示的关注、倾听情况，也是"针对性"的具体体现。

【学生展示】

（1）"背景"任务小组

生：太平天国运动爆发的原因，一是封建统治导致阶级矛盾激化，这是内部原因；还有资本主义的侵略导致民族矛盾激化，这是外部原因；还有自然灾害和农民的暴动。（教师追问：是农民暴动还是引发农民暴动？）引发农民暴动，（教师再追问：那哪一个是多余的？）自然灾害，（教师澄清：自然灾害是多余的？）是，（教师再澄清：自然灾害是多余的，还是农民暴动是多余的？）农民暴动，（教师再追问：农民暴动是不是结果？你在这分析的是原因。教师提出要求：重新来）自然灾害。（教师帮助梳理：于是我们可以说，原因有？）阶级矛盾、民族矛盾和自然灾害，（教师引导：再来概括，民族矛盾是外患还是内患？外患，阶级矛盾是内患，好，可以概括为什么？）内忧外患。（教师：加？）自然灾害。（教师评价：棒棒的，其他小组动起来，内忧外患加自然灾害引发太平天国运动。好！教室布置新任务：第二组，过程。）

第四章 课堂教学对话系统的实践

（2）"过程"任务小组

生：（板书，画图）从1851年开始金田起义，到后来的永安建制，随着时间的推移，到定都天京，再到天国的鼎盛时期，进行北伐西征，在东征的过程中，天京变乱，由盛转衰，然后三个将领先后死去，从天京变乱到解除危机，一直到洪秀全身亡，天国陷落，从1851年到1864年，随着时间的推移，太平天国由盛转衰。（教师探询：有问题吗？——没有？教师追问：仔细看那张图，基础知识方面有问题吗？教师反馈：嗯，我听到了。教师确认：不错，马上反应过来，"解除危机"应该是上还是下？你刚才的问题出现在哪里了？这个图叫什么，曲折中衰败，能叫曲折中发展吗？不能。你能不能带着大家一起强化一下？）从1851年金田起义，太平天国开始，（教师要求：同学们跟着一起重复）随后，1852年永安建制，初步建立政权。1853年攻克南京，改为天京。（教师追问：与什么形成对峙？）清朝。（教师澄清：清朝首都在哪里？北京，一南一北，形成对峙。）接着，起义军北伐、西征和东征，（教师追问：时间）时间是1853—1856年，最终达到鼎盛。（教师再问：为什么往北打？对，清朝政府在北面。东征和西征呢？是不是长江流域，是不是要占领长江流域？重复一遍。）1856年，天京内讧，变乱，由盛转衰，（教师提示：看那张图是不是很清楚？再来一遍）为重振国威，进行改革，（教师澄清：哪一年？1858年，然后解除了危险，继续）在1859年颁布《资政新篇》。（教师追问：能不能力挽狂澜？最终失败？失败于谁之手？洋务运动的湘军，曾国藩之手。好，看这张图，同学们，再重复一遍，书合上，我相信6班的孩子很不错。教师带领小结：——太平天国起于？1851年。止于1864年，在曲折中最终失败。起于1851年的？金田起义，好。过程？建制？1852年，在哪里？永安，好，接下来，1853年到1856年进行军事行动，1. 北伐，2. 西征，3. 东征，它的军事达到顶峰，哪一年？1856年。同一年，太平天国发生变乱，由盛转衰，在这个过程中，太平天国启用了两个年轻的将领，进行了防御战，使太平天国解除了危机，时间是 1858 年。1859 年颁布了一个纲领《资政新篇》，但难以力挽狂澜，最终败于湘军。1864 年，以失败告终。再来一遍。好，同学们，自己记一遍，画一画，看着图，想一想，好，收。一起来看下一个！）

(3) "败因"分析小组

生：我们小组的任务是——太平天国运动失败原因。1864 年洪秀全病逝，太平天国运动失败，它失败的原因就是，定都天京之后，领导者被胜利冲昏了头脑，腐朽思想日益激化了矛盾。（教师探询：能不能给大家在黑板上写出关键词？）

生：（板书）腐朽思想日益盛行，阶级矛盾激化，导致内讧，导致太平天国覆灭。（教师追问：是由盛而衰还是覆灭？）由盛而衰。（教师询问：能不能用图来展示？——好的，再重复一下。）还有一个原因就是，1860 年，李秀成攻破了清军的防线，一路东征，东征的时候清军乘虚而入，可以说把天京打败了。（教师追问：这是什么原因？）还有就是清军占领了天京。（教师再问：是不是军事的失误？这时候太平天国应该力保天京，还是继续远征呢？力保天京，但这时候他做出的决定是什么？继续东征，是不是牵扯了兵力？所以这是什么错误？战略性错误。好，两个原因，大家还有补充没？我想问，刚才这个同学说的，可以概括为内因，内讧和战略的失败，是不是内因？那我想问一问，有没有外因？——有。）还有就是，东征军一直打到上海，清军压不住，就找英法联军镇压太平军，（教师小结：那叫借师助剿）导致太平军损失惨重，这是外因。（教师引导：由此看来，导致太平天国运动失败有几个原因，我们从大的方面来分，内因和外因，内因，什么矛盾？内部矛盾，由盛转衰，外因？清政府的借师助剿，遭到英法联军剿杀，好了，再重复一次——好，失败的原因大家清楚了？清楚了！好，我再问同学们，坐直了，坐直了是因为什么，脊梁，好，（教师站在一学生身边，以这位学生的身体做比喻，边比画边分析：什么阶级？农民阶级，什么阶级？地主阶级，什么阶级？资产阶级，什么阶级？无产阶级。农民阶级是不是在最下层，说明其阶级性是先进的还是落后的？落后的，那么我再问同学们，农民阶级失败是不是必然的？是，必然性在哪里？我听到了，腐朽？no，no，我们把农民叫什么呢？小生产者，好，漂亮！是不是小生产者？他能不能达到无产阶级那种……所以，他具有什么？局限性，换个词，狭隘性，对，阶级的狭隘性，他能不能最终突破说我不是农民？能吗？不能。他们有这个意识吗？没有。有这个个人失败原因吗？那这是太平天国失败的什么原因？必然原因，好的，根本原因，不错，这些是太平天国失败的原因，对吗？失败的原因是？内因，外因，根本原因，好的，手指动起来。好的，我们分析什么呢？太平天国运动失败的原因，在书上有空白的地方，记上。好，来，最后一个，评价。）

（4）"影响"任务小组

生：无论是农民阶级，地主阶级，资本主义阶级（教师纠正：没有资本主义阶级，是资产阶级），他们所有的目的都是反帝和反封建，但是，当时帝国主义比较强大，所以没有完成反帝的任务。然而，太平天国打击了清朝的统治，（教师引导：所以一句话就能概括，太平天国是一场什么运动？反帝反封建运动。哪个阶级的？农民阶级的反帝反封建运动。重复一遍。好，至此，我们把太平天国几项任务结束了？四项，在书上，如果有关键词就快快记，跟着我快快记忆，第一，背景；第二，过程；第三，失败的原因分析；第四，评价。大家看还有没有遗漏的？哪些制度我们没有点到？哦，《天朝田亩制度》，还有没？没有了？《资政新篇》是不是也没有点到？好，我接着再问，如果你是洪秀全，你怎么说服当时受苦受难的农民跟着你干革命？书中怎么讲的？哪一点我们没有讲到？想好了哦，太平天国运动哪一点直接吸引了农民？是《天朝田亩制度》，之前还有？什么东西？我还没有听到好的东西？对了，拜上帝教！是不是最容易抓住人的思想？今天有拜上帝教没？拜上帝教，有上帝，说明这是什么教？基督教，是纯正的基督教吗？不是。——教师边讲解边示范，我们用粉笔盒做比喻，这是上帝教，里面有上帝，说明有什么教？基督教，光有基督教吗？那直接叫基督教就可以了。可以吗？不可以，你想把农民吸引住，太平天国是不是农民斗争？你想吸引农民？农民为什么要听你的？要土地，是你多占点，我少占点，还是人人平等？中国农民几千年来最渴望平均主义，你是农民你高兴不？高兴？为什么？你有两亩地，我有两亩地，行不？因为他反对的就是地主阶级，他有一个美好的向往在里面，我们平时教导你们，好好学，孩子们，三年后就会考一个非常好的大学，那就是向往。好了，是不是还要许愿？许的什么愿？中国儒家学说，两千多年始终在倡导一个理想社会，叫大同社会。什么是大同，用今天的话来说，就是大家都一样，有钱同花，有衣同穿，物资丰富，至此洪秀全创造拜上帝教，你是农民，你会跟着干革命不？这是不是洗脑？是不是思想？至此我们又攻破了一个问题，太平天国运动中的拜上帝教。还有一个需要掌握的是什么，《天朝田亩制度》，它是哪个制度的演化？是不是平均主义？它里面的哪个词可以体现？无处不均匀。还有呢？凡天下田天下人同耕，所以《天朝田亩制度》是太平天国的纲领性文件。哪几个词是重点？纲领性。好了，书反过来，看《资政新篇》，它是中国人撰写的。什么词？首次提出发展资本主义，当时整个世界潮流都发展什么？资本主义，说明太平天国有没有迎合世界潮流？但是，能成功不？不能，为什么？太平天国是由哪个阶级领导的？农民阶级，而《资政新篇》是由哪个阶级发表的？资产阶级，所以两者能画等号吗？不能，所以能不能实现？不能，所以最后只能失败。至此我们明白了太平天国有没有纲领性文件？有，前期是《天朝田亩制度》，后期是《资政新篇》，他们践行了吗？没有，所以太平天国最后失败，因为它的纲领具有什么性？局限性。换个词，空想性。纲领的空想性也注定了太平天国的最终失败。)

3. 教师与学生及学生与文本的延伸对话

在课堂教学的最后阶段,教师通过总结,布置了课后作业内容与要求,这是通过师生对话,提出了学生与文本对话的课后任务。

【作业安排】

师:好嘞,再来看,(以学生脊梁做演示)太平天国失败没?失败了。中国革命目标完成了吗?没有。该是什么阶级?地主阶级,地主阶级开展什么运动?洋务运动,必修一,有没?没有。必修二,接下来是什么阶级?开展什么运动?资产阶级,开展维新变法,书上有没?没有。必修三,资产阶级革命派发动什么革命?辛亥革命,书上有没?有。打开课本,预习辛亥革命,仍然按照历史的发展脉络,几点内容?辛亥革命的背景、过程,失败了没?失败了。失败的原因?评价,现在进行小组分工。

(三)教研对话系统围绕课堂成效教师进行深度对话

课堂上教学对话系统得以有效运转的保障是课堂外教师拥有教研对话系统的支撑,即课后教研活动。下面是围绕教学实录展开的教研实录。

课后研讨(教研实录)

研讨时间:2016年12月5日(周一)19:30—21:30。

研讨地点:SY学校行政楼培训室。

参加人员:SY学校课题组成员17人。

教研过程与主要内容:

其一,参加教研的老师们共同聚焦教学实录(视频)。

其二,D老师根据视频,针对某些教学环节,解释自己的教学思路。

"上课之前,先要明确告诉学生学习历史应该从哪些问题入手——背景、经过、结果和评价，学生根据历史的这些要素进行自主探究合作学习，有自主探究的方向。本单元的主题是近代中国反侵略、求民主，学生要把握的情感态度是：中国近代遭受百年屈辱，但是最终能取得胜利，以一个独立自主的形象重新站起来，原因是中国人的民族脊梁。用学生的脊梁来比喻，在这个过程中，农民阶级处于最低层，然后是地主阶级，然后是资产阶级，处于最高层的是无产阶级，支撑起了中国的民族脊梁，这样学生很快就能掌握本单元的情感态度；那么贯穿本单元的两条线是中国近代史上的：屈辱和反抗。用手指交叉来比喻，当把手指交叉在一起的时候学生就能做出快速的反应，中国的近代化是屈辱和反抗不断斗争的结果。"

其三，主持人请参加教研活动的全体老师，针对"下五条"框架，对照教学对话系统，集中研讨，发表观点。

主持人：请针对"上五条"，带着问题，畅所欲言。

问题1：基于上游学校"下五条"审视教学实录，其中有哪几条落实了，效果如何？

问题2："下五条"中哪几条落实得不到位？存在哪些问题？

问题3：教师授课中有没有超越五条之处？有的话，具体体现在何处？

问题4：按照教学对话系统，你觉得在应用方面有何经验与问题？

问题5：如果是我来上这节课，我会怎么上？

其四，教师分成4人小组，组内讨论对"下五条"和教学对话系统的理解。

其五，集中分享，聚焦课例，阐述个人观点。

师1 (Z老师，高中语文教师)：(1) 课始5分钟学生展示非常好，没有想到学生可以做得这么棒！我想知道，对于课始5分钟展示的内容，D老师有规定吗？(D老师：没有规定具体的内容,只要是积极的、传播正能量的东西都可以。课始5分钟展示的主要目的是训练学生搜集材料、口语表达等方面的能力,锻炼学生的思维。因为口头叙述的逻辑性是思维能力的具体反映。)(2)问题导入,用单元的结构框架进行导入,使整节课都围绕这个话题进行思考。(3)小组合作,工作分配明确,分别负责一个内容,然后再进行展示。(4)本节课采取学生预习,对整堂课的轮廓加以明晰,学生知道这节课学习了什么,具体是怎样的,最后进行知识点的扩充,盯住学生的思维线,整堂课的结构线也非常清晰。(5)还有一个亮点就是,D老师在课堂上提醒学生记笔记,和课本紧密结合,教他们提取关键词,精简,有效。

师2(S老师,高中历史老师):D老师的课堂有很多值得我们学习的地方,如果按照上游课堂"下五条"来评判,我对D老师的第一点"话题感",给2分。用话题来引发学生的思维冲突,引发思维火花,既能引起学生的兴趣,又能引发思考。第二,对"问题感",由问题引发认知冲突,给3分,本课师生间的思维冲突是有的,比如对学生在展示过程中出现的错误,D老师立即进行了纠正,使错误得到了解决,但是生生间的对话、生生间思维冲突体现得不多,甚至没有。在这一点上,我建议:课前点评,是否可以让学生来做,是否会有不同的意见。在展示的过程中,有一个执行组,是否可以考虑有一个评价组,在学生的评价中引发思维冲突。第三,对"以学生的体验为基础",给3分,课堂紧抓学生知识落实,很好。但是存在一个问题,忽视了学生的差异性,体验的差异性。第四,对于"利用学生之间的差异,进行合作学习",D老师的课堂上有合作,小组合作分工,但是这样的分工,每个人只专注于自己的那部分,是否可以考虑合作探究,就是在展示的时候也进行合作。第五,对"盯住思维线,重视结构线",D老师的课堂,我觉得局部的思维线是很清楚的,落实得很好,但是没有具体的落实,或者说,点出来,比如利用板书或者多媒体展示，进行强调，缺乏多元教学。课堂的优点是课本知识落实扎实。我存在疑问的地方是，学生在进行点评的时候，老师是否可以打断？这样会不会打断学生的思考，老师的点评或者纠错是在学生展示的过程中还是之后？

笔者：根据老师的发言，我再解释一下《上游学校课堂建议》五条，也就是我们常说的"下五条"。话题在 D 老师的课堂上是有的，而且运用得很好。其实，课堂以话题入手，目的是引发学生的认知冲突，这是最理想的，是最佳的话题引入形式。但是，并不是所有的话题都要从引发认知冲突开始，只要老师抛出的问题能够聚焦到这节课的内容上，或者引发学生的兴趣都是可以的，这些都叫从话题入手。再有，引发认知冲突，这里的认知冲突一定是新的体验和学生原有的体验之间的冲突，是学生自身认知的冲突，促使学生产生思考，而不是说老师和学生之间的思维冲突，或者学生和学生之间的冲突。至于思维线和结构化，这正是 D 老师的亮点，结构化一方面是指知识上的结构化，形成体系；另一方面是指思维方法的结构化，D 老师的这堂课是将学习历史的方法告诉学生，让学生知道从哪方面入手，这也是学习历史该具有的素养。评价一节课的最终标准，是站在学生的立场加以评估或审视，在课上学生收获了什么？在这节课上学生的专注度如何？对于教师而言，对学生进行思维训练，给学生充分的表达机会，成为一个真正会思考的人，这是我们教育最欠缺的，因此是我们应用对话系统的目标所在。不过，在 D 老师的课堂上，相异构想的迸发比较弱，比如，学生展示后的评价，这一定要评价吗？这个评价由谁来做；学生展示完以后，老师是否需要急于追问和总结？能否给学生们更多的机会？是不是这样就可以促使相异思维的火花迸发出来？擦出火花？当然，有老师也提到，相异构想应该放开，让学生思考，进行交流，那在时间紧张的一节课里，时间从哪里来？我想，这是困扰很多老师的难题。但是我想说的是，因为没时间，不知时间从哪里来，而放弃这种思想的碰撞，就会陷入一个死圈，而这样导致的最终结果就是——学生不知如何思考，这是最可怕的结局，所以为了促使学生思考，提高学生的思维品质，让学生能充分表达自己的见解，这样的时间耽误是值得的，是有价值的。从短期来看，课程进度比较慢，但学生掌握了思维方法以后，其价值是无法估量的。这里需要注意的是，在课堂上要尽量避免推磨式的提问，老师们在课堂上也遇到过这样的问题，就是推磨式的提问会让学生紧张，他只专注于自己的问题，而不听其他人的发言。

　　此外，对于评课、对于集体教研，我想说的是，对授课的老师而言，如果采纳所有评课老师的问题或者建议，那就不是你自己的课堂了，所以我们在评课的过程中要多站在执教者的立场上追问，她为什么这样设计？她是怎么想的？对于课堂上出现的问题，或者我们觉得不理想的方面，观察者也就是评课者要反躬自问：我能不能给提出点具体的建议？针对刚才大家聚焦的问题——课堂讨论是一组分配相同的任务还是分配不同的任务，以及课堂上多媒体的运用、板书等问题。我以为，这些问题都属于目的和手段的关系问题，手段是基于目的的，也就是为目的服务的。因此，首先我们要确定所授的这节课的教学目标，然后基于教学目标，选择确定要采取怎样的组织形式和教学方式，组织教学是为了达成目的服务的，这是必须明确的，也是设计、实施教学最基础、最根本的因素。听了 D 老师的课以后，我最大的感受就是，每个学科都有本学科的学科思维特点、学科研究框架，这是要教给学生们的，要训练学生们掌握学科思维的方法，让他们懂得并会运用学科思维方法分析问题、解决问题；针对 S 老师提出的问题，学生在进行展示的时候老师是否可以打断，我想，这是可以的，这正是一种训练，在问题的产生阶段进行即时的提醒，纠错是非常必要的，使学生们在犯错之初就能改正，不会变成既存的记忆，再改起来就比较困难了，这就叫即时的思维训练，很有必要。知识是一个由泛化、分化到精化的过程。总之，学科不同，每个老师的个性也不同，因此我们要努力上出属于我们自己的、富有个性的课。

（四）研究者与执教教师就对话系统应用进行对话

在教学实践中真正起作用的既不是单纯的经验也不是单纯的教育理论，而是教师的个人教育理论。[①] 这种理论是"贮存于教师个体头脑中、为教师个人所享用的关于教育诸方面的理性认识成果"[②]。所以，了解执教教师关于对话系统的认识，摸清教师的思想认识，是对话系统能否在课堂上有效应用的关键。为此，笔者对执教教师进行了访谈。

被访谈人：D老师。

访谈时间：2017年2月（19：28—20：15）。

访谈地点：校长办公室。

1. 执教者对教学对话的认识

笔者：你是如何看待教学中的对话的？

D老师：这种对话是一种平等的关系，它改变了传统教学"教"的单一模式。以教为主的课，就是以教师为主体，是一种传授型的课。而对话教学是一个平等对话的过程。首先，师生在课堂上的地位是平等的。其次，教与学的内容之间是相互交替的，也是平等的，所以对话教学是平等的，在平等中营造一个轻松的环境。这种环境可以使人心情放松愉悦，无论教的人还是学的人，都不是以单方面为主体，都是教学过程中的主人。最后，在轻松的环境中，大家更能够进行知识间的平等交流，改变了单一的传授式教学模式。

---

① 邓友超、李小红：《论教师实践智慧》，《教育研究》2003年第9期。
② 李小红：《教师个人理论刍议》，《高等师范教育研究》2002年第6期。

2. 关于对话中"平等"的认识

笔者：你所说的"平等"，首先是指师生关系的平等；其次是指轻松的授课环境；最后是指知识间传递的平等，是吗？

D老师：是的。老师所教的东西与学生所学的东西并不是固定在一个点上的，对话会产生很多话题串，然后扩延了所教知识的深度和广度，这些都是可以在对话教学中实现的，从而改变了传统教学中只以某个知识点进行授课的局限。我的课堂会出现这样的情况，在您倡导文科课始5分钟的展示中，学生准备的东西往往是我所预料不到的，而恰恰他（她）所讲的东西是我们平时课堂上没有讲到的，这就与我们所讲的知识连成了一个整体，补充和拓展了我们的课堂。对话教学扩延了教的知识的广度和深度。通过课始阶段学生5分钟的展示活动，我和学生之间产生了共同的话题，产生了对话的平台，这是我对课堂对话教学的理解，也是我的课堂上的普遍现象。

3. 关于对话形态或类型的思考

笔者：你认为课堂教学对话有哪些形态或者哪些类型？

D老师：一种类型是由一个话题引入的对话类型，这个话题有可能是教师在教授知识时所引发的，也有可能是学生在回答问题时所引发的，或者完全是由学生错误的回答所引发的；另一种类型是由教师设计的话题所展开的对等的教学。我自己感觉，在我的课堂教学中存在着这样两种对话表现形态。

笔者：是否可以这样理解，关于对话类型，一种是由话题产生的，如教授知识或对学生回答问题或答错问题的追问，不断产生、推进着对话；另一种就是由老师设计的知识推进问题产生的对话。这是不是一种对话形态？

D老师：一个对等教学模式的展开，在我的理解中，恰恰是一种对话教学。在我看来，对话教学不仅是我们教的知识的一种对话，甚至包括在教的过程中，对学生课外知识、错误知识而引发的话题的对话。

4. 关于对话话题或展开对话的思考

笔者：对话是从知识生发出来的话题，由此产生并推进着对话？

D老师：以提前设计的对话内容进行教学，太过于拘泥，可能会禁锢课堂教学的思维。对话教学就是课堂上某一闪光点所引发出的老师或者学生的主动性，然后将知识外延开去。

笔者：更多的是抓住课堂上生成的一些契机，然后延展生成话题，让对话深入？

D老师：要很自然地进行，能不能回归到课堂传授的点上，需要教师有掌控课堂的能力，要避免为了开展对话教学而刻意进行对话的虚假的热闹。

研究者：也就是说，要围绕教学目标开展对话？

D老师：对。

笔者：这是由知识生发对话的一种模式，还有其他的形式或样态吗？

D老师：用情景生发。举个例子，在我的课堂上，学生的发型、不雅的行为或者是学生非常高雅素质的表现，都可能由这种情景引发到提升修养、提升涵养的问题上来。那么，如何提升呢？加强知识教育。那历史课上应该进行怎样的教育呢？这样的情景也是可以引发平等对话的。

笔者：对话的由头可以来自不同的情景？

D老师：对。

笔者：刚才你提到的这些类型所涉及的是——对话是怎么产生的？那么，对话在进行中如何产生话题？

D老师：有两个方式。一个是提前设计。我认为，提前设计不叫对话教学，叫设计话题串，就是我们如何用话题引发学生一系列的思考，进而产生教学。另外一个就是在上课期间，我们发现了知识点或者具体情景,由这些契机引发出某些现象,若是老师能够敏锐地抓住这些契机,和学生进行某一情景、某一知识的平等交流,是非常好的。我认为,这就是一种对话教学。

笔者:一种是课前设计,另外一种是上课过程中生成的。

D老师:但是我更倾向于上课生成的东西,更自然、更便于延展。

5. 对捕捉或生成对话话题的思考

笔者:在对话的过程中是怎么样生成话题的?生发出来的话题可能更多的是老师捕捉到的吧?

D老师:以我上课的状态来说,只要话题是引发教师和学生共同思考的东西,师生完全可以进行对话教学。就看我们抓住的这个话题是教师会的知识点,还是学生会的知识点,或者是教师和学生都储备的知识点。举个例子吧,高一(10)班课始5分钟的个人展示活动讲的是"安史之乱"的原因,这就是一个话题。学生在展示中提到的一个原因是均田制被破坏。我当时立即叫停了,让她解释什么叫作"均田制"?这就是我在课始5分钟展示活动中引发的一个外延知识。均田制是我们必修二要讲的一个知识点,学生在这里提供了一个话题契机。10班的学生特别好,这个小姑娘就把PPT一点,"均田制"打开了……原来在她准备的时候,她已经意识到"均田制"这个知识点不会,就主动地进行了知识储备,而我对于"均田制"也有必要的知识储备,此时,我与学生之间产生了对话的可能。这种对话的教学是平等的、轻松的,知识是互补的。这时大多数的学生都关注着我与她的对话,并不断补充着新的知识。比如说,我问"均田制发生在什么时候?"一个男生立刻回答说在魏晋南北朝。在这种不断的、有人参与的对话中,生发出的对话慢慢地扩延到大多数学生的身上。对这种教学,大家都觉得很轻松、很舒服。这是发生在我课堂上的真实情景,我更喜欢这样的对话教学方式。

笔者:现在,你的课堂上已经不着痕迹地用"对话"来推进教学了。那如果让你不断地完善改进对话教学,对你而言,在对话教学的实践方面还有空间吗?如果有,它应该是什么样的一种状态,或者说又是什么样的类型呢?

D老师:提升的空间受制于我与学生是否能找到那个点,也就是我和学生能不能找到共同点。我认为,这个共同的点,要么是我和学生之间都有知识储备的,要么是我们都感兴趣的问题。为什么必须找到共同的点呢?第一,这个点有了,才能展开对话。第二,它取决于我和学生找到交点后,无论学生还是我的知识储备,能否让这个话题深入并有效地延展,而不是无效延展。所谓有效延展,指的是它最终要引发我将教学内容与学生的兴趣结合在一起。受制于这两点,我个人认为,目前不着痕迹地将对话教学适时地穿插到我的课堂上,并有空间来提升,是有难度的。

笔者:你所说的难度具体指的是什么呢?

D老师:第一,难就难在我和学生在45分钟的时间里能不能找到对等的交点;第二,在我和学生之间,不光我要有知识储备,学生也要有差不多的知识储备,才能在共同的参与中将知识有效延展。这个储备如果只在我这里或只取决于我,我认为,这不是对话教学,而是单一的讲授式的课堂。

笔者:从你的分析中,是否可以这样理解,你在课堂教学中,已经使用对话这种方式了?

D老师:通过今天与您的谈话,我也是才认识到这是一种对话教学。

6. 关于对话系统各要素作用的思考

笔者:我想问,对话教学的各个要素——教师、教学资源、学生在你的对话教学中各自起着怎么样的作用？

D老师：我认为，"文本"是纽带，它是教师是否有能力并善于抓住这个机会的一个牵引绳，有了这个牵引绳之后，教师和学生都在这个牵引绳下互相进行对话。

笔者：是否可以这样理解，文本是链接教师与学生对话的一个纽带，而老师是抓住这个对话契机的牵引绳，那学生呢？

D老师：当学生有了这个文本的连接，教师又把绳子给了学生，在"扽"的过程中，给学生一个平台、一个机会，让学生跳到这上面，学生、老师都在这个平台上，就文本进行延展。

笔者：在文本的链接下，在教师的引导下，师生共同进入一个对话的平台？

D老师：对。建立一个平台，这个平台一定要建成既有学生发言的愿望，又有学生发言的勇气，还有学生发言的积极性，这个平台一定要创设这样的氛围，学生才能进入。

笔者：在你看来，对话的建立是有条件的，如果想让学生很好地发言，教师首先要创造对话的氛围，而这个氛围就是对话能不能产生的一个条件？

D老师：是的。如果这个氛围没有抓住，我宁可不用。我有过这样的失败经历，很牵强。这个平台的建立是学生的知识没有储备到位，而最终又成为教师的一言堂。就像今天所讲到的均田制，如果那位学生没有储备关于"均田制"的知识，10班的学生也没有人知道均田制是在魏晋南北朝时期出现的，就会成为我给学生讲授，这就不是对话。我之所以能抓住这个机会，是因为我发现这个学生在PPT中单独打出均田制的名词解释，两个男生立即喊出是在魏晋南北朝。我捕捉到这个信息，这个平台就建立了，而我与学生就可以由"安史之乱"引发出对均田制的讲解，而均田制也恰恰是文本内容之一。我没有彻底抛弃文本，不是只顾学生的兴趣，一味地为引发学生的兴趣而授课。通俗地讲，文本是考纲，是考试内容，兴趣也罢，学生的参与也好，我们都要围绕文本展开活动，这样由文本引发的对话，会对理解与掌握基础知识产生更深的认识。

笔者：刚刚谈到，这是由三个要素所起的作用，现在再回过头来看，无论是成功的还是失败的，在你课堂操作的过程中，有没有什么方法把对话落在实处？

D老师：我认为没有。如果有，那就是我提前预设的话题，而我更倾向于课堂的生成。

笔者：那生成的过程中应该也是有办法的吧？

D老师：办法就是在课堂上教师能敏锐地捕捉学生发言中有让知识延展的亮点，抓住这个亮点才能展开对话。

笔者：你刚刚提到一个词：敏锐。那老师怎么做，才能具备这种敏锐的眼光？

D老师：这个问题很容易回答。聊到了我感到轻松的话题。首先，作为一个教师，你若想占有课堂，并能引发学生的兴趣，你的专业知识必须是扎实的。其次，你必须有一个敏锐的眼光。在培训的时候，在我没有举手的情况下，Z校长问："D老师，你想说什么？"我回答："SY学校给我一个深刻的印象，36人小班。"36个人完全可以在一个老师的眼光中被囊括。教师在课堂上要关注每个学生，这个必须做到。36个学生，足以让你做到这一点，只要你是细心的，全身心地投入课堂中的，加上扎实的专业知识，这就可以关注文本引发学生兴趣，开展教学。

笔者：要想让对话在课堂上有效地推进教学，教师需要具备敏锐的眼光，而这眼光的具备需要教师拥有扎实的专业知识，还有全身心地投入教育当中，能够关注每一个学生。

D老师：通过学生的眼神、只言片语的发言，教师有能力立马快速思考这个学生的发言想表达什么？能给你的课堂生成什么样的链接？要具备快速筛选信息的能力。

笔者：那如何才能更好地链接？

D老师：我自己的感觉是，首先要具有扎实的专业知识。

这并不是文本的记忆，这种扎实是对文本严谨的掌握。其次是对文本灵活的掌握。严谨和灵活是两个词，我认为这是两个角度，在灵活、严谨的基础上，在课堂上教师就可以对文本进行深入浅出的讲解，随课堂情景对学生进行讲解，和学生进行交流。这个感触很深，很多人听我的课，似乎以为我课前准备了很多。我想说，对同样的内容，我每堂课都有不同的讲法。为什么不一样呢？因为每个班的学情是不一样的，课堂上学生说出的只言片语，所体现的学生的思维水平是不一样的。这时，老师就要敏锐地把握这个点，靠着你严谨的知识，灵活地运用才能把文本讲活，而不是死板地教知识。

笔者：你可以根据学生的各种变化，灵活的调控课堂，灵活地对话？

D老师：很舒服地对话，改变一味地教，我不愿使用那种传授法，学生更不愿意听满堂灌。如果让我一直听一个老师说45分钟，我也会烦。哪怕他再优秀。所以我要提升我的课堂。我要努力成为有能力驾驭课堂的教师，这种驾驭不是严厉，而是需要两个载体，一个是教学最简单不过的载体——文本；一个是教师整个课堂的驾驭能力。只有这样才能把课上活了，这种活不就是对话吗？让学生以一个个鲜活的个体参与课堂。

7. 对青年教师应用对话系统的建议

笔者：对于青年教师如何在课堂上使对话系统运转得更好，你有什么建议？

D老师：首先，一定是专业知识。专业知识一定要扎实地掌握。扎实有两个词：严谨和灵活。其次，一定要关注每个班的学情，学情是不一样的，一定要善于动脑子，有敢于大胆创新的精神，在课堂上捕捉不同的情形，然后适时开展教学，方能让课堂灵活起来。最后，是干一行爱一行。爱这个课堂、爱你所教的专业、爱你的学生。这个爱不是与学生拍拍肩、斗斗嘴等表现出来的。这种爱一定是以传道授业解惑为目的，它是一种轻松的师生关系，而不是无度的师生关系。在教研会上，我提了一条意见：青年教师一定要运用微格教学的模式来打磨自己的课堂。我向备课组长建议：以学校给的子课题为本，让青年教师以微格教学的形式在教研会上进行展示。展示后，组内所有成员进行点评。点评后，青年教师对此片段再进行打磨，再展示……这才是青年教师成长的捷径。而这个捷径是以时间为代价的，是在成长中少走弯路。这要感谢您对于微格的解释，引发了我对微格的再认识，这可以成为我们学校教研的一个特色。为什么我反对用一节节的公开课进行研讨，是因为45分钟的课很庞杂，教研会上的目的性、针对性会发散，还不如全组老师聚焦青年教师在某一点上或者某一个教学环节中所产生的问题或困惑，用合力去帮助青年教师。我认为，与其大而杂，不如小而精。在这个过程中，不但对于青年教师，我们也会反思自己的教学，对于我们也是一种成长。这种成长恰恰符合《静悄悄的革命》中的教育理念。自己的内心会出现波动，比如在周三教研会上听完Y老师的课，我就会想到自己的课堂，在给别人提意见的过程中，我对自己的课也有意无意地进行着一些调整，这不正达到了"静悄悄的革命"的目的吗？教研会上不要玩虚的，需要一些实实在在的东西。我与年轻教师聊过，他们也渴望同行们、前辈们在某一教学环节上给他们一些有实践性的提示和建议，而不是泛泛的谈论。

笔者：关于对话教学的应用，你还有哪些意见或建议？

D老师：暂时还没有成熟的建议。我不太清楚我的课堂别人会不会认为是有用的、好的。我发现一节课堂好与不好，一定与这节课是不是有个性的课堂有关。我个人以为，我已经形成了自我的东西，而这些东西是否可以推广，是否符合他人的性格，对此，我是不确定的。但对话教学的条件是一样的，就如刚才所讲的，专业知识，对这个职业发自内心的热爱，对学生个体的关注，自身具有敏锐的眼光，等等。在成长的过程中，这些是一个综合体，而不单是关注专业。一种职业操守的提升是真正需要的，对一份职业如果不是发自内心的喜爱，要想把它做好，我认为太难了。

8. 对自己更好地应用对话系统的反思

笔者：你认为好的课一定是有个性的课。我想追问一下，每个人的个性不同，在对话系统的应用中所表现的形态也不同，你自己的专业知识、教学的把控能力是非常强的，课堂处在你的掌控之下。如果出现一些与你的教学目标相吻合的契机时，你就能抓住它，这当然非常好。那有没有可能因为你抓得比较紧，学生与学生之间的对话，也就是从三角结构的对话走向立体结构对话的过程中，会因此产生一些困扰呢？

D老师：对。在培训时，这个对话单元的结构图引发了我非常大的触动，我知道以前我做到的仅是三方六向的结构。

笔者：也就是说，在你的课堂上，对话单元还是一个基础的对话单元，而不是一个立体的对话结构？

D老师：是的。我认为在三方六向关系方面我做得还不错，而在立体性方面，也就像您刚刚提到的这个点，我在课堂上敏锐地抓住生生之间、激发对等的对话方面做得还不够。

笔者：那怎么样才能把"生生对话"这个方面做好？有没有必要做好？

D老师：很有必要呢！对话教学必须是平等的教学，既是师生间平等，也是生生间平等。而我的课堂上缺乏生与生之间的广泛交流，为什么呢？拿SY学校客观方面讲，高中的学生因为初中历史学科地位的原因，历史知识的储备非常薄弱、肤浅，生生交流出来的东西也大多是肤浅的。

笔者：你的意思是否可以这样理解，"生生对话"也是有条件的，生生间若想产生有品质、高质量的对话，对于他们知识的储备要求是比较高的？

课堂教学对话系统的重建

D老师：是的。他们的知识储备要到位，现在的课堂还做不到，可我相信就目前这个课堂，到了高二、高三，我预测在高三时，生生间的对话会远多于师生之间的对话。为什么这么说呢？我对后面的教学已经做了规划：高一是一种兴趣培养，一种平等和谐教学环境的创设，一种历史思维的训练，这是高一的教学目标。高二的教学一定是我和学生之间，我、学生和文本三者之间是一个严密的结合体，一定和学生之间以文本为链接，由我抛出牵引绳，让学生进入文本中，然后拓展知识储备。当学生想在课外得到更多更广泛的知识时，他就应该知道看什么书，因为学生已具备了历史的正确思维方法。当高二学生有了这样的基础能力时，高三阶段我和学生相对就轻松多了。轻松在哪里呢？我和学生都抓住了文本，和学生之间融洽的关系也有了，这时候学生个体的知识储备就达到了高一没有具备的阶段，对话教学也自然就能做到了，而这种做到应该贯穿于整个高三，以便迎接高考那种对知识广阔、广泛地考察。

9. 从对话单元到对话系统的思考

笔者：也就是说，我们若想把对话从一个单元结构发展到一个立体结构，是需要长期训练的，对吗？

D老师：是的。对话教学从一个对话单元结构到一个立体结构，需要知识的储备、方法的训练、教师的引导、学生正确史观的确立。从一个对话单元结构到对话立体结构，是一个漫长的过程，在这个过程中我们有很多事情要做，而这些事情恰恰就可以充实我的高二课堂，最终到高三，距离对话教学立体结构的生成就不远了。我期盼着。

笔者：也就是说，要想从一个对话单元走向一个立体结构，出现生生高质量的对话，需要长期的训练，这种训练既要学生有知识储备，教师还要对学生进行方法的训练。

D老师：教师要有有效的指导，学生要有正确的史观培养。

　　笔者：史观，我们换一个词来讲，应用到各学科中去，也就是要有学科素养。

　　D老师：好词！学科素养是要积淀的。

　　笔者：这在对话教学的理论体系里，是一个从低到高逐步发展的过程。

　　D老师：是，从一个单元到立体，真正体现了佐藤学所说的润泽，从三方六项到立体，是刻意地改变吗？一定不是，我反思我的课堂，高一、高二、高三面对不同的教学任务，我知道我的发展方向，我的课堂就会朝着这个方向努力，而不是牵强地做。努力的过程会让老师与学生之间、学生与学生之间都感受很舒服。建立这种平台，师生、生生之间的关系就和谐了，和谐后不就是润泽了吗？这种润泽环境下知识的传递就不再是课堂上唯一的桥梁，这个桥梁完全可以是资源的传递、情感的传递，甚至可以说是一种精神的传递。

　　笔者：刚才我们提到的条件，还忽略了一点，就是对话其实也是一种思维习惯的培养，再有就是心理条件的建立，他已经习惯这种对话的模式，并且班级里也有了对话的氛围，就可以了，就属于对话的保障体系。

　　D老师：或者说是一个平台，说平台更好，这些平台一定要通过时间的训练，只要坚持了，最终的收获一定是有的，我期望有的不仅是文本。

　　笔者：还有什么呢？

　　D老师：还有情感、价值观、素养，真正的人与人之间的交流，这个课堂就不再以简单的知识传授为目的。

　　笔者：一旦达到高质量的运转后，就会以知识为基础而又远远超越知识本身。

　　D老师：这恰恰应该是国家所期望的教改的真谛。教育难道真的只是传播知识吗？我认为，就拿历史课来讲，如果只是教授抗日战争，我认为没有问题，肯定能教明白。我希望我的课堂是一种对话系统，通过高一、高二的建设，以知识为桥梁与学生进行有情感的交流。抗日战争不单单是一场战争，也是民族团结、凝聚，中华民族走上强盛的过程，而从这个过程中所获得的经验至今仍很珍贵，值得我们每个人珍惜。这恰恰是学习抗日战争历史过程中，我与学生之间平等的对接，历史素养也就有了。

笔者：也就是说，在这种情况下，三维目标就达成了。

D老师：是的，就回归到了情感与价值，这不能人为地雕饰，我更喜欢《静悄悄的革命》中润泽、交响乐般这种词语。

笔者：如果我们把这些东西都做到位了，教学目标在这个过程中，在每一节课上就都能实现了，然后，又能达到生生对话这种境界的时候，那么追求的过程与方法、情感价值观就都落实了。

D老师：三维目标一定会潜移默化地渗透到课堂上。

笔者：目前我们还处于努力的过程中，三方六项对话单元做得还不错，未来需要有时间的过渡，还有一些因素的建立，慢慢逐步在高二、高三阶段才能实现对话的立体化。

10. 对执教教师访谈后的思考

高中历史D老师认为："文本是连接教师与学生对话的一个纽带，而老师是抓住这个对话契机的牵引绳。"D老师的话引出了教学对话系统应用的一个非常重要的问题——对话系统如何才能摆脱课堂上"主体性神话"的困扰，使对话更有针对性？使课堂教学因而更有质量？

在课堂上，一个对话单元构成的三方六向的对话并不是漫无目的的聊天、闲谈，它是跟文本（或资源）发生关系的，文本（或资源）在它的外部不断地作用于教师或学生，师生围绕文本展开对话。唯有这样，对话才有方向、有目标。因此，课堂教学中的对话一定是围绕文本，围绕教学目标展开并推进的。所以文本是课堂教学对话系统应用的依据。对这一点是必须有清楚认识的。当然，对于不同的学科，文本呈现的方式会有所差异。例如，对于语文、英语等文科课程，文本更多的是指教科书以及由教科书延展出来的阅读材料等教学资源；对于数学、物理等理科课程，文本则多指教科书及由此推演出的习题、练习册乃至实物图形等教学资源；对于体育、音乐、美术等课程，文本则已经演变成为专项技能、身体动作或艺术资源等。高中阶段的课程尤其具有特殊性，与幼儿园、小学及初中相比，语数英、理化生和政史地等承担着高考任务的课程，则更加强调教学的针对性、知识的系统性、效果的跟进性，也就是教师是难以脱离考纲、无法忽略高考的。恰是因为如此，所以对话系统应用依据问题成为更加突出、倍加重要的问题。下面，首先，我们通过具体的课例、研讨、访谈等诠释教学对话系统应用的依据的问题。其次，以高中数学课为例分析课堂教学对话系统的应用过程。

（五）从文科课堂到理科教学换角度应用对话系统

文科课堂和理科课堂不仅在教学内容上存在差异，在 SY 学校，文理科的课堂教学结构要求也有所区别。例如，文科课始 5 分钟都是学生展示，而理科则是课尾 5 分钟进行结构化。对所学内容进行结构化的，既可以是学生又可以是教师还可以是师生共同完成。在文科课堂上，以高中历史课为例进行了应用过程的研究之后，我们又聚焦到高中数学课上，进行第二轮对话系统应用的过程研究。具体情况如下。

第一步：进入课堂进行课堂观察（实录）。

课例研究 2

研究对象：高一数学学科的校内录像课。

执教教师：L 教师（硕士，到 SY 学校前是一所职业学校的教师）。

课题名称："圆柱、圆锥、圆台"。

课前准备：以小组为单位分别合作制作圆柱、圆锥、圆台和球体的实物模型，先让学生预习本节内容，然后对圆柱、圆锥、圆台和球体的结构特征进行描述。

1. 围绕复习内容，设计导入问题，引发师生对话

【环节1：复习导入】

师：上节课我们学习了几个几何体？

生：3个。棱柱、棱锥、棱台。

师：棱柱的几何特征是什么？

生1：棱柱的特征有：上下两个底面平行且相等，侧面都是平行四边形。

师（补充）：棱柱的特征有三个方面：有两个面互相平行，其余的面都是平行四边形，并且相邻两个面的公共边互相平行，这样的几何体被我们称为棱柱。同学们有疑问吗？

生全体：没有。

师：上节课还讲了棱锥，那什么是棱锥呢？

生2：有一面是多边形，其余的面都是三角形，并且这些三角形有一个公共的顶点，这样的几何体被称为棱锥。

师（评价）：非常正确，那什么是棱台呢？大家一起回答。

生全体：用一个平行于底面的平面去截取棱锥，截面与底面之间这部分几何体被称为棱台。

师（补充）：底面是几边形我们就称之为几棱台，底面是几边形我们就称之为几棱柱，底面是几边形我们就称之为几棱锥。大家都记得吧？都能明白吧？

生全体：明白。

2. 围绕新授内容，呈现合作成果，生成多重对话

【环节2：学习新知】

师：今天我们来学习另外几个几何体。第一个是圆柱，上

节课给哪个小组布置的任务?

（1）第8小组学生代表展示——圆柱

第8小组：（举手）

师：请第8小组代表（组内推荐）上台展示，大家给掌声。

第8小组代表：（上讲台展示，拿水杯作为道具）由这个面旋转得到的几何体。

师：举高一点，由哪一个面旋转？

第8小组代表：由侧面切开的横截面旋转得到。

师：除此之外呢？

第8小组代表：它有两个底面，侧面是曲面，上下底面相等。

师：大家给他鼓掌！请把杯子给我，这个杯子是圆柱吗？

生全体：不是。

师：这个杯子只能说形状类似于圆柱，但它不是一个圆柱，对吧？

生全体：对。

师：第8小组的同学要认真做模型呢！看这个是我给大家准备的。

生全体：哇哦！！！！

师：首先我们来认识它是不是圆柱？

生全体：是。

师：我们来看，它上下有两个底面，两个底面都是什么？

生全体：圆。

师：对，是圆面。中间是曲面，我们称之为侧面。上下是圆柱的底面，中间是圆柱的侧面。同学们，圆柱是怎么样形成的？（师拿出教案本，进行演示）这是一个矩形，它绕着一条直角边这样旋转（师演示）所形成的封闭的图形，这样的几何体被称为圆柱。大家明白吗？

生全体：明白。

师：大家要知道，一定是封闭的，绕着一条轴旋转，这条轴被称为旋转轴。绕着轴所形成的曲面，被称为圆柱的侧面，上下两个面被称为底面，那底面是如何形成的？（师再次拿出教案本做演示），由上下两条边旋转所形成的面被称为底面。大家还有问题吗？

生全体：没有。

师：（通过PPT展示圆柱的形成，并在PPT上完整呈现了圆柱的定义），下面我们来看几个关键问题：一是圆柱的轴是哪一条？（PPT上显示问题和图形）

生全体：旋转轴OO'。

师：对，也就是说OO'是圆柱的轴。二是圆柱的底面是哪两个面呢？

生全体：上底面和下底面。

师：圆柱的侧面是哪个面？

生全体：旋转后的曲面。

师：什么是圆柱的母线？

生全体：（思考）

师：平行于圆柱轴的线是母线，那母线有多少条？

生全体：无数条。

师：（拿起圆柱模具）上下两个圆心的连线是圆柱的轴，那什么是母线？凡是在圆柱的侧面上平行于轴的线，都是圆柱的母线，现在大家对圆柱认识清楚没有？

生全体：清楚了。

师：那我再问一个问题，你们有没有想过圆柱的侧面展开后将是一个什么样的图形？

生全体：长方形、矩形……（学生们有不同的答案）

师：圆柱的侧面展开图是一个矩形。（师在黑板上画圆柱，标注两个圆心分别为O、O'），我标记其中的一条母线为h，h也是圆柱的高，圆柱的底面半径标记为r，圆柱的侧面展开图是一个什么图形？

生全体：矩形。

师：（画矩形）当然也是长方形。那谁知道长方形的长为多少？

生全体：$2\pi r$。

师：此长方形的面积$2\pi rh$也就是圆柱的侧面积，因此我们很快得到圆柱的侧面积为$S_{侧}$等于？

生全体：$2\pi rh$。

师：同学们都知道，圆柱除了有一个侧面积外，还有两个底面积，是不是我们还可以算出它的底面积？

生全体：$2\pi r^2$。

师：由此我们可以算出圆柱的表面积吧？

生全体：能，$S_{表}=2\pi r^2+2\pi rh$。

师：很快我们把后面的知识解决了，大家都明白了吗？

生全体：明白了。

师：（问生3是否清楚）

生3：清楚了。

师：好，接下来我们继续学习另一个旋转体——圆锥，给哪个组布置的这个任务？

（2）第2小组学生代表展示——圆锥

第2小组代表：我们（第2小组代表上台展示，大家鼓掌）……

师：大家睁大眼睛盯着他，他会给你们带来惊喜。

第2小组代表：圆锥就是一个直角三角形沿着一条直角边旋转，这条边与另一条直角边围成的旋转体。

师：你举高一点，再给大家演示一遍。

第2小组代表：（又演示了一遍）

师：大家都看明白了吗？

生全体：看明白了。（全体鼓掌）

师：这位同学已经给大家说得很清楚了，那么圆锥的结构特征是什么样的？我们来看一下PPT。在学习圆锥之前，我们先来解决一道关于圆柱的问题吧。用一个平行于圆柱底面的截面，去截圆柱，截面是什么图形？

生全体：圆。

师：那用平行轴的截面去截圆柱，截面是什么图形？

生全体：圆。

师：那用平行轴的截面去截圆柱，截面是什么图形？

生全体：长方形。

师：大家没有问题吧？

生全体：没有。

师：好，那我们来看圆锥的结构特征，首先大家齐读一下圆锥的定义。

生全体：（齐读）

师：（带领大家理解性地再读圆锥的定义）大家已经理解圆锥的定义，这里有几个问题需要注意，在圆柱里讲到了轴 OO'，表示圆柱的时候也是用 OO' 来表示的，那在圆锥里也有一个旋转轴是哪个呀？

生全体：SO。

师：对，我们也将 SO 称为圆锥的轴，圆锥也是有底面的，（拿起圆锥模具）下面的这个是圆锥的底面，这是圆锥的侧面，也是一个曲面，生4看清楚了吗？

生4：看清楚了。

师：（大家同看PPT），斜边旋转形成的曲面叫什么？

生全体：侧面。

师：那什么是圆锥的母线？我们刚才说了圆柱的母线平行于轴，那圆锥的母线呢？

生全体：斜边在旋转中的任何位置都叫圆锥侧面的母线。

师：大家一定记住母线在圆锥的侧面上，（拿起圆锥的模具），这条是不是圆锥的母线？（手指出）

生全体：是。

师：那这一条呢？

生全体：是。

师：那大家说说圆锥母线有多少条？

生全体：无数条。

师：圆锥的母线和圆柱的母线都是一样的，都有无数条，还有疑问吗？

生全体：没有。

师：（用PPT展示圆锥的轴、底面、侧面、底点），圆锥有一个顶点，大家想想，无论是圆柱还是圆锥，它都是一个什么体？

生全体：旋转体。

师：昨天讲的棱柱、棱锥、棱台都是什么体？

生全体：多面体。

师：而今天圆锥、圆柱是什么体？

生全体：旋转体。

师：对，由一个平面图形旋转而成的，我们称其为旋转体，哪位同学到黑板上画棱锥？哪位同学画得好？

生5：（在黑板上画棱锥）

师：我画图能力弱，以后要借助同学们的实力。

师：感谢生5，画得还可以吧！刚才我在画圆柱时有意没有用尺子，但正确的画圆柱的两线时应该用什么？

生全体：尺子。

师：我在这有意地试验了一下，大家是不是以为我忘了？我是开了个玩笑，果然生5上来后就徒手画了啊（师做了一个画的动作）。所以要用尺子画，否则是画不规则的，（师重新在生5画图的基础上用尺子进行修改，标记了顶点为S）底怎么画，也用尺子画吗？

生全体：（笑）

师：底面用尺子是画不了的，圆锥底面应该是一个圆，那为什么看起来不是圆呢？因为我们是用斜二侧画法画出来的，图很直观，看上去像椭圆，实际上是圆。连接SO，SO是什么?

生全体:高。

师:对,是圆锥的高,记为 L (SA),底面圆的半径记为 r,同学们有没有发现一个很奇特的现象,SOA 是什么三角形?

生全体:直角三角形。

师:直角三角形里面有一个很重要的定义是什么?

生全体:勾股定理。

师:根据勾股定理我们可以得到 $L^2 = r^2 + h^2$(生共同回应),哪位同学想过圆锥侧面展开图是一个什么图形?

生全体:扇形。

师:扇形的面积,有谁知道如何计算?

生全体:(思考并说出自己的答案)

师:SA 是圆锥的什么?

生全体:母线。

师:弧长 AB 是圆锥的什么?

生全体:底面圆的直径。

师:我说的是这条弧长 AB。

生全体:底面圆的周长。

师:对,是底面圆周长,为 $2\pi r$,直线 AB 为底面圆的周长,那扇形面积应该是怎么样的?扇形面积也是圆锥的侧面积吧。这个以后再讲解,这里先引出它的面积 $S_{扇} = \pi r L$,这里圆锥侧面展开后是扇形,它的面积是 $\pi r L$,r 是圆锥底面圆的半径,L 是圆锥的母线,h 是圆锥的高,同学们明白吗?这是圆锥的侧面积,也是我们展开的扇形的面积。当然它也有底面,底面积为 πr^2,因此我们可以得到圆锥的表面积为 $S_{表} = \pi r^2 + \pi r L$,很快我们给同学们讲解了圆柱和圆锥的表面积,r、L 都知道是什么意思了吧?

生全体:明白了。

师:我把教材后面的知识顺带在这里讲解了,这种上课模式你们要好好体会呢!前后交错,将基础知识引进来,通过同学们对圆锥、圆柱的理解，我们掌握了它们侧面积与表面积的计算方法，这个推导过程可以作为一个思考，下去推导一下，哪个小组能推导出来，我将给这个小组加 6 分，圆锥的知识都掌握没？有没有问题？

生全体：没有。

师：好，那我们来解决几个问题。经过圆锥的两条母线，它的截面是什么形？

生全体：三角形。

师：是什么三角形？

生全体：等腰三角形。

师：因为它的母线？

生全体：相等。

师：所以它的截面是一个等腰三角形，那经过圆锥的轴截面所形成的图形是什么？

生全体：（思考试答）

师：知道什么是轴截面？就是过轴做一个截面？

生全体：等腰三角形。

师：它的轴截面画出来是这样的，（师画）看好了，它的轴截面就是 SOD。

生全体：对。

师：还有别的情况吗？

生全体：有。

师：对，还有很多情况，只要经过它的轴所截的面积就称为轴截面，截面显然是一个等腰三角形，能理解吗？

生全体：能。

师：要用你们的大脑好好去想呢！这块儿好多知识都是脑袋想出来的，接下来我们来看这个几何体（ppt 展示），谁能告诉我这个几何体是什么？

生全体：圆台。

师：哪个小组准备的是圆台？

(3) 第5小组学生代表展示——圆台

第5小组同学：（举手）

师：请第5小组同学代表。（同学们鼓掌）

第5小组代表：（上台展示）就是一个梯形沿着旋转轴旋转一周所形成的封闭的旋转体为圆台。

师：请你把模具举高一点。

第5小组代表：（和前排同学借了一支笔作为旋转轴）。一个梯形沿着旋转轴旋转一周所形成的封闭的旋转体为圆台。圆台的侧面展开图是一个扇形。

其他同学：对第5小组代表所说的"圆台的侧面展开图是一个扇形"提出疑问。

师：是一个什么图形？是扇形吗？

其他同学：不是。

师：应该是一个扇环形。你还有其他知识要给同学们讲的吗？

第5小组代表：（使用ppt上的圆台图例）用一个平行于圆锥底面的平面去截圆锥，得到的几何体就是圆台。

师：非常好！给他掌声。

（全体掌声）

师：掌声要激烈，不要稀里哗啦的。这一组讲得非常好。从两个方面来给大家讲解，一个是梯形，大家都看清楚了吗？

生全体：看清楚了。

师：以一个梯形的直角边，这个梯形一定是一个直角梯形。以直角梯形的一个腰为轴旋转一周所形成的封闭图形为圆台。还有一种做法就是用一个平行于底面的平面去截，截面与底面这一部分组成的几何体，我们称之为圆台。同学们看ppt演示，这是我给出的定义。接下来我们来看圆台的几个关键点。（ppt展示）一是与圆柱圆锥一样，圆台也有轴 OO'，上面的面称为上底面，下面的面称为下底面，还有侧面，同学们清楚了吗？

生全体：清楚了。

师：我有一个问题，经过圆台任意两条母线的截面是什么图形？

生全体：等腰梯形。

师：那轴截面有哪些基本特征？什么是轴截面？经过轴的截面，是等腰梯形，并且等腰梯形上下两边的中点正好是上下两个圆面的圆心。圆台看成是由什么样的图形旋转而来的？刚才第5小组的同学已经给大家解决了，是吧？

生全体：是。

师：可以看成由一个什么图形旋转而来的？

生全体：直角梯形。

师：第4个题（ppt显示，师读），设圆台的上下底面圆圆心分别是O、O'，过线段OO'的中点作平行于底面的截面，称为圆台的中截面，那么圆台的上下底面和中截面的面积有什么关系？你们先思考一下。（师画圆台）我感觉我画图的水平有些对不起大家。这是一个圆台，我们把下底面的半径记为r_1上底面半径记为r_2，中截面（师画图）的半径记为r_3。大家想一想r_1、r_2、r_3之间有什么关系？（师提示）这是一个什么图形？

生全体：梯形。

师：r_3是梯形的什么线？

生全体：中位线。

师：那么r_3等于什么？

生全体：$r_3 = 1/2 (r_1 + r_2)$

师：有了这个关系后，中截面的面积就可以算出来了，只要知道上下底面的半径就可以了，此问题已解决。还有不明白的吗？

生全体：没有。

生：生6，你明白吗？

生6：明白。

师：接下来我们给这几个图（ppt显示）进行分类。哪个小组愿意来分类？给小组加6分。

生：（举手）

（4）第4小组学生代表展示——分类，其他小组补充

师：第4小组。

第4小组代表：我们小组认为可以分为两类：一类是柱体，一类是椎体。

师：柱体包括圆柱、棱柱，椎体包括圆锥、棱锥。那么他们的分类完善吗？哪个小组来补充一下。

（生举手）

第5小组代表补充：分为多面体和旋转体。

师：还有其他小组来补充一下吗？

第2小组代表补充：可分为柱体、椎体、台体。

师：非常好！我们目前学过的空间体可分为柱体、椎体、台体，还有别的吗？

生全体：球体。

师：我们目前学习的空间体有柱体、椎体、台体、球体。哪个小组准备的球体？

第7小组：（举手）

第7小组代表：（上台展示）

师：掌声给我们的林老师（就是展示的同学）。

第7小组代表：（带自己做的模具和一个乒乓球）半圆所在的直径旋转一周所得到的旋转体为球体（生举起乒乓球）。

（大家笑）

师：林同学上来很有老师的样子。大家想一想乒乓球是不是球体？我还发现一个奇特的现象，8班和9班的学生制作的图非常的小，以后同学们在做事情的时候尽量做得大气一点。大家看这是一个半圆，半圆绕着它的直径旋转一周所形成的封闭图形称为球体。我们回过头来想一想，乒乓球是不是球体？

部分生：不是。

师：（展示ppt上显示圆的定义，师读）以半圆的直径所

在直线为旋转轴,半圆面旋转一周形成的旋转体叫作球体,简称球。接下来我们看一下球体的几个关键点。一是什么是球心,也就是半圆面的圆心。二是什么是球的直径?

部分生:半圆面的直径。

师:对,半圆的直径为球的直径。那什么是半径?就是球心到球面上的任何一点的距离,都可以称为球的半径,大家清楚了吗?

生:清楚了。

师:我们再思考一个问题,用一个平面去截一个球,截面是一个什么图形?

生全体:圆。

师:都知道啊,生7知道吗?

生7:知道。

师:用一个平面去截一个球,截面是一个圆。那乒乓球到底是不是一个球体?

生:不是。

师:的确不是,乒乓球是空的,我们数学中规定球体是实心的。铅球是球体,乒乓球表面可类似地看成球。接下来看这个问题(ppt展示,师读),设球的半径为 R,截面圆的半径为 r,球心与截面圆心的距离为 d,来看球心,也就是 $d = OO'$,球的半径为 R,也就是说 OP 是 R,那么 $O'P$ 是 r。

生:(思考并试着回答)$R_2 = r_2 + d_2$

师:$R_2 = r_2 + d_2$,勾股定理,是吧,那我们用这个公式来解一道题,给你们一分钟的时间。

(ppt上展示题目:已知球的半径为10cm,一个截面圆的面积是 $36\pi cm^2$,则球心到截面圆圆心的距离是多少?)做完之后,小组内讨论一下。(各小组讨论)球的半径为10,截面圆的面积是 $36\pi cm^2$,那同学们想一想,截面圆的半径为多少?

部分生:6。

师:说明公式中的 r 是?

生全体：6。

师：那 R 呢？

部分生：6。

师：简单吧。

生：简单。

师：刚才公式的关系清楚了吧？$R^2 = r^2 + d^2$。生8，明白吗？

生8：明白。

师：（ppt 展示）我们来看一下这几个图的分类，哪个小组愿意把分类再说一下？

（生举手）

第5小组代表：分为柱体、椎体、台体。

师：还有吗？

第5小组代表：柱体、椎体、台体、球体。

师：我们还讲了怎样的分类？

第5小组代表：多面体和旋转体。

师：其他小组还有补充意见吗？

生全体：没有。

师：同学们看看哪些是多面体？哪些是旋转体？大家一起说——

生：多面体有棱柱、棱锥和圆台。

师：旋转体呢？

生：圆柱、圆锥、圆台及球体。

师：（拿起模具）这是什么体？

生全体：旋转体。

师：这个呢？

生全体：组合体。

师：对，由一个圆柱和圆组合而成。（又拿起一个模具）这是什么体？

生：组合体。

师：对，一个圆柱和一个长方体组成。（又拿起一个模具）

生：组合体。

3. 围绕学习过程，小结所学内容，布置对话任务

师：对，所以大家要注意，以后我们遇到的几何空间会是一些组合体，是由我们这几节课学习的简单的几何空间体组合成的空间体。同学们会问，老师，您把圆柱、圆锥的表面积表示出来了，怎么没有给大家把圆台的表面积表示出来，那是因为圆台的表面积需要今晚讨论的小组来解决。（上游学校晚自习阶段的最后半小时是小组讨论时间）

自习课时给大家留今天的作业。

下课！

第二步：课后研讨（教研实录）

研讨时间：2016年12月12日（周一）14：00—16：00。

研讨地点：学校行政楼培训室。

参加人员：SY学校数学组及课题攻关组成员共17人。

教研过程与主要内容：

首先，小组重温《SY学校课堂建议》即"下五条"的内容（①问题导学：从话题入手，引发认知冲突；②以学生的体验为基础；③关注相异构想，提高教学针对性；④利用学生间的差异，合作学习；⑤盯住思维线或生发线，重视结构化）。

其次，组织参会老师，观看高中数学组L老师的教学视频。

观看前，L老师简单介绍授课内容：一是复习棱柱、棱锥、棱台的概念、命名方式、结构特征；二是由学生分组展示与讲解（学生已进行课前预习并制作几何模型），展示及讲解内容包括：圆柱、圆锥、圆台、球的形成与结构特征；三是强调关键点，"旋转"的"封闭"图形，以及底面、侧面的关系。

在观看中，老师们带着两个问题进行独立思考：①在本堂课上，关于课堂教学"下五条"有哪些体现？有哪些不足？有哪些超越的地方？②对于本堂课，还有哪些可行的建议？

课堂教学对话系统的重建

在观看后，参加研讨的老师针对两个思考问题进行10—15分钟的小组讨论，组内分享各自的观点，并推荐代表集中分享。

最后，各小组代表集中分享观点：

C老师（高中数学组最年长的老师）：前一节内容为多面体的结构特征，本节内容为旋转体的结构特征，L老师在课程中加入了截面、轴截面的内容，体现了高、底面半径、母线之间的关系。课堂内容充实丰富，安排合理。另外，课堂上的小组合作，准备充分，参与度较高。

C老师（初中英语）：在本节课上，教师语言轻松幽默，课堂气氛非常活跃，这样的课让学生更容易进入状态。但是本节课的内容应是以认识几何体为主，教师应该对于如何用数学语言描述旋转体的形成以及旋转体的结构特征加以强化，因为对图形的认知是一个螺旋上升的过程，应该有认识，有深化，更加明确和清晰。

Y老师（高中化学）：L老师教学严谨，驾驭课堂的能力强，师生互动也做得很好。本节课上，课堂容量大，涉及内容较多，思维线清晰。另外，运用了各种实物模型，使得知识学习的过程更直观、更生动。但是仍然存在一些问题：①小组合作不够深入，部分流于形式，并没有很好地利用学生间的差异；②数学中的立体几何，应更多地与生活相结合，以便于理解；③本节课上没有多样的学生活动，并且上台展示的学生表达不完整，不规范，教师应该更加注重规范性和准确性的培养。

L老师（教师发展中心干事）：在本节课上，气氛轻松，师生关系融洽，教师真正做到了关注每个学生，并且称学生为"××老师"，使学生成为课堂的主体。另外，课堂教学的生成体现出备课十分充分，每一个问题都有追问，关联性也极强。在课后作业的布置方面，也考虑到了后续要学习的知识内容，为预习做了准备。并且让学生在课前预习，自己制作几何模型，充分实现了"以学生的体验为基础"。但是在小组合作过程中，教师对于时间的把握，任务的分配不够明确和合理。另外，我们数学组的J老师建议——几何画板的使用能使学生对几何体的认识更加直观。

L副校长：①在观看视频的时候，在座各位教师都较投入，表明这节课吸引了大家，如同学生在课堂上也比较轻松、愉快、投入度较高一样；②知识容量大，问题设置充分，在问题中跟进；③课前的预习和课上的展示，都重视学生对知识的体验；④思维结构清晰，体现出了知识的结构化；⑤我们小组建议：课堂上可以让学生参与评价、质疑、提问，以加深认识；⑥小组存疑：在对于几何体的认识中，深入表面积，是否合理？

L老师自我评价：圆柱、圆锥在讲到侧面展开时，就会自然地联系侧面与表面积，这种知识的深化是一种尝试，还不能说是否最好。因为涉及概念内容较多，所以一些问题表达得不够清楚；学生对于概念的描述和表达，是一个需要长期训练的过程，需要逐步提高要求，渐渐规范。

笔者：从课堂教学五条作为切入点，分析课堂设计与执行中的优缺点，应该从学生的视角出发。传统教学都是以知识链作为结构进行展开，备课，而"认知冲突、相异构想、合作学习、知识的生发"都是以学生为主体展开的。从知识结构的角度是很难评价一堂课的。所以包括课程准备，我们都应从学生的视角出发，了解初高中教材所扮演的角色，以合理把控课堂上深化或者拔高的度。学习的过程，应该是从感知到抽象出概念，从认识到了解结构关系，从感性认识到数学语言的严谨表达。课程在进行的过程中，总是需要不断再设计的，而再设计的依据就是相异构想。教师应该合理利用相异构想，对课堂进行调控，用"下五条"指导教学设计和课上组织教学。在本节课上，以"旋转"作为主线，而结构化应是不同知识体系之间内在的联系，无论是结构特征、结构关系、数量关系、位置关系，应该是由同一思维主线所控制的。我们的教学并不仅仅是要求学生学会，而是引导学生会学，因此课前的准备与课堂上的调控所遵循的原则，或者指导思想是非常关键的。在这样的要求下，我们才能使对话系统更好地应用、更好地调控，真正促进学生思维品质的发展。

第三步：教师访谈（访谈实录）。
被访谈人：L老师。
访谈时间：2017年2月（10：05—10：45）。
访谈地点：校长办公室。
访谈过程：

笔者：你是怎样看待教学对话体系中"教师、学生、文本"这三个要素的？

L老师：您能说得具体点吗？

研究者：就是在课堂教学中，会有教师和学生的对话，学生和学生的对话，教师和文本、学生和文本的对话，也就是一个三角形的对话单元。

L老师：好，我理解了。

笔者：你是怎么看待这个问题的？

L老师：那就先说一下教师和文本吧。我觉着教师应该对文本有特别的了解，就是不仅要知道文本里面的知识，还要对文本进行精心的处理、设计，使之适合自己的学生，这是教师跟文本的对话，我觉着应该是这样的。还有一个就是教师跟学生，我觉着教师跟学生主要的就是教师至少要让学生听自己的课，就是愿意听而且乐于听，这是第一点。第二点，我觉着教师应该对学生有深刻的了解，就是你的学生是什么样的？适合听什么样的课程？你怎么设计才能让他掌握？这个我觉得很关键。第三点，我觉着就是教师在课堂上要想办法让学生能够集中注意力，然后把他带到教师设计的"轨道"上来，再让学生做一些发散性的题目。还有学生跟文本的对话，这个就比较细致了，因为我觉着至少要做到每节课之前学生先自主地预习文本，对文本有一定的了解，并对文本有自己的思考。还有一点就是教师要给学生提供预习内容，让学生提前思考，然后记录下自己不会的知识，在上课的时候解决。

笔者：这是你关于对话系统中三个要素的认识。那在这个过程中，这三个要素的关系是什么样的呢？

L老师：我觉得它们的关系应该是相辅相成、互相影响的，每个环节都很重要，也就是缺一不可的。

笔者：那你觉得对话是依据什么进行的？就是对话的出发点和落脚点在哪里？

L老师：这个您指的是具体一堂课还是？

笔者：请从具体的一堂课说说吧。

L老师：我觉着出发点就是不管怎么样一定要想办法让学生能够在这一节课上从头至尾都投入学习，在投入的过程中掌握知识和方法。就是你设计这堂课，一定要让你的学生不能说全部，至少大部分学生能够接受你的这堂课，然后他们通过这堂课的学习还能够想到一些属于自己的东西。

笔者：你说的这个接受具体指的是什么？

L老师：具体指的就是知识和思想方法。

笔者：你怎么知道学生是否掌握了"这个思想和方法"？

L老师：这个我们有课后的习题，通过我们课后的习题就可以反映出学生到底掌握了多少。

笔者：用课后习题去检测，那你怎么知道哪些知识要让他们在课上掌握呢？

L老师：这个作为教师应该都知道的，它的重点、难点都是很清楚的。

笔者：那我们通常所说的教学目标要清晰，重难点要明确，你要知道如何突破，那教学目标在这个过程中间又起什么作用呢？

L老师：教学目标，我觉着应该是一个主导思想，因为你的这堂课就是围绕你设定的目标去展开的，所以你要是脱离了教学目标，你的这堂课在实施的过程当中，可能就比较凌乱，可能就达不到预期的效果。所以我觉着教学目标应该在这堂课当中起到一个主旨的作用。

笔者：也就是说我们在整个的对话过程中，其实是把目标具体化，也就是说教学目标其实是教师基于文本设计的；然后，再根据我们设计的教学目标去选择什么样的组织形式和什么样的教学方法；最后，帮助学生达成教学目标，是这个意思吗？那你觉得在对话过程中，若是从某一个对话单元来说，就是教师、学生和文本之间，对话在不同的课上都是能够清晰地看到的，尤其是小组合作，组内有高频度的生—生之间的对话，但走向四面体的、对话的立体结构状态，在当下的课堂上还表现得比较少，你觉得怎么能解决这个问题呢？

L老师：这个问题我觉得还是要培养学生的自主学习能力。首先，让学生爱学这门课程；其次，学生能自愿地思考一些问题；最后，学生一旦能自主地动脑思考，他们之间就会互相沟通。当他们之间沟通得多了的时候，就会在沟通中找到乐趣，而一旦他们找到了乐趣，自然就会出现"四面体"对话结构。当学生体验到对话的乐趣时，不管是在自习课上还是在课间活动中，他们就会愿意对话。所以，我觉得课堂至关重要。只有在课堂上学生学会了对话的方法，才能引发课上课下的生—生对话。因此，教师要想办法帮助学生掌握、体验对话的乐趣，帮助他们形成习惯，那么对话的四面体结构就会更多地出现。

笔者：你的意思是说，一个对话系统若要在课堂上很好地运转，就要从课前的准备、课上的实施包括课后的指导上下功夫，那有具体的方法吗？

L老师：这个每堂课都不一样，每堂课的设计都是不同的，有些课可能适合于教师去讲，这样的话，课堂上的对话可能就会稍微少一点，但有些课适合学生去做，这样的话，对话可能就会多一点，所以我觉得一堂课的对话主要取决于这堂课的课型；还有就是主要取决于教师的设计，因为不同的教师所站的角度不同，所以他的设计也不同，这样给学生带来的效果就不同，所以我觉得对话教学没有固定的方法。

笔者：就是一切基于你的教学内容，应该说是基于文本设计对话，基于文本确定课型，而课型不同，对话的频度或对话的形态等也会不同。

L老师：是的，文本不同，课型不同，对话方式可能就不同。

笔者：那么，你能不能举一个简单的例子来说明一下。

L老师：具体指的是？

笔者：例如，什么类的课型它是怎样的对话形态？

L老师：可以。比如说你讲完一个知识点之后，就需要一节习题课，这节习题课就会出现"四面体"的对话结构。换句话说，"四面体"对话结构的出现，首先必须是教师跟学生之间先有对话，完了之后教师告诉学生我们这节课要做什么，之后学生就会知道自己要做什么，学生就会跟文本产生对话，因为教师设计的就是跟文本有关的，所以学生跟教师的问题就会发生关系。在此之后，学生就会想办法跟教师对话，之后教师就会根据学生的对话去引导其他学生，让学生和学生之间进行对话，这样的话，这个"四面体"结构就会展现出来。所以我觉得这种"四面体"的对话有些时候对于讲完新知识之后习题课的讲解是非常有效果的，这样可以让学生在教学的过程当中感受到做题的乐趣，找到成就感，然后他们就会自发地对话。但是，对于某些比较抽象的课程，比如说"导数"，这个大部分可能就要取决于教师跟学生之间的对话，因为教师要把一些抽象的东西讲解给学生，让学生理解了，然后学生才能跟教师进行更深层次的对话。如果理解不了的话，对话就不在一个层次上，也就没法对话，学生就会感到学起来非常吃力，所以教无定法。

第四步：分析解释。

数学组的集体教研采用的是一个人主导备课，其他人共同聚焦"工"字形教案的第一、二板块，也就是共同确定教学目标、重难点、教具准备、教学内容等，之后再讨论组织教法，即第三板块的内容。在这一板块，每位教师都可以根据自己的特点和学生的实际，优化选择，体现出更多的个性成分。最后在课堂教学结束后，每个人独立完成第四板块——教学反思的内容。从 L 老师的这节课及他在此前、此后执教的多节研讨课或公开课来看，他已经较好地掌握了课堂教学对话系统的理念、方法，他的课堂最大的特点是思维线清晰，整堂课以问题串的方式，由浅入深、由简单到复杂地串起整堂课，在课上充分挖掘学生之间的对话成果，在此基础上通过教师对学生所呈现的对话成果的追问、澄清、重述、评价等技术，引导学生在对话内容上更加严谨，在学习内容的理解上逐步加深，在运用符号语言表述上更加规范，同时还通过组织、引导促使生生之间生成更多的对话机会，从而使教学因各个因素之间的多重、多次、多维的对话而激活对话系统，使得课堂因对话系统的运转而产生张力。

五　应用课堂教学对话系统的反思

课堂教学对话系统在应用中，如何能够呈现出理想的教学效果？这是理论落地，具有实践指导价值的关键。在 SY 学校，老师们经过多次培训、多次听课尤其是课例研究、跟进研讨等活动，自觉践行的意识是比较强的。那么，对话系统应用效果如何？理论建构与实践应用上存在哪些问题？诸如此类，都需要通过全面反思，不断完善教学对话系统的理论体系，以使之更好地指导实践。

（一）从教师教学反思分析对话系统应用中的问题

我们选择了高中语文、历史、初中数学、信息技术 4 位教师半年多来的教后反思，从中分析课堂教学对话系统自 SY 建校以来在实施中所存在的问题。

1. 高中历史课 D 老师的教学反思

SY 学校教高中历史的两位教师都是具有教学经验和教学个性的，他们都热心于改革，是学校教学研究中的积极行动者、用心思考者。D 老师在应用课堂教学对话系统的过程中，每一节课都有教学反思，我们选择了其 2016—2017 学年度第一学期 5 次课后的反思，从中可以看到她由困惑、反思到寻求解决问题的策略、途径，再到收获喜悦的历程。

（1）2016 年 8 月 30 日，执教《夏商周政治制度》的教学反思

困惑：关于小组合作，第一，纪律上散乱无序。我的提问，学生不感兴趣，故讨论无的放矢，废话满天。第二，组内讨论分工不到位。组长没有起到有效的组织作用，组员讨论发散、无重点。第三，对话质量低。学生回答问题时思维混乱，内容发散，语言不严谨。

反思：一言堂，满堂灌肯定是不行的！课堂改革势在必行！对话系统实施——小组合作是有效途径！

方法：第一，我课下找组长谈话，教组长如何有效组织组员进行有效讨论；第二，我的课程内容设计尽量以问题设问为主，要关注群体活动，慢慢培养学生的团队意识；第三，课堂上我要时不时地深入小组内，蹲下身子参与其中，帮助学生学着讨论问题；第四，小组讨论中要提醒学生除了主动发言、积极协作之外，认真倾听、深入思考也是参与的重要形式。

（2）2016 年 9 月 6 日，执教《秦朝中央集权制度的形成》的教学反思

反思：学生初中的历史知识几乎是空白，这么简单的问题，几个班几乎都答不出来，只好由我来讲解，花费约10分钟，完全冲击了本课内容"中央集权"的学习时间，致使几个班都没有完成这个专题的教学。由此我想到，这学期开学至今讲课进度为何总提升不起来，除了班级小组建设还很粗糙外，还有一个主要原因是：初中历史是副课，学生对之重视度不够，所以历史专业基础知识是很薄弱的，这制约着高中课程的深入开展。

(3) 2016年9月26日，执教《罗马的起源与发展》的教学反思

四周小组合作，到目前为止已经初步形成了模式：预习问题展示（教师）——课堂上学生先自述对预习问题的理解（或者写下来），组长带领分享，弥补知识不足，再次归纳——教师利用展台展示学习小组的学习成果，全班再次对知识加以准确归纳。

优点：比我讲的效果好，连后进学生也动嘴、动脑了，且在小组合作学习中学生帮学生，学生监督学生现象越来越多，小组合作效率有所提升。

不足：一旦学生少了对此模式的新鲜感，课堂呈现也会固化、平淡下来………怎么样保持课堂热情，怎么调动学生对知识的热切求知状态，太难了！但有一点，我认为：切不可"华而不实"！基础知识加历史思维培养是高中历史课的两块基石。

(4) 2016年10月18日，执教"美国联邦政府的建立"的教学反思

感谢多年来对教材的深挖，让我每年教高一教材都能十分灵活地变换方式，又能轻松地与学生共享知识，愉快之感让我为从事这一职业感到自豪。

SY学子真棒，关于"美国三权分立和制衡"，学生完全通过阅读课文，在小组合作下，将其画在黑板上并讲解，对知识的理解十分到位。为6班、7班、10班点赞！！！！

(5) 2016 年 11 月 20 日,执教《中国近代史》的教学反思

每年对一届学生讲中国近代史,总怀着沉重而又兴奋的矛盾心理。沉重是因为中国近代百年发展史,总让人唏嘘不已。为了强化学生对历史使命感的认同,我播放了视频《甲午海战》,引发学生对历史的记忆和反思。兴奋是因为在中华民族的不屈奋斗下,终赢得新中国的成立,迎来了民族独立,走向富强的今天。我用两条主线串联起中国百年近代史,让学生在清晰的脉络中学习内容和对历史情感的培养,让中国近代史能深印于学生头脑中,完成历史教育的两大责任:历史使命感和社会责任感。

2. 高中语文 Z 老师的教学反思

Z 老师寒假阅读《静悄悄的革命》的读书心得已经在前文中进行了分享,那么他在自己的课堂上"革命"的过程或结果如何?我们也选择了他的多则教学反思,了解他在应用课堂教学对话系统中的变化。

(1) 2016 年 10 月 24 日,执教《小狗包弟》第 1 课时的教学反思

这本来应该是一节参与度很高的课,但因为是周一,学生普遍存在疲惫的状态,上课时并没有想象中的活力。两个班进行对比,一班的深入思维相对优于二班。另外,就课程设计方面而言,本节课容量较大,于是有些内容顺移至下节课讲,两节课正好在内容上形成平衡。

(2) 2016 年 10 月 25 日,执教《小狗包弟》第 2 课时的教学反思

本节课的许多东西以我讲为主,旨在加深他们对历史事件的认识,对历史现场的感受,我多处运用有启示性的语言引导他们,让他们体验,效果还是不错的。由此可见,生成思维

线,不仅仅是让他们探究,老师的助讲也是可以的。

(3) 2016 年 11 月 1 日,执教《包身工》第 1 课时的教学反思

我以本教案为参考,研发了另一种上课系统,让他们在课前研读课文,并且以课文内容为线索,让他们进行封面设计。在课堂上他们有各种各样的想法,看来,课下小组对话是有成效的,而且他们各有想法,并且能达到我们预设的目的。老师再加以点拨,就产生了很好的内容。本课的目的是基于课文内容的引申与延展,体会作者的情感,看到他们对包身工的态度,很好。

(4) 2016 年 11 月 2 日,执教《包身工》第 2 课时的教学反思

从效果上看,他们发言积极,思考深入,能体现他们思考之后的想法,有的很好操作,有的不好操作,但是有他们思考的痕迹,是十分好的。从内容上看,引导他们从制度上,从人性的角度看待一些问题,有高度。综合来说,效果还是很不错的。

(5) 2016 年 11 月 28 日,执教《氓》第 1 课时的教学反思

从本次课程教学设计上看,是有进步的:预习时,我将补充资料提前印发,让他们在课下识记,这样就压缩了课上讲文学常识的时间。但是为了加深记忆,我课前就对预习材料进行检查,以测试的方式进行,有效加以巩固。课上的合作学习很到位,这和我制定了精细可行的问题有关。将问题细化,让他们可以理解并施行,有效地保证了教学进度。两个班都很好。

(6) 2016 年 11 月 29 日,执教《氓》第 2 课时的教学反思

因为上节课他们自探与合作学习上使用的时间较多,于是本节课的前半部分依旧是全体串讲,我将分析抒情主人公形象这个问题融于讲解之中,一带而过。留了两个合作学习的问

题：一是比兴手法及其作用；二是对比手法。在探究方面，一班要优于二班，二班同学更为沉着冷静，觉得调动难度比较大，因而我先深入每一个组进行指导，后来发现用时太多，于是很多结论性的东西便由我带领大家共同讲出来。

（7）2016年11月30日，执教《采薇》第1课时的反思

本来这是一节课的内容，但在课前我根据学生可能出现的问题，做了两节课的预设。果不其然，第一节课没有上完。本节课侧重于他们先读，先理解，再合作理解，再描述内容给对方听。合作学习的效果很好，小组内成员充分互动，互相解难，成功原因在于：一是我将目标具体化，细分了任务，他们明确了自己要干什么；二是从易到难逐步提升，将任务进行降解和稀释；三是我对每一个组进行单独的点拨与引导；四是及时修正他们存在的不合理的课堂规范行为。

（8）2016年12月1日，执教《采薇》第2课时的反思

两个班都在很好的教学氛围中完成了本节课，成功还在于问题的细化。更喜人之处在于，他们对我预设的问题有了新的认识与拓展，拓展了预设的思维。但是有一个地方，我将重章叠句手法的表现及其表达效果放在课下让他们完成，这样行不行？于是，为了更加有效，我决定在自习课上加以追问，让学习组长引导进行。

（9）2016年12月19日，执教《兰亭集序》第1课时的反思

在本节课上，教案设计的目标达到了，无论是合作诵读还是共同理解课文，都发挥了小组的作用，尤其是让他们共同解决问题，而我深入小组之中，要么是有针对性地进行点拨，要么是对他们进行问题引导而形成思维的碰撞，都达到了预期的效果。尤其是在时间不够时，我灵活处理，让他们将生字、词句问题都融于对全文的合作翻译中，有一定的可变性。很好。

（10）2016年12月20日，执教《兰亭集序》第2课时的反思

优点：充分利用他们之间的合作学习；合作结果在黑板上

做了呈现；其他小组进行了适度的补充；我及时补充讲解了很多内容。不足：对于有着相异构想的同学没有进行关注，比如有人说到了乐和悲，没有说到痛，我没有深入讲解。

（11）2017年2月21日，执教《林黛玉进贾府》基于三节课的综合反思

我将思维图引入了这篇小说的教学中：首先让他们将课前下发的与小说相关的材料进行研读，用绘制思维导图的方式，梳理出关于小说的各种知识。在第一节课上，我进行了单个组指导，找了三个组上台讲解与分享。当天又留了一项作业，让他们课下完成。课上我用思维导图加以概括，算是完成了。这节课的另一个方面：对贾府（环境）的分析以及描写它的作用，进而引入小说环境描写的作用。当天我又用课外作业的形式，让他们用固定的格式分析林黛玉这一人物形象。在他们分析的同时，我用两种形式——思维导图和大括号图——分析了林黛玉的整个形象。课上，学生有学生的成果，我有我的成果。我分享了我的成果，且用这种形式为他们分析的人物形象指点迷津，他们从我这里收获了两种方法，两种思路，且当天又布置具体作业进行演练，环环相扣，觉得不错。不足之处在于，提升了技能，却无法解决课文的文学性。

（12）2017年3月2日，执教《蜀道难》的教学反思

这是一节以读为主的课堂，有两处没有落实好：一是让学生有感情的诵读诗歌，本来想让他们根据自己的理解来读，但发现他们对感情的理解不是很到位，而我又没有用音频引导他们。二是对诗歌字词的理解上，我没有组织有效的合作方式，加之对时间没有进行适当的掌控，在交流探讨中便下课了，有些遗憾。

从Z老师的多则教学反思中我们可以看出，课堂教学对话系统在应用的过程中，教师对教学设计的精细度、对问题串的提炼度、对放手学生探索教学方式都是充满热情的。所以，从反思中能看出

教师对教学设计、教学效果、教学不足的自我对话是真实、深入的。而且有一点格外引人注意，就是"生—生"对话、"生—文本"对话，都因"教师—文本"的充分对话，加之教师对问题的精细化设计与课后跟进等措施，而使得课堂上的对话系统能够初步运转起来。当然，在教学对话系统中，从课堂的对话现象或教师的教后反思来看，对话中的基本结构体现得比较成功，但是四面体的系统结构仍有较大的运转空间或上升空间。

3. 初中数学 J 老师的教学反思

J 老师的教学反思是从"成功之处""不足之处"和"再教设计"三个维度进行的，因为反思结构清晰，所以每节课后的反思都有方向、有指向、有重点，在他的数学课上，对话系统落实得比较到位，教学效果也比较好。

（1）2016 年 11 月 3 日，执教"字母表示什么"的教学反思

成功之处：通过对正方形的个数与火柴棒的数量关系的探索，让学生动手、动口、动脑、合作探究，从而经历寻找规律的过程，在过程中锻炼学生的思维，让学生体会从特殊到一般，再从一般到特殊的思维模式，感受用字母表示数或数量关系的优越性。在规律探索中，要给学生留有充分的思考时间，要充分相信学生的能力。

不足之处：对课堂节奏把握得不够紧凑，最后达标检测环节时间不够充分。

再教设计：本节课始终围绕着字母表示数展开，让学生多角度、多层次地感受字母表示数。

（2）2016 年 11 月 5 日，执教"代数式"的教学反思

成功之处：在实际情境中说明代数式的意义，让学生通过交流创设生活中最感兴趣的情境，学生从中能体会代数式在社会生活中的实际意义。发挥小组合作的积极作用，使每个同学

都参与课堂，培养了学生善于观察、乐于探索研究的学习品质及与他人合作交流的意识。

不足之处：在让学生小组合作解决疑惑时，仍有部分学生没有参与发现问题、探讨问题、解决问题，对于这部分学生教师的关注度还不是很高。

再教设计：积极参与学生的小组讨论，及时发现问题，解决问题。

（3）2016年11月11日，执教"整式的加减"的教学反思

成功之处：在整堂课的教学活动中充分体现了学生的主体性，为学生提供充分参与数学活动的机会，帮助他们在自主探索和合作交流的过程中真正理解和掌握基本的数学知识与技能，培养学生动手、动口、动脑和合作交流的能力。

不足之处：本节课容量较大，时间稍显不足。如在达标检测的环节中，对题目的处理稍微显得有点仓促。

再教设计：课堂设计进一步完善，把课堂上可能遇到的问题提前预设出来，使学生学好又不至于加重学生的负担。

（4）2016年11月17日，执教"线段、射线、直线"的教学反思

成功之处：在这次教学活动中，利用多媒体为学生创设了生动、直观的活动情景，充分调动了学生的学习积极性。采用了探究式教学模式，充分发挥了学生的主体作用，体现了学生自主学习、合作学习、探究学习、操作学习的数学学习策略，使学生真正成为课堂的主人。

不足之处：在设计中没有关注学生的人文价值和情感态度，没有及时鼓励学生积极参与和探究的信心。

再教设计：教师及时参与到学生的学习小组中，发现问题并及时解决问题。

（5）2016年11月20日，执教"比较线段的长短"的教学反思

成功之处：学生成功地正确理解了两点之间的距离和线段

中点的概念；能用直尺和圆规做一条线段等于已知线段；能用直尺、圆规等工具比较两条线段的长短。在理解两点之间距离的过程中，用比较具体的事物、事实为依据，知识的形成水到渠成，知识运用得准确灵活，让学生有了直观的认识，学生接受起来就比较容易、轻松。

不足之处：学生的创新思维没有得到提高，部分学生的学习积极性不高，对利用线段的中点求解线段的长度掌握得不好。

再教设计：与学生之间的互动与对话要加强，要鼓励学生，发现他们的闪光点，给他们信心，让他们能够自主地融入课堂，快乐地学习，要注意渗透数形结合的思想，这对学生的学习非常有益。

4. 初中信息技术 H 老师的教学反思

H 老师是一位刚刚毕业的硕士研究生，新教师头脑中还没有教学经验的影响，所以她对于教学对话系统的应用不会受到原有经验的干扰。不过，SY 学校的微机教室启动的时间有点迟，而且是两个班合班上课，所以她面临的困扰更多地来自组织教学。所以，从她的反思中可以看出"如何发挥兵教兵"的作用成为她关注的重点。

（1）2016 年 9 月 25 日，执教"信息技术第一课"的教学反思

思得：在这节课开始之前，我对课件的内容做了非常细致的准备，这节课的主要目标是通过讲解法、提问法、启发法使学生初步了解教师的授课方法，同时通过思考、讨论让学生意识到在未来社会中掌握信息技术的重要性，充分利用与生活息息相关的小例子，来激发学生的兴趣。作为新学校、新学期、新班级中的第一节信息技术课，本节课课堂氛围轻松融洽，学生与教师配合得非常好，我们学校实施了小组合作的模式，

学生在讨论时非常有秩序，虽然很多地方还需要磨合，但是我充满信心，对接下来的课充满了期待。

　　思失：六个班级的第一节信息技术课结束之后，我对自己的授课方法、学生的反应、教学过程、小组讨论进行了反思。虽然称不上深刻，但是我想把它们记录下来，作为我以后上课的小小经验。第一，本节课教学内容似乎安排得有点多了，几乎每一个班都留下了一个小尾巴，虽然在教学设计上有了想一想、讨论、思考等内容，但是严谨有序的教学设计反而使我有所拘谨，有时为了使每一个环节环环相扣，整体感觉上课时间很赶。第二，由于小组合作模式才刚刚开展，课堂上的小组合作的效率有待提高，学生在讨论时，对声音没有把握，话似乎是喊着说的。而且，学生在讨论时对时间没有把握，3分钟的讨论往往延长到6分钟左右。我在思考，如果PPT上设置了倒计时，效果是否会好一点。第三，本节课在教室上课，没有设计学生的动手操作环节，在PPT的设计上，将机房的规范及具体要求放在最后一个环节，目的是让学生以小组为单位讨论并书写，但是，将如此重要的内容放到最后，此时学生的注意力已经减退，效果不佳。所以，我考虑是否可以将本节课的课时设计为两课时，每节课有重点，每节课不在于老师讲多少，而是学生能消化多少。

　　(2) 2017年3月23日，执教"塞上行——版面设计"的教学反思

　　思得：这节课是我的公开课，是6班和7班的课，但是对相同的内容我在不同的班用了不同的方式，收到的效果也是不同的。正因为是公开课，我听取了很多不同学科老师的意见。当我上完公开课再去给其他班上课时，因为采取了改进后的方法，效果很好，这就是公开课带给我的收获吧！下面就我自己所遇到的和大家所提出的意见及可以改进的方面做一记录。

　　思失：在微机室上课不过才几周，面对两个班的学生，上课纪律是我担心的问题，兴奋无比的学生和手忙脚乱的教师，

各种问题突发而至，尤其是一个人面对72个人，教师的能力是有限的，能解决的问题也是有限的，看来，我利用学生"兵教兵"策略的效力还没有发挥出来。

（二）从课堂观察数据分析对话系统应用中的问题

我们选择高一年级文科（历史）、理科（数学）和艺术科（音乐）各1节课，根据教学实录视频资料，进行了观察分析（详见表4-1至表4-3）。结果发现：不同学科的课堂对话，所呈现的形态既有共性也有差异性。其共性是教师与学生的对话在不同学科的课堂上，都自始至终地贯穿于整堂课，但学生与学生的对话，在各科的课堂上虽有出现但比例较低，且基本是在小组内的互动，而组间生生互动极少，表明教学对话系统中，一个对话单元出现比较常见，但四面体的对话结构较少出现，且对于问题的深度追问与思维碰撞很少，表明课堂对话深度有待提升，对话系统有待优化。

如高一历史课，L老师虽然没有直接出现"教师与文本"的对话，但教师通过问答，一步步引导学生，教师与学生的对话，无不体现出教师对学科知识的深厚积淀。在整节课上，教师让学生小组合作，产生生生对话，学生的参与度高，且在短时间内讲清楚了太平天国的背景、过程、失败原因分析、影响，最后查漏补缺。学生利用展台、板书进行讲解，老师对各小组的展示内容进行补充，形成多组对话（详见表4-2）。

表4-2　　　　　　　高一历史课堂对话观察统计表

占用时	课堂对话发生情况记录			
	师—生	生—生	师—文本	生—文本（资源）
3′25″				学生课前展示，制作了PPT
55″	教师引导，评价学生的课前展示			

课堂教学对话系统的重建

占用时	课堂对话发生情况记录			
	师—生	生—生	师—文本	生—文本（资源）
25″	回顾上节课所学知识点，教师问、学生答			
6′	继续上节课的话题讨论，教师引导，深入各小组中	学生讨论，总结成果		学生参照文本讨论教师布置的任务
40″	教师再次确定各小组的任务			
9′	学生展示时，教师引导、表扬，并帮学生纠正错误	学生小组代表展示讨论成果 组1，用展台展示太平天国运动的背景 组2，在黑板上展示太平天国运动的过程		学生小组代表讨论展示成果 组1 组2
3′20″	教师引导学生以问答的方式回顾前两个小组所讲的知识点，形成结构化。第一次回顾 教师引导学生第三次回顾，学生自己默默地回想			学生看着黑板上组2的展示成果，跟随老师第2次一起回顾前两个知识点
4′40″	学生展示时，教师引导	组3，在黑板上展示太平天国运动失败的原因		组3在黑板上展示、讲解
2′	教师引导问答			
1′50″	教师个别指导	学生边记笔记边自主思考		学生根据听课内容，理解后记笔记

续表

占用时	课堂对话发生情况记录			
	师—生	生—生	师—文本	生—文本（资源）
2′	学生展示时，教师引导	组4，用展台展示太平天国运动的影响		
7′30″	教师总结、引导回答（5min）（背景、过程、结果、失败原因分析、影响）引导学生打开课本，查漏补缺			学生打开课本，查漏补缺，在书上找关键词，并画下来
1′50″		组长分工，再次小组合作		

又如，高一数学课在整堂课的教学过程中，教师的引导式、问答式、启发式对话贯穿始终，利用教具、PPT多媒体设备、板书作图等形式开展了教师和资源的对话；学生利用自制教具展示，记录笔记和文本资源之间的对话；学生通过讨论出现了生生对话。总体来说，各种对话方式中较少的是生生之间的对话，而且伴随着教学进度和节奏，学生之间的对话持续时间较短，且多发生在课堂的后半段（详见表4-3）。

表4-3　　　　高一数学课堂对话观察统计表

时间	课堂对话发生情况记录			
	师—生	生—生	师—文本	生—文本（资源）
4′10″	课前导入（一对多）过程中请两位同学回答问题（一对一）			

续表

时间	课堂对话发生情况记录			
	师—生	生—生	师—文本	生—文本（资源）
1′15″	教师引导，评价学生的课前展示			学生1：借助教具展示
2′30″	教师引导，提出问题		教师借助教具讲解	
7′10″	教师引导，提出问题		教师利用PPT讲解，板书作图	学生2：借助教具展示
3′	教师引导，提出问题并讲解		教师利用PPT教具讲解，板书作图	学生齐读圆锥的概念
6′	教师提问，全班回答	学生回忆，讨论扇形面积计算公式（个别交流）	教师画图	学生上黑板画图过程中学生记笔记
6′	教师对展示进行点评后讲述		利用教具讲解	学生3：借助教具展示
5′	教师提出问题，学生思考	个别学生间交流		学生回答PPT上展示的问题
5′	教师讲解提出的问题		利用PPT讲解	学生4：借助教具展示
1′	教师展示随堂练习	小组交流讨论		

第四章 课堂教学对话系统的实践

续表

时间	课堂对话发生情况记录			
	师—生	生—生	师—文本	生—文本（资源）
1′		学生展示几何分类，其他小组补充		
4′	教师总结、扩展、布置讨论内容和作业			

再如，高一音乐课每周只有一节，其目的在于促使学生陶冶情操、启迪智慧、开拓思维，并初步了解乐理知识，培养学生欣赏和鉴别音乐的能力。X老师的音乐课运用启发式的教学方法，一步步引导学生，激发学生的兴趣，帮助学生掌握欣赏音乐的基本要领。教师与文本的对话，主要体现在课前教师收集了不同类型的爵士乐内容，并制作了教学课件；学生与学生的对话，重点是利用课始阶段学生展示及课中学生间的互动，如小组讨论、组内分享等；学生与文本的对话，则是学生借助PPT，观看学习内容，聆听爵士乐，同时还利用课本查阅爵士乐中音乐的要领，总结观点；教师与学生的对话，一是教师对所学重点内容的讲解；二是教师借助PPT边播放边讲解教学内容，在与学生互动的过程中，一步步引导、启发学生（见表4-4）。

表4-4　　　　高一音乐课堂对话观察统计表

时间	课堂对话发生情况记录			
	师—生	生—生	师—文本	生—文本（资源）
5′20″	学生在课堂展示的过程中遇到问题："什么是音符"，教师简单讲解	学生之间的互动（进行课堂展示的学生提问，其他学生回答）		PPT：课堂展示"音乐符号"

续表

时间	课堂对话发生情况记录			
	师—生	生—生	师—文本	生—文本（资源）
2′15″	教师讲解四分音符、八分音符的写法及要领		教师利用PPT讲解"五线谱简介"	
1′30″	教师与学生之间互动，请学生回答PPT中播放的音乐的类型		呈现要求，并请同学们思考PPT中播放的音乐的类型	听音乐、思考问题
6′20″	教师讲解爵士乐的发展历程		PPT呈现讲解的内容；要求学生借助课本了解内容	观看PPT，翻阅课本
1′10″	要求学生欣赏爵士乐		播放爵士乐，请学生欣赏	借助PPT欣赏
11′40″	欣赏不同时期、不同风格的爵士乐，请学生思考并回答所播放的类型		播放爵士乐，边播放边讲解，并有提问	
1′10″		思考并讨论爵士乐的音乐要点		讨论交流，并查阅课本
1′	要求学生小组内达成共识，并邀请学生回答问题	学生举手回答问题，并对其他同学的问题进行补充		
3′30″	教师讲解爵士乐中的音乐要点		教师借助PPT，讲解爵士乐中的音乐要点	

续表

时间	课堂对话发生情况记录			
	师—生	生—生	师—文本	生—文本（资源）
1′30″			借助电子琴，演奏，使学生感受爵士乐中的音乐要点	
1′				学生倾听，并借助电子琴练习

（三）对课堂教学对话系统应用中存在问题的思考

课堂教学对话系统该如何优化，才能促使其发挥出更好的效果，促进教学质量的提升呢？

1. 针对教师应用中存在的问题

教师是应用教学对话系统的主体，所以要改进应用中的问题，首先要提高教师关于对话系统全面而正确的认识，充分挖掘教师在对话系统中至关重要的作用，通过集体教研、课例研究、课题研究等活动进一步释放教学对话系统的助力作用，提升课堂外教师群体对话的深度、频度、热度；其次要帮助教师加强对学情的研究，因为学生是学习的主体，教师只有深刻把握学生的发展规律，洞悉学生的个体差异，掌握学生的学习经验，才能从学生的角度主动搭建学生与文本之间的联系；最后要引导教师进一步加大对文本的研究。而教师作用的发挥，关键之一是深刻地把握文本，只有教师驾轻就熟地把握教学目标、知识的重难点，梳理清楚知识体系内在的逻辑线，才能在学生学习的生发线与知识内在逻辑的思维线之间架设桥梁，创设对话的话题。教学过程中的三个因素要靠教师维系、牵拉和推进，所以当教师就对话系统释放出创造力后，对话系统的有效运转就会自然形成。

2. 针对系统运转中所存在问题的思考

通过教师的反思和课堂观察数据，可以看到对话系统在运转中出现的共性问题是师生对话依然是对话的主要形式，而生生对话主要出现在小组合作的过程中，但在全班内生生对话比例依然较低，也就是学生对同伴发言的质疑、补充等还比较少，表明在对学生对话能力培养上依然存在较大的突破空间。如何帮助师生在这一点上有所突破，笔者以为，一方面需要对学生加强对话基本功的训练，如有效倾听和知识储备，如 D 老师所言，要使学生之间有对话的共同话题；另一方面需要帮助学生学会质疑，使思维品质更具独创性、新异性和深刻性，以此促使对话品质的提升，使学生因深度对话而促进思维水平发展或因思维水平发展而提升对话深度。

当然，作为对话系统本身的问题，仍有待我们在实践中不断发现、解决，进一步研究完善。

参考文献

《克鲁普斯卡娅教育文选》，人民教育出版社1959年版。
阿伦特：《人的境况》，王寅丽译，上海人民出版社2009年版。
安富海：《地方性知识与民族地区地方课程开发研究——以甘南藏族为例》，中国社会科学出版社2016年版。
安文铸：《教育科学与系统科学》，吉林教育出版社1990年版。
保罗·弗莱雷：《被压迫者教育学》，顾建新等译，华东师范大学出版社2001年版。
曹孚编：《外国教育史》，人民教育出版社1979年版。
陈红：《教师积极语言在课堂中的运用》，天津教育出版社2014年版。
陈向明：《旅居者和"外国人"——留美中国学生跨文化人际交往研究》，教育科学出版社2004年版。
陈向明：《质的研究方法与社会科学研究》，教育科学出版社2010年版。
陈向明等：《搭建实践与理论之桥——教师实践性知识研究》，教育科学出版社2011年版。
戴本博主编：《外国教育史》（上册），人民教育出版社1989年版。
戴维·伯姆：《论对话》，教育科学出版社2004年版。
伽达默尔：《诠释学Ⅱ：真理与方法》，商务印书馆2013年版。
郭庆光：《传播学教程》，中国人民大学出版社2011年版。
黑格尔：《小逻辑》，商务印书馆1980年版。
胡德海：《教育学原理》，甘肃教育出版社2006年版。

胡正荣、段鹏、张磊：《传播学总论》，清华大学出版社 2008 年版。
华东师范大学教育系、杭州大学教育系编：《西方古代教育论著选》，人民教育出版社 1985 年版。
黄济、王策三：《现代教育论》，人民教育出版社 2004 年版。
李秉德、檀仁梅：《教育科学研究方法》，人民教育出版社 1986 年版。
李秉德：《教学论》，人民教育出版社 2001 年版。
李秀林、王于、李淮春：《辩证唯物主义和历史唯物主义原理》，中国人民大学出版社 1995 年版。
林崇德：《发展心理学》，浙江教育出版社 2002 年版。
刘旭东：《课程的价值取向研究》，甘肃教育出版社 2002 年版。
柳海民：《教育学原理》，高等教育出版社 2011 年版。
陆有铨：《躁动的百年：20 世纪的教育历程》，北京大学出版社 2012 年版。
路海东：《教育心理学》，东北师范大学出版社 2002 年版。
吕晓娟：《潜在课程的性别审视：在东乡中小学的教育人类学考察》，甘肃教育出版社 2011 年版。
《马克思恩格斯选集》（第 2 卷），人民出版社 1972 年版。
马克斯·范梅南：《教学机智——教育智慧的意蕴》，李树英译，教育科学出版社 2001 年版。
马克斯·范梅南：《生活体验研究——人文科学视野中的教育学》，教育科学出版社 2003 年版。
《毛主席的五篇哲学著作》，人民出版社 1970 年版。
倪梁康：《胡塞尔现象学概念通释》，生活·读书·新知三联书店 2007 年版。
钱学森等：《论系统工程》，湖南科学技术出版社 1982 年版。
施良方：《课程理论：课程的基础、原理与问题》，教育科学出版社 2011 年版。
施良方、崔允漷：《教学理论：课堂教学的原理、策略与研究》，华东师范大学出版社 2010 年版。
斯宾塞·A. 拉瑟斯：《心理学》，中国人民大学出版社 2012 年版。

苏霍姆林斯基：《和青年校长的谈话》，赵玮等译，《苏霍姆林斯基选集》（第4卷），教育科学出版社2001年版。

特里·K.甘布尔、迈克尔·甘布尔：《有效传播》，熊婷婷译，清华大学出版社2005年版。

王策三：《教学论稿》，人民教育出版社1985年版。

王策三：《教学认识论》，北京师范大学出版社2002年版。

王嘉毅：《课程与教学设计》，高等教育出版社2007年版。

王鉴：《教师与教学研究》，甘肃教育出版社2013年版。

王鉴：《课堂研究概论》，人民教育出版社2007年版。

王鉴、李泽林：《课堂观察与分析技术》，甘肃教育出版社2014年版。

王松涛：《对话教育之道——做自觉对话的教育者》，教育科学出版社2010年版。

王雨田：《控制论、信息论、系统论科学与哲学》，中国人民大学出版社1988年版。

吴也显等编：《教学论新编》，教育科学出版社1991年版。

肖正德：《冲突与调适——农村中小学教学改革的文化路向》，浙江大学出版社2010年版。

雪伦·B.梅里安：《成人学习的综合研究与实践指导》，黄健等译，中国人民大学出版社2011年版。

杨伯峻：《论语译注》，中华书局2007年版。

叶澜：《"新基础教育"论——关于当代中国学校变革的探究与认识》，教育科学出版社2006年版。

叶澜、杨小微：《教育学原理》，人民教育出版社2007年版。

叶圣陶：《叶圣陶语文教育论集》，教育科学出版社1984年版。

于漪：《于漪文集》（第1卷）《教育教学论》，山东教育出版社2001年版。

余文森：《有效教学十讲》，华东师范大学出版社2009年版。

张华、石伟平、马庆发：《课程流派研究》，山东教育出版社2000年版。

张华等：《课程理论研究》，山东教育出版社2000年版。

张焕庭主编：《西方资产阶级教育论著选》，人民教育出版社1979年版。

赵祥麟：《杜威教育论著选》，王承绪译，华东师范大学出版社1981年版。

钟启泉：《文本与对话：教学规范的转型 为了中华民族的复兴 为了每位学生的发展——〈基础教育课程改革纲要（试行）〉解读》，华东师范大学出版社2001年版。

钟启泉：《现代课程论》，上海教育出版社2012年版。

钟启泉、汪霞、王文静：《课程与教学论》，华东师范大学出版社2008年版。

祝智庭、钟志贤主编：《现代教学技术——促进多元智能发展》，华东师范大学出版社2003年版。

埃德蒙德·胡塞尔：《现象学的方法》，克劳斯·黑尔德编，倪梁康译，上海译文出版社2005年版。

哈贝马斯：《交往与社会进化》，重庆出版社1989年版。

黑格尔：《法哲学原理》，范扬、张金泰译，商务印书馆1961年版。

胡塞尔：《纯粹现象学通论》，李幼蒸译，商务印书馆2012年版，第242页。

[法] 卢梭：《爱弥儿》，李平沤译，商务印书馆1978年版。

柏拉图：《文艺对话集》，朱光潜译，人民教育出版社1959年版。

江绍伦：《教与育的心理学》，邵瑞珍等译，江西教育出版社1985年版。

迈克尔·富兰：《变革的力量——透视教育改革》，教育科学出版社2004年版。

齐瓦·孔达：《社会认知——洞悉人心的科学》，周治金等译，人民邮电出版社2013年版。

夸美纽斯：《大教学论·教学法解析》，傅任敢译，人民教育出版社2006年版。

B. S. 布卢姆：《教育评价》，邱渊等译，华东师范大学出版社1987

年版。

Robert D. Nye：《三种心理学——弗洛伊德、斯金纳和罗杰斯的心理学理论》，石林、袁坤译，中国轻工业出版社 2000 年版。

Thomas L. Good, Jere E. Brophy：《透视课堂》，陶志琼译，中国轻工业出版社 2012 年版。

奥苏伯尔等：《教育心理学——认知观点》，佘星南、宋钧译，人民教育出版社 1994 年版。

格尔茨：《文化的解释》，韩莉译，译林出版社 1999 年版。

加里.D.鲍里奇：《有效教学方法》，易东平译，江苏教育出版社 2011 年版。

洛林等：《布卢姆教育目标分类学》，蒋小平等译，外语教学与研究出版社 2012 年版。

斯金纳：《教学技术学》，瞿葆奎主编，徐勋、施良方选编：《教育学文集·教学》（中册），人民教育出版社 1988 年版。

泰勒：《课程与教学的基本原理》，罗康等译，中国轻工业出版社 2008 年版。

托马斯·科恩：《科学革命的结构》，金吾伦、胡新和译，上海译文出版社 1991 年版。

约翰·杜威：《民主主义与教育》，王承绪译，人民教育出版社 2012 年版。

约翰·杜威：《我们怎样思维·经验与教育》，姜文闵译，人民教育出版社 2010 年版。

佐藤学：《静悄悄的革命》，李季湄译，长春出版社 2003 年版。

佐藤学：《课程与教师》，钟启权译，教育科学出版社 2003 年版。

佐藤学：《学习的快乐——走向对话》，钟启泉译，教育科学出版社 2004 年版。

佐藤学：《学校的挑战——创建学习共同体》，钟启泉、陈静静译，华东师范大学出版社 2010 年版。

米哈伊尔·巴赫金：《陀思妥耶夫斯基诗学问题》，白春仁、顾亚玲译，《巴赫金全集》（第 5 卷），河北教育出版社 1998 年版。

苏霍姆林斯基：《给教师的建议》，教育科学出版社1984年版。

戴·冯塔纳：《教师心理学》，王新超译，北京大学出版社2005年版。

蒂姆·奥布赖恩、丹尼斯·吉内：《因材施教的艺术》，陈立译，北京师范大学出版社2008年版。

约翰·洛克：《教育漫话》，傅任敢译，教育科学出版社1999年版。

安世遨：《基于问题的对话教学模式研究》，《教育理论与实践》2016年第2期。

曹开秋、姜雯馨：《对话教学的迷失与出路》，《教育学术月刊》2008年第11期。

陈尚达：《对话教学关系的多维融合》，《中国教育学刊》2016年第2期。

陈尚达：《对话教学与课堂重构》，《全球教育展望》2007年第3期。

陈祥槐：《管理文化研究：观点与方法》，《中国软科学》2002年第7期。

成成：《雅斯贝尔斯与弗莱雷对话教学思想比较》，《当代教育论坛》（下半月刊）2009年第2期。

代天真、李如密：《课堂教学诊断：价值、内容及策略》，《全球教育展望》2010年第4期。

邓友超、李小红：《论教师实践智慧》，《教育研究》2003年第9期。

杜永红：《试析苏格拉底"产婆术"教学法及其实践价值》，《现代教育科学》2005年第5期。

管文洁：《"生命对话"课堂教学模式探究》，《上海教育科研》2003年第11期。

何善亮：《教学的本质：基于有效教学的分析》，《教育理论与实践》2008年第1期。

黄忠敬：《教学理论：走向交往与对话的时代》，《高等教育研究》2001年第7期。

纪树立：《论库恩的"范式"概念》，《自然辩证法通讯》1982年第3期。

靳健：《孔子、孟子对语文教育的理论建构与实践创新》，《甘肃联合大学学报》（社会科学版）2009年第5期。

康建琴：《对话教学：内涵、特征与原则》，《山西财经大学学报》（高等教育版）2004年第3期。

李宝庆、李翠梅：《对话教学探析》，《当代教育科学》2004年第16期。

李红恩、徐宇、余宏亮：《对话教学的生命意蕴及其建构》，《教学研究》2012年第1期。

李小红：《教师个人理论刍议》，《高等师范教育研究》2002年第6期。

廖青：《对话教学的真实意蕴：一种教学理念》，《教育学术月刊》2009年第10期。

林佩燕：《对话教学：21世纪学校教育的新理念》，《教育评论》2003年第3期。

林瑞华：《弗莱雷的对话教学思想对成人合作教学的启示》，《河北大学成人教育学院学报》2013年第2期。

凌怡：《针对性教学——有效课堂的灵魂》，《河北教育》2010年第7—8期。

刘翠花：《对话教学及其课堂实现的条件》，《基础教育研究》2015年第7期。

刘兰英：《为增进学生思维而对话：课堂教学的终极追求》，《外国中小学教育》2012年第7期。

刘历红：《教研员教学领导力：解决课堂核心问题》，《中小学管理》2014年第6期。

刘历红：《论师生"角色分化与共享教学"》，《课程·教材·教法》2015年第5期。

刘娜：《对话教学实施的阻碍因素及对策分析》，《当代教育科学》2010年第10期。

刘庆昌：《对话教学初论》，《教育研究》2001 年第 11 期。
刘瑞敏：《对话教学理论探究——以巴赫金对话体系为基础》，《沈阳工程学院学报》（社会科学版）2014 年第 2 期。
刘松阳：《系统论的基本原则及其哲学意义》，《华中师范大学学报》（哲学社会科学版）1986 年第 2 期。
刘耀明：《从教学对话到对话教学》，《上海教育科研》2009 年第 2 期。
卢广华、何放予：《课堂教学对话的改革与实践》，《上海教育科研》2003 年第 5 期。
米靖：《马丁·布伯对话教学思想探析》，《外国教育研究》2003 年第 2 期。
申燕：《对话教学：价值意义与实践观照》，《教育理论与实践》2015 年第 16 期。
沈小碚、郑苗苗：《论对话教学的时代特征》，《西南大学学报》（社会科学版）2008 年第 3 期。
施颖、田良臣：《孔子和苏格拉底的对话教学图景及其启示》，《上海教育科研》2013 年第 4 期。
苏春景、孙晓莎：《小学课堂教学中的师生"病态对话"现象及其消解策略》，《中国特殊教育》2011 年第 11 期。
王力争：《对话文化：助力学校文化建设上品阶》，《宁夏教育》2016 年第 12 期。
王天平：《论对话教学低效性的病理与纠偏》，《课程·教材·教法》2012 年第 11 期。
王维娅、王维：《孔子与苏格拉底启发式教学法之比较》，《华南师范大学学报》（社会科学版）1999 年第 4 期。
魏敏、张伟平：《有效对话教学问题再审视：以系统科学的视野》，《现代教育科学》2015 年第 4 期。
吴婷婷：《对话教学基本理论二十年回顾及现实期待》，《陕西教育》（高等教育版）2011 年第 Z2 期。
吴志华、周喜欢：《基于 IRF 话语分析理论的课堂对话教学有效性分析》,《中国教育学刊》2015 年第 3 期。

肖正德:《我国对话教学研究十年:回顾与反思》,《高等教育研究》2006 年第 4 期。

肖正德:《系统论视域下教师教育学科体系之特质与架构》,《教育研究》2014 年第 7 期。

叶澜:《课堂教学过程再认识:功夫重在论外》,《课程·教材·教法》2013 年第 33(5)期。

叶澜:《让课堂焕发出生命活力——论中小学教学改革的深化》,《教育研究》1997 年第 9 期。

余宏亮、秦淼:《对话教学的致思方式及实践转向》,《课程·教材·教法》2012 年第 8 期。

张光陆:《对话教学的课堂话语环境:特征与构建》,《全球教育展望》2012 年第 2 期。

张光陆:《对话教学中的教师倾听》,《全球教育展望》2011 年第 10 期。

张光陆:《对话教学中教师的问题意识》,《教育理论与实践》2011 年第 35 期。

张光陆、张华:《解释学视域下的对话教学:特征与价值》,《教育发展研究》2011 年第 12 期。

张华:《对话教学——涵义与价值》,《全球教育展望》2008 年第 7 期。

张华:《反思对话教学的技术主义倾向》,《教育发展研究》2011 年第 20 期。

张华:《试论教学方法的理智传统》,《全球教育展望》2009 年第 6 期。

张华:《重建对话教学的方法论》,《教育发展研究》2011 年第 22 期。

张辉、张伟:《高校对话教学模式课堂心理环境的构建》,《教育理论与实践》2010 年第 3 期。

张琼、张广君:《走向"关系本体论"——对话教学的基础重构与应然取向》,《高等教育研究》2015 年第 36（7）期。

张琼、张广君：《走向"关系本体论"——对话教学的基础重构与应然取向》,《高等教育研究》2015 年第 7 期。

张晓丽、李如密：《中小学教师实施对话教学面临的问题及对策》,《教育理论与实践》2009 年第 32 期。

张秀红：《基于现象学视阈下的对话教学研究》,《教育科学》2010 年第 1 期。

张增田：《对话教学实践的问题与改进》,《中国教育学刊》2009 年第 4 期。

张增田、靳玉乐：《论新课程背景下的对话教学》,《西南师范大学学报》（人文社会科学版）2004 年第 5 期。

赵晓霞：《孔孟对话教学思想的内涵及其当代启示》,《教育探索》2012 年第 5 期。

钟启泉：《对话与文本：教学规范的转型》,《教育研究》2001 年第 3 期。

周兴国：《对话教学：有待进一步澄清的几个问题——对当前对话教学理论研究的审视与反思》,《课程·教材·教法》2010 年第 30（7）期。

周亚军：《基于先学先做的针对性数学课堂教学策略谈》,《生活教育》2012 年第 8 期。

朱德全、王梅：《对话教学的模式与策略探析》,《高等教育研究》2003 年第 2 期。

朱金富、樊荣：《对话教学：点燃教学生命的智慧》,《中国高等医学教育》2012 年第 4 期。

朱淑秀：《如何实现教学的"针对性"》,《教学与管理》2012 年第 5 期。

宗彪：《基于高级思维能力发展的深度对话教学》,《教学与管理》2014 年第 36 期。

沈晓敏：《对话教学的意义和策略——公民教育的新视点》，博士学位论文，华东师范大学，2015 年。

吴丽萍：《课堂对话教学有效性的缺失与对策研究》，硕士学位论文，山东师范大学，2014年。

张增田：《对话教学研究》，博士学位论文，西南师范大学，2005年。

王力争：《名校长遇见民办校》，《中国教育报：校长周刊·人物》2017年1月11日第6版。

Buber, M. *The Way of Man.* London：Taylor & Francis Group, 1965.

Burbles, N. C. & Bruce, B. C. (2001). "Theory and Research on Teaching as Dialogue." In Richardson, V. (ed.)(2001). *Handbook of Research on Teaching* (Fourth Edition). Washington, DC：American Educational Research Association. 1112 – 1113.

Doll, W. E., Jr. "The Culture of Method." In Doll, W. E., Jr., Fleener, M. J., Trueit, D., & St. Julien, J. (eds.). *Chaos, Complexity, Curriculum, and Culture. A Conversation.* New York：Peter Lang, 2005.

Kotter, J. P., Heskett, J. L. *Corporate Culture and Performance.* New York：The Free Press, 1992.

Merleau-Ponty, M. (1962). *Phenomenology of Perception* (C. Smith, Trans.). London：Routledge & Kegan Paul.

Metcalffa, Game A. "Significance and Dialogue in Learning and Teaching." *Educationgal Theory,* 2008, 58 (3).

Polanyi, M. *The Study of Man.* London：Routledge and Kegan Paul, 1957.

Schein, E. *Organzitional Culture and Leadership.* San Francisco：Jossey-Bass, 1992.

Van Manen, M. (1982). "Phenomenological Pedagogy." *Curriculum Inquiry,* Vol. 12, No. 3.

Woo, J. G. "Buber form the Cartesian Perspective? A Critical Review of Reading Buber's Pedagogy." *Studies in Philosophy & Education,* 2012, 31 (6).

附　　录

（一）课堂对话观察表

授课教师：　　　学科与年级段：　　　执教班级：　　　时间：

时间	课堂对话现象记录				
	师—生	生—生	师—文本（资源）	生—文本（资源）	其他

观察者：

（二）课堂教学评价表

授课教师：　　　　　学科与年级段：　　　　　执教班级：　　　　　时间：

维度	指标	评价关注点	课堂表现	得分
学生的学	参与度及专注度 20分	学生在自学、小组合作及全班共学中倾听、交流的表现： ①尝试过程是否独立完成 ②是否有游离于教学之外的学生 ③参与积极性是否持久 ④是否专注倾听、大胆质疑		
	学习效果 30分	①学习目标是否达成（含达成率、会应用等方面） ②是否能将知识与方法结构化 ③是否对所学知识产生兴趣		
教师的教	设计 25分	①教学目标是否符合课标、学情 ②教学组织、内容、环节等设计是否体现了以学定教，是否有意识地暴露学生的相异构想，具有针对性 ③是否能凸显知识和方法的结构化，促进学生思维的发展		
	导引 25分	对教学设计的执行情况： ①教师的讲解或任务指令是否清晰，要求是否明确 ②教学过程是否有序，过渡衔接是否合理自然、循序渐进 ③对暴露出的相异构想能否通过再设计及时合理、有针对性地处理 ④教学是否偏离了教学目标 ⑤师生关系是否融洽，能否平等对待和激励每个学生		
			总分	
总体评价				

评课教师：

（三）教师访谈提纲

访谈人：　　　　　　访谈地点：　　　　　　访谈时间：

阶段	访谈题目
了解对象	教师姓名：　　　性别：　　　年龄：
	教龄：　　　学历：　　　职称：
	任教学科：　　　年级：
	是否名师骨干：
认知基础	1. 你是如何看待课堂教学中的对话的？
	2. 你认为课堂教学中的对话有哪些形态？哪些类型？
	3. 反思你自己的课堂教学，你觉得课堂教学对话实施的怎样？
	4. 你认为在课堂对话中，理想与现实的鸿沟应怎样填平？
应用思考	5. 课堂教学中，对话的要素各起什么作用？
	6. 对话的各要素在教学中是如何起作用的？
	7. 课堂教学中，对话是如何落实的？
	8. 课堂对话在你的课堂上是怎样操作的？有哪些具体方法？
	9. 对话系统如何更好地运转？有何具体策略？
	10. 对于课堂学教对话系统的有效应用，你有什么意见或建议？

致　　谢

48岁开始读博，让许多人难以理解，包括我的朋友和领导，"职称已封顶，事业很顺利，对于不想从事行政工作的你，学位已没有什么价值"，"都快五十的人了，能坚持下来吗？""学习和工作如何两全？"当时，我只是抱着最朴素的想法做出了抉择，那就是：在基础教育领域工作了20多年，熟识的都是些中小学教师，而高校教师、专业的教育研究者在做什么？想什么？教育发展的大趋势怎样？我实践中的一些困惑能否得到释疑和解决？直到完成学业即将进行论文答辩，回顾过往，顿感艰辛与不易，更对关心我、帮助我的老师、同学和亲朋生出由衷感谢。

首先，要感谢的是我的导师王鉴教授。王老师不仅以其渊博的专业知识、严谨的治学态度和奉献精神教育着我，还以其刚正、悲悯之情感染着我。无论是在日常学习还是在论文写作上，没有王老师的耐心指导和帮助，其结果是难以想象的。更让人高兴的是，把从王老师那里学到的知识与方法应用于实践，解决了很多实践困惑和难题，让自己所管理的学校在教育改革中总能走到所在区域的前列。

同时，要感谢王嘉毅老师、万明钢老师，在遇到困难时，他们总是给我信心，鼓励我前行，期望我能充分利用好校长这个实践平台，在基础教育领域做出成绩，发挥引领作用。感谢西北师大傅敏、刘旭东等老师的悉心指导和帮助。感谢李泽林、安富海等师友对论文提出的宝贵意见。

感谢我的同窗及同门学友：刘历红、程岭、姜振军、王明娣、王文丽、李晓梅、哈斯朝乐、崔藏金等，特别要感谢的是刘历红师妹，不仅在学术上给予我特别的支持，还辞去公职来到我创办的民办学校，迎接创业的风险和挑战。

还要感谢的是我的同事们，如亢燕、赵莉、刘掬慧、张德萍等，读博期间替我分担了不少的工作和压力，论文的实践部分有他们的思想火花和辛苦付出。

最后，感谢我的家人给我精神上的鼓励，时间上的支持，让我在毫无后顾之忧的情况下学习和工作。

作　者